PARALEGAL

An Insider's Guide to One of Today's Fastest-Growing Careers

パラリーガル
［新版］

バーバラ・ベルナルド 著

TMI総合法律事務所 訳

信山社
SHINZANSHA

夫のデイビット，そして両親のローズとジョンに捧げる。

Paralegal

An Insider's Guide to One of the Fastest-Growing Careers

Third Edition

Barbara Bernardo

Copyright © 1997 by Peterson's, A Division of Thomson International, inc.

監訳者はしがき

　本書は，アメリカのパラリーガル経験者であり，業界事情に詳しいバーバラ・ベルナルド氏によって書かれた"Paralegal, Third Edition"の邦訳です。原著第2版は1998年に当事務所で翻訳し，他に類書がない中でわが国におけるパラリーガルを目指す方たちの参考書として読まれてきました。この度，その第3版の邦訳を出版することとなりました。

　パラリーガルは，1960年代にアメリカで誕生した職業ですが，アメリカでは現在12万人以上いるといわれています。関連団体が独自の能力認定試験を実施しており，巨大ローファームでは業務の専門化・細分化が進み，法律専門職の1つとして広く認知されています。

　わが国においても，法律業務が専門化・複雑化し，迅速な対応が求められる案件が増えるにつれ，弁護士・弁理士の補助職としてパラリーガルの重要性が増してきています。わが国のパラリーガルは，弁護士・弁理士の指揮・監督のもとで，主に定期的・手続的法律業務を行う職種をさしますが，大規模法律事務所においては，多数のパラリーガルが勤務し，各法令のリサーチ，登記・登録の申請，行政上の届出，議事録等会社関係書類の作成，契約書や意見書のドラフト作成など，高度で幅広い業務に携わっています。

　しかし，日本においてパラリーガルという職種はアメリカほど一般的に認知されていません。また，弁護士・弁理士の補助職という位置づけであるため，具体的にどのように業務を分担し，案件に係わっているかについては，外部からはわかりにくい面があります。一口にパラリーガルと言っても，その扱う業務の範囲はさまざまで，秘書業務との分業が進んでいない中小の法律事務所も多いのが実情です。

　他方で，企業法務や知的財産分野を扱う大規模法律事務所においては，最近案件が益々複雑化し，高度な専門知識が求められており，弁護士・弁理士とパラリーガルがチームを作り，最適な役割分担をすることが不可欠になっ

監訳者はしがき

てきています。詳細は別稿に譲りますが，今後パラリーガルは，法律事務所の業務の専門化，効率化を担う鍵となることが期待されています。

　当事務所は，代表パートナーである田中克郎弁護士が早くからパラリーガルという職種の重要性に着目し，法律業務における専門化及び組織化を進めてきました。現在，当事務所は，弁護士約100名，弁理士約30名が所属し，企業法務と特許・商標に携わるパラリーガルは合計約40名の組織に成長し，日々の法律業務において重要な役割を担っています。

　本書の翻訳作業は，当事務所で働くパラリーガル及び翻訳スタッフが中心となって行いました。

　最後に，本書の邦訳出版を快く引き受け，編集の労をとって頂いた信山社出版株式会社の渡辺左近氏に感謝の意を表したいと思います。本書がアメリカのパラリーガル事情を理解し，日本におけるパラリーガルの将来像を考える一助となるとともに，現在パラリーガルとして仕事をしておられる方及びこれからパラリーガルになりたいと考えている方の参考になれば幸いです。

　2006年2月

TMI総合法律事務所
弁護士　淵邊善彦

序　文

　1989年春に本書の初版『パラリーガル』を書いたとき，就職機会は数多くあり，1980年代の"行け行け"時代の終焉はないものと思われました。パラリーガルという職業は，その成熟の初期兆候が現れ始めていたものの，依然として拡大の途にありました。多くの人々や組織（法律事務所を含む）が，パラリーガルのもたらす貴重な貢献に気づき始めたところでした。

　第2版は，次の10年間，つまり別の時代に書かれました。第2版は1992年の冬に書かれましたが，当時は，法律業界及び経済一般が厳しい状態にありました。当時は深刻な不況の最中にあり，パラリーガルの雇用状況の見通しは，（他の職種と同様に）明るいものではありませんでした。

　しかし，本第3版『パラリーガル』では，それまでとは大きく異なるストーリーが展開されます。1992年以来，パラリーガル職は，微妙な変化とダイナミックな変化の両方を経てきました。嬉しいことに，ここで私は，パラリーガルというキャリアが有する現在の展望が，かつてない程に有望であるとお伝えできます。現在の経済は，過去25年間に我々が経験したことがない程の好景気にあり，新たな雇用機会が創出されています。就職機会が数多く，かつ人々は自らの将来に対してかつてない程に楽観的であることを我々が耳にしない日はありません。当然のこととして，法律業界も好景気の影響を受けており，法律事務所は再び採用活動を行っています。

　パラリーガルは，いまやメインストリームに位置づけられています。米国労働省の年間就業統計は，パラリーガルというキャリアが急成長する職業の1つであることを示しています。パラリーガル養成プログラムは急増しており，パラリーガルが人気の連続テレビ番組の脚本に登場するほどになった事実が一例として示す様に，パラリーガルに対する一般的な認知度も高まっています。

　まもなく訪れる21世紀に，パラリーガル職は40年目を迎えることになり，

序　文

その成熟度が明らかになることでしょう。パラリーガルは長年活躍しており，いまや弁護士，企業その他の雇用者等は，パラリーガルの技能と知識を最大限に利用する方法をよく心得ています。これまで以上にやりがいがあり，かつ報われることの多い就職機会があるのです。

しかし，この良いニュースのすべては，第3版『パラリーガル』が伝える中心的なメッセージと比べると見劣りがします。過去数年間において，パラリーガル職に対し，唯一の，かつ最も重要な影響を与えてきたものについては，コンピュータ・テクノロジーという言葉に要約することができます。コンピュータ・テクノロジーは，我々の生活の全てに作用し，法律業界もこの例外ではありません。

コンピュータ及びインターネットの急増が1つの要因となり，興味深いパラリーガルのキャリアが出現しました。コンピュータ・テクノロジーは，パラリーガルの仕事だけでなく彼らの仕事の仕方を含む，パラリーガル職に関わる全ての分野に影響を与えています。また，コンピュータについては，第7章で扱いますが，パラリーガルの仕事探しにも大きな影響を与えてきました。

パラリーガルは，全米の法律事務所にある最新のハードウェア，ソフトウェア及びコンピュータ・ネットワークの主要なユーザーです。法律事務所は，最新のモデル及びアプリケーションを導入するために古くなったコンピュータのアップグレードを行うように迫られており，弁護士は，好むと好まざるとにかかわらず，情報化時代に放り込まれています。よって，基本的なワープロ操作を知っている以上の技能を有する，コンピュータ通のパラリーガルには，チャンスが待ち受けています。

例えば，O. J. シンプソン裁判で有名になった，裁判所でのリアルタイム報道のような，法廷に導入される革新的なテクノロジーは，訴訟担当パラリーガルや彼らの仕事の仕方に影響を及ぼす，新世代のリーガル・テクノロジーの一例に過ぎません。また，法律実務の分野で働くパラリーガルは，洗練された法律文書を作成するために，ドキュメント・アセンブリ又はエキスパートシステムと呼ばれる高度な文書ドラフト用ソフトウェアを使用し始めています。

序　文

　それから，インターネットの存在を無視することはできません。1年前，私はインターネットの価値に関しては，誰にも劣らず懐疑的でした。しかし，ほんの12ヵ月で事情は大きく変わりました。実のところ，インターネットは，本書の現行版の準備にあたり，私にとって貴重な情報資源になりました。

　法律事務所がインターネットの時流に飛び乗ったことは間違いありません。法律事務所は，クライアントのために，自らのウェブページを立ち上げており，その立ち上げにはパラリーガルが協力することもあります。また，パラリーガルは，多くの情報を無料で入手できるために，インターネットを利用してリーガル・リサーチの一部を行っています。

　私は，法律関連ソフトウェアの会社でマーケティング・ポジションに就いていた時，会社のソフトウェアのデモをパラリーガルに対して行う機会が頻繁にありました。私は常々，パラリーガルにとって最も重要なのはコンピュータ・テクノロジーであると言ってきました。私は，パラリーガルに対し，彼らの現在のキャリアのためであれ，またはかつての私のように，パラリーガルの経験を生かしてコンピュータ・テクノロジー会社での新たなキャリアを始めるためであれ，常に最新の情報に通じているようにと奨励しています。コンピュータやコンピュータのソフトウェアに関して言えば，ここから派生する機会は無限に開かれていることは明らかです。

　現在は，パラリーガルになる良い時期であると言えます。経済は堅調であり，テクノロジーの影響力が日々高まりを見せる中，パラリーガル職は，成熟する一方で，依然として拡大を続けています。新たなチャレンジとその報いがあなたを待ち受けています。

バーバラ・ベルナルド

謝　　辞

　本書の出版を，直接または間接的に可能にして下さった次の方々のご助力に，心から感謝の意を表したいと思います。キャシー・アレン，ラリー・オーシンク，ブランカ・バリオス，トレイシー・ボドビッツ，テレーズ・キャノン，シャイリーン・キャティ，リアーン・カザレス，ジュリー・チャンピオン，ドリス・チャイルズ，タミー・コイン，パトリシア・O・カーチス，テリー・L・デリンガーシュローダー，エヴァ・デ・ネグリ，パトリシア・デュラン，ルーシー・エバーソウル，シェリー・フランクリン，ルー・ハングリー，リンダ・ハリントン，E・アール・ハウス，ディック・ハーマン，ライラ・ハインズ，メリー・ヒット，ロヤンヌ・ホリンズ，ビバリー・ジョンソン，カレン・B・ジャッド，リチャード・A・コワール，ジル・マーティン，キャロリン・マックオーン，ジョレーン・ミラー，キム・モルザック，ミシェル・マイヤーズ，ロレッタ・ネスビット，リン・ペリティア，ダイアン・ペトロプロス，ダイアン・レミック，スーザン・ロー，ローリー・ロゼル，リンダ・E・ロイ，ペギー・ルーズ，ジョン・サージェント，メアリーベス・シュルツ，リンダ・サザーランド，デニーズ・テンプルトン，ローラ・トーマス，イングリット・トロンスルー，スティーブ・ワグナー，パトリシア・A・ワース，そしてポール・ザヴァルニー。特に，ポール・コラーのご助力には，厚く感謝の意を表したいと思います。

　また，給与に関する調査やその他の貴重な情報を快く提供して下さった次の機関に感謝を述べたいと思います。アメリカ法曹協会，『リーガル・アシスタント・トゥデイ』誌，全米リーガル・アシスタント協会，及び全米パラリーガル協会連盟。

　最後に，ピーターソンズと，原稿を出版の形に構成して下さった編集のキャロル・ハピング，校正のジョアンヌ・ショーフェル，そして構成のリンダ・ウィリアムズの皆さんにお礼を申し上げたいと思います。

〈著者紹介〉

バーバラ・ベルナルド（Barbara Bernardo）

　バーバラ・ベルナルドは，1974年にハートフォード大学で心理学の学士号を取得し，卒業後5年間はダンスと演劇の仕事に就きました。彼女は，舞台芸術への興味を追い続ける一方で，1979年にパラリーガルとして働き始めました。

　ベルナルド氏には，サンフランシスコ，ニューヨーク市，ハートフォードの法律事務所と企業におけるパラリーガル及びリーガル・アドミニストレーターとしての経験が13年以上あります。彼女は，証券，会社法，不動産，訴訟，反トラスト，吸収合併，環境法，福利厚生を含む幅広い専門分野で働いてきました。

　ベルナルド氏は経営学MBAの学位を修了し，現在リーガル・ソフトウェア会社であるLawgic Publishing Companyでマーケティング・マネージャーとして働いています。彼女は，夫のデイビットと共にカリフォルニア州ソノマ郡に住んでいます。

目　次

まえがき ……………………………………………………………… i

第1章　パラリーガル──新しいフロンティア …………… 3
パラリーガルとは何なのか ……………………………………… 4
　正式な定義 (4)　非公式の定義 (6)
パラリーガルと弁護士はどのように違うのか ………………… 7
　パラリーガルがやってはいけないこと (8)　戦略家と技術家 (8)
　弁護士とパラリーガルに違いがあることの価値 (9)
　その他の法律関係の職員 (11)
職業の変化 ……………………………………………………… 11
　1960年代と1970年代の初め──誕生及び幼年期 (12)
　1970年代半ばから1980年代半ば──思春期 (15)
　1980年代後半とその後──成人期 (15)
パラリーガルに影響する法曹界内の発展 ……………………… 16
　リーガルサービス業の成長 (17)
　利用しやすいリーガルサービスの需要の増加 (18)
　弁護士の供給過剰 (19)　競争の激化 (20)　宣伝とマーケティング (20)
　進む専門化 (20)　コンピュータとテクノロジー (21)
　裁判外紛争解決方法 (23)　セルフ・ヘルプ法 (23)
　パラリーガルのより効果的な利用 (24)　人員削減 (26)

第2章　パラリーガルはどこで働くのか ………………… 28
法律事務所 ……………………………………………………… 29
　法律事務所の構造及び人員 (29)　クライアント (32)
　請求可能な時間 (33)　法律事務所の規模 (33)
企　業 …………………………………………………………… 38
政　府 …………………………………………………………… 41

その他の組織 …………………………………………………44
第3章　パラリーガルは何をするのか
　　　　——4つの従来からの実務分野 …………………46
　法律の概要 ……………………………………………………46
　　訴訟専門対非訴訟実務（48）　パラリーガルの共通の仕事（49）
　リーガル・リサーチについての説明 ………………………51
　　法律の検索（52）　シェパダイジング——その法律は有効か（53）
　　リーガル・リサーチの仕事（54）
　4つの従来からの実務分野 …………………………………55
　訴　訟 …………………………………………………………56
　　訴訟とは何か（56）　訴訟担当パラリーガルの仕事（58）
　会社法 …………………………………………………………62
　　会社設立（63）　活動中の会社の仕事（63）　会社の解散（64）
　　パートナーシップとリミテッド・ライアビリティ・カンパニー（65）
　　M&A（66）　証券法（67）
　不動産 …………………………………………………………68
　　不動産取引の局面（69）
　遺言検認 ………………………………………………………72
　　資産運用（72）　遺言検認（73）

第4章　「ホット」なパラリーガルの専門分野 ……………76
　知的財産法 ……………………………………………………77
　コンピュータ化された訴訟サポート ………………………79
　労働及び雇用法 ………………………………………………82
　従業員福利厚生制度 …………………………………………83
　環境法 …………………………………………………………85
　破産法 …………………………………………………………87
　移民法 …………………………………………………………91
　その他の実務分野 ……………………………………………93

目　次

第 5 章　どうすればパラリーガルになれるのか
　　　　　　──技能，教育及びトレーニング………………96
　成功に必要な技能 ……………………………………………97
　　文章力（98）　テクノロジーとコンピュータ技能（99）
　　技能チェックリスト（99）
　教育及びトレーニング ………………………………………101
　　パラリーガル教育における革命（101）　正式なトレーニング（103）
　　選択（110）　実務研修（114）
　継続教育 ………………………………………………………116
　　CLA 認定（116）　PACE（パラリーガル上級能力検定試験）（117）
　　上級専門試験（118）

第 6 章　コンピュータの恐怖を乗り越える
　　　　　　──パラリーガルのためのコンピュータの基礎及び
　　　　　　　一歩進んだ知識 …………………………………120
　法律業界がコンピュータの有用性を発見 …………………121
　　法律関係者が直面するテクノロジーの課題と傾向（124）
　　インターネットとイントラネット（126）
　コンピュータとパラリーガル ………………………………127
　　ワープロ（129）　リサーチ（129）
　　訴訟サポート，事件管理及びデータベース（133）
　　法廷テクノロジー（137）　期日管理（139）
　　ドキュメント・アセンブリ（139）
　パラリーガルのためのコンピュータ技能 …………………140
　パラリーガル，コンピュータと将来 ………………………143

第 7 章　どうすれば自分に合った仕事が見つけられるのか
　　……………………………………………………………………145
　現代の仕事探し ………………………………………………145
　雇用者は何を求めているのか ………………………………146
　　教育の必要条件（147）　要求される技能（148）
　雇用の傾向 ……………………………………………………148

ホットな分野，ホットでない分野（149）
　　　トップの法律事務所のリスト（149）
　攻略方法 ……………………………………………………151
　雇用の情報源 ………………………………………………157
　　　個人的なコンタクト（158）
　　　職業紹介所とパラリーガル・リクルーター（159）
　　　求人広告（160）　インターネット（161）　隠れた就職市場（164）
　　　昇進（166）　就職斡旋サービス（167）　研修（168）
　履歴書 ………………………………………………………168
　面接で尋ねるべき質問 ……………………………………170
　パラリーガルの報酬 ………………………………………171
　　　給与交渉（173）
　　　パラリーガルの給与対リーガル・セクレタリーの給与（174）
　　　福利厚生（175）
　雇用された後，何が待ち受けているか …………………176

第8章　ここからどうすればいいのか
　　　　――経験あるパラリーガルのための道 ……………180
　肩書きの問題 ………………………………………………181
　キャリア・トラック ………………………………………182
　　　シニア・パラリーガルへの昇進（183）　雇用者の変更（184）
　　　法律専門分野の変更（184）
　　　パラリーガル・マネジメントに異動する（185）
　　　経営部門に異動する（186）
　　　パラリーガルの技能を他のキャリアに適用する（189）
　　　フリーランスで働くこと及び事業を始めること（199）
　　　更に教育を受けること（203）

第9章　あなたのパラリーガル・キャリアに影響する問題点
　　　 ………………………………………………………207
　問題――許可なく法律業を営むこと ……………………208
　　　問題を定義する（208）

xi

目　次

　問題――規制 …………………………………………………212
　　誰が規制されるべきか（213）
　　どのようなタイプの規制がふさわしいか（213）
　　パラリーガルを規制することに関する議論（214）
　　パラリーガルを規制することに反対する議論（216）
　　リーガル・テクニシャンを規制すること（216）
　問題――認定 …………………………………………………218
　　認定に賛成する議論（218）　認定に反対する議論（219）
　問題――パラリーガルの教育 …………………………………219
　問題――労働基準法上免除の対象になるかならないか ………222
　問題――弁護士がパラリーガルを十分活用しないこと ………223
　様々な兆候 ……………………………………………………224
　　後退のステップ（224）　いくつかの有望な兆候（226）
　あとがき――パラリーガルの将来 ……………………………229
　　将来のトレンド（229）　結語（232）

補章　日本のパラリーガル事情……………………淵邊善彦…233

　付録A：パラリーガル協会
　付録B：その他の参考になる協会
　付録C：お薦めする文献
　付録D：パラリーガルのリクルーター
　付録E：パラリーガルの給与
　付録F：パラリーガル・トレーニング・プログラム

　文　献

まえがき

　パラプロフェッショナル（専門アシスタント）という概念は，新しいものではありません。歯科医業及び医学の分野では，長年パラプロフェッショナル──例えば，歯科衛生士や看護師──を使ってきました。しかし，法曹界は，数十年前にパラプロフェッショナルの利点を発見したばかりです。パラリーガルという職業は，法律業務の進化を助長している画期的かつ新しいキャリアの道です。

　本書は，最近高校または大学を卒業した人，新しいキャリアを考えている人，再度社会に復帰しようと考えている人，ロースクール，またはビジネススクール進学を考えている人，ロースクールに行かずに法律業界の仕事に携わりたい人，またパラリーガル養成プログラムに通学している人のためのもの（また，自分の仕事のためにパラリーガルを採用しようと考えている弁護士のためにも）です。本書は，内部の事情に通じた個人的な見解を紹介し，以下の質問に答えながら，急成長を遂げているパラリーガル・キャリアが，あなたに向いているかどうか判断するためのガイドになるでしょう。

- パラリーガルとは何なのか。
- パラリーガルと弁護士の違いは。
- パラリーガルはどこで働くのか。
- パラリーガルは何をするのか。
- 現在と将来の人気専門分野は。
- パラリーガルはどのくらい収入を得るのか。
- パラリーガルになるためにはどのような教育，トレーニング及び技能が必要なのか。
- パラリーガルとしての最初の仕事はどうすれば探せるのか。
- どのような昇進のチャンスがあるのか。
- この職業の将来性は。

まえがき

　本書はまた，どのように，そしてなぜパラリーガル分野が発展したのか，この職業に影響を及ぼす法律業界のトレンド，パラリーガル・キャリアにおけるコンピュータの重要な役割並びにパラリーガルが直面する今日の重要な問題等についても説明します。

　パラリーガルは柔軟性のある職業です。これ自体がひとつのキャリアでもあり，また他のキャリアのための足がかりでもあり，ロースクールやビジネススクールの基盤でもあります。この仕事はダイナミックなものです。変化しつつある業界の最先端にあります。また，やりがいのある仕事です。今日のパラリーガルが私たちの法律制度に浸透することで，21世紀におけるリーガルサービスまでもが影響を受けることになるでしょう。

第1章

パラリーガル
―― 新しいフロンティア ――

昨日までの方法で今日の仕事をこなせても，明日のビジネスはこなせない。
　　　　　　　　ネルソン・ジャクソン

　法律の職業は何世紀にも及ぶ歴史あるもので，ついこの間までは「昨日までの方法」が十分通用しましたが，もはやそうは行きません。法律業界はドラマチックに変化しています。そして，その変化の中の1つが，リーガル・アシスタント，あるいはパラリーガルという弁護士資格を持たない者の新しい職です（リーガル・アシスタントとパラリーガルという語はどちらも用いられます）。このエキサイティングで，画期的な職業は法律業界に革命を起こしています。

　パラリーガルの分野は，1968年にアメリカ法曹協会（American Bar Association：以下「ABA」といいます）により正式に認知されました。この分野が存在するようになってからほぼ30年が経ちますが，米国労働省（DOL）によれば，この分野が，1つのキャリアとして認知されるようになったのは，最後の10年間に入ってからのことでした。500を上回る職業に関する1990年，1995年度の雇用調査を検討したところ，労働省はパラリーガル職を，すべての職業の中で最も急成長する1つであると予測しました。この予測は，妥当な額でのリーガルリービスを望む消費者需要の高まり，裁判所システムにかかる過度の負担，また弁護士によるパラリーガルの利用の増大等によるものと思われます。

　さらに，John Wiley & Sons, Inc. 出版の1995年度 "Jobs Rated Almanac"（職業レーティング年鑑）は給与，職場環境，雇用見通し，職業安定性，ストレス並びに必要体力度等を基準に，職業のベストとワーストを調査した結果，パラリーガルはベスト5に評価され，1992年の13位から上昇しまし

た。また，ビジネス及びファイナンスの分野におけるパラリーガル・アシスタントのランクは2位でした。

これらの報告にもかかわらず，パラリーガルが何であり，何をするのかをいまだに知らない人々もいます。また，この分野がどのように，また，なぜこのように急成長を遂げたのかを知る人はさらに少数です。本章はこのパラリーガルという職業を紹介し，いくつかの誤解を解きながら，このキャリア選択があなたに向いているかどうかを評価するスタート地点になるでしょう。

パラリーガルとは何なのか

単純に言えば，パラリーガルとは，かつて弁護士だけがこなしてきた法律業務を行う弁護士資格を持たない人です。パラリーガルが存在する根拠は，多くの法律業務が細かい部分及び作業に分けることができ，弁護士の監督のもとで，弁護士資格を持たない者にこれらを委任できることにあります。弁護士とパラリーガルとの作業分担は，増加し続けるクライアントの数に対応した，高品質かつ妥当な価格のリーガルサービスの提供を可能にします。

私は，パラリーガルが，本来弁護士の行う仕事をなし得るという考えに，好奇心をかき立てられます。パラリーガルになる以前，私は多くの人たち同様，弁護士を恐れていました。弁護士は，多額な請求をする上，ラテン語を使うので，彼らのやることは凡人には理解不可能なものなのだと思っていました。しかし，それは事実ではありません。パラリーガルとして働き出してから1年が過ぎた後，法律が難しいという幻想が崩れ始めました。その幻想が完全に崩れたのは，ある日50ページの法律文書を読み，それが理解できた時でした。

正式な定義

次に，過去数年間にわたって弁護士及びパラリーガルによって開発されたパラリーガルの3つの正式な定義を紹介します。これらの定義の重要な違いは「弁護士の監督下で」というフレーズです。初めの2つはこのフレーズを含みますが，3つ目は含みません。

> **キャリア・アドバイス**
>
> 弁護士の監督下で仕事をするということは重要な点です。なぜなら，パラリーガルが弁護士の監督なしに仕事をした場合，このパラリーガルは弁護士業務を行っているとみなされ，これは「認可されていない弁護士業務」にあたり，法に違反するものです。もしあなたがパラリーガルのキャリアを考えているのであれば，これを頭に入れておく必要があります。この点については，第9章でまた詳しく述べます。

アメリカ法曹協会（ABA）は，リーガル・アシスタントの以下のような定義を，1986年に採用しました。

> リーガル・アシスタントは，教育，トレーニング，あるいは職歴によってその資格を得て，弁護士，法律事務所，政府機関，またはその他の企業によって雇われる者であり，かかる身分としての役割は，弁護士の最終的な指示及び監督下で，実質的な法律業務を特定に委任されるというもので，かかるリーガル・アシスタントが不在の場合は，弁護士が行う業務であるため，その業務内容は通常，法律的概念に関する十分な知識を要する。

信じられないでしょうが，上の文章は1つの文章です。しかし，すでにご存知かも知れませんが，弁護士という人種は，多数のコンマを含んだ長文を用いることを好むのです。このような言葉使いは，一般的に"legalese"（難解な法律用語）として知られています。前に述べたように，パラリーガルとして1，2年過ごせば，もうこのような文章に脅かされることはありません。

1994年，全米リーガル・アシスタント協会（National Association of Legal Assistants：NALA）は，リーガル・アシスタントの定義を以下のように修正しました。

> リーガル・アシスタントは，パラリーガルとしても知られ，リーガルサービスの提供において，弁護士を援助する個別のグループの一員である。正式な教育，トレーニング及び経験によって，リーガル・アシスタントは法律制度，実体法及び手続法に関する一般的知識及び専門的な知識を有するため，弁護士の監督下で法的性質の業務を行う資格がある。

第1章　パラリーガル

　全米パラリーガル協会連盟（National Federation of Paralegal Associations：NFPA）は，1987年にパラリーガルについての次の定義を起案しました。

　　パラリーガルは，教育，トレーニングまたは職歴によって，法律概念の知識を要し，通常（独占的ではないが）弁護士が行う実質的な法律業務を行う資格を有する人である。パラリーガルは，弁護士，法律事務所，政府機関，またはその他の企業によって雇われる者であるか，行政，立法，または司法当局により当該業務を行うことを認可された者である。

　NFPAとABAは共に，「パラリーガル」と「リーガル・アシスタント」という名称は，互換性のある語として用いられることに同意しています。ただし，NFPAは，「パラリーガル」の名称を優先しています。NFPAは，パラリーガルの業務を以下のように分類しています。
　伝統的なパラリーガル――弁護士による監督下で，及び／または弁護士に対する報告義務を有する状態で働く。
　フリーランス／契約パラリーガル――弁護士による監督下で，及び／または弁護士に対する報告義務を有する状態で，独立契約者（インディペンデント・コントラクター）として働く。
　インディペンデント・パラリーガル――弁護士への報告義務がない業務で，法律に関わるプロセスに関して消費者に対してサービスを提供する（このキャリアを選択することによる影響については，第9章で扱います）。
　これらの定義によると，パラリーガルは教育，トレーニングまたは職歴をによって，かつて弁護士が行っていた様々な法律業務に携わる人のことを指します。しかしながら，これらの定義がすべてを物語っている訳ではありません。

非公式の定義
　「パラリーガルとは何か」という問いに十分に答えるためには，雇用者の

形態（法律事務所，企業，あるいは政府機関），雇用者の規模，法律専門分野（訴訟，会社法，不動産法，遺言検認，その他），取り扱われる事件の種類，雇用者のパラリーガルに対する姿勢並びにパラリーガルがその職に対して備えている特別な技能，教育やバックグラウンド等を考慮した上で，この定義を改良しなければなりません。各パラリーガルの役割はこれらの要因で決まります。

また，これらはパラリーガル職を探すときに考慮すべき重要な点です。本書の他の章をお読みになればわかるように，これらの要因によってまあまあの仕事と素晴らしい仕事の違いが生じます。

パラリーガルを定義するとき，さらにぶつかる問題はパラリーガルという言葉そのものです。例えば，小規模な法律事務所の資産運用分野で働くパラリーガルと，企業の福利厚生課で働くパラリーガルの責任とはまったく異なります。両者共パラリーガルという肩書きですが，業務内容があまりにも違うので，仕事や給与レベルを比較するのは不可能です（このような違い等は第3章，第4章で詳しく取り上げます）。

パラリーガルと弁護士はどのように違うのか

「パラリーガルとは何か」という問いに別の方法で答えるには，パラリーガルがやってはいけないこと，そしてパラリーガルと弁護士の間の職務分担を検討するとよいでしょう。

パラリーガル・プロフィール

以下の統計は一般的なパラリーガルのプロフィールに関するものです。
　あくまでも全国平均であることにご注意下さい。
　　性別—94％　女性
　　人種—95％　白色人種
　　平均年齢—38歳

第1章　パラリーガル

> 年齢範囲―21歳～67歳
> パラリーガル経験平均年数―7年～10年
> 雇用者―71％は法律事務所で勤務，1991年の78％より減少
> 教育―
> 　　54％　　学士号
> 　　85％　　パラリーガル教育（64％がABA認定）
> 給与範囲―9,600ドル～125,000ドル
> 平均給与―32,875ドル，1991年の29,606ドルより増加
> 資料：1995年度パラリーガルの給与及び福利厚生に関する報告書，全米パラリーガル協会連盟（National Federation of Paralegal Associations, Inc.）発行

パラリーガルがやってはいけないこと

要約すれば，パラリーガルは弁護士としての業務を行うことは許されません。しかし，これはどういう意味なのでしょうか。簡単に言えば，パラリーガルはリーガル・アドバイスの提供，報酬額の設定，または法廷でクライアントの代理を務めることはできません。これらはすべて弁護士のみができる業務です。その他の業務についてはパラリーガルも行うことができます。

戦略家と技術家

私が初めてパラリーガルになったとき，パラリーガル・コーディネーターが自分の仕事内容と責任のリストを作成するように言いました。私は1，2年目のアソシエイト弁護士と私の仕事内容の違いを区別するのに苦労しました。時に，私たちは同じ様なことをやっているように思えました。その法律事務所で数年働いていたパラリーガルの同僚が，私にその違いを指摘してくれました。弁護士は何をすべきかを知っており，パラリーガルはどのようにすればよいのかを知っているのだと。言い換えれば，弁護士は戦略家であり，パラリーガルはその戦略を実行する技術家です。理論上は，少なくとも，そういう仕組みになるべきです。

この概念について例を挙げて説明してみましょう。例えば，あなたが自分の会社を作るとしましょう。あなたは，その会社がコーポレーション，リミ

テッド・ライアビリティ・カンパニー，パートナーシップあるいは個人事業のいずれかとして設立されるであろうということを知っているかもしれませんが，あなたの現状にとってどれが最適であるかを判断する法的専門知識は持っていないでしょう。従って，あなたは弁護士に協力を求めるのです。その弁護士はあなたの話を聞き，いくつかの基本的な質問をした上で，あなたの会社はコーポレーションとして設立されるべきであると判断するのです。

　弁護士は自分が持っている（ロースクールで学んだ）会社法の法律概念の知識を基に判断します。弁護士は何をなすべきかを決め，戦略を計画します。パラリーガルはそのような戦略的判断（実質的にはこれは資格を持った弁護士の業務です）をしませんし，また，してはいけません。そのようなことに従事するパラリーガルは違法に法律実務を行っているとみなされます。

　先ほどの例をさらにワンステップ広げてみましょう。もしあなたの会社が設立されるとすれば，特定の文書作成業務が必要になります。しかし，誰が準備するのでしょうか。賢明な弁護士は設立関係の文書を作成するためにパラリーガルに協力を求めるでしょう（弁護士が作成した場合，必要以上に高額な請求書に要注意！）。技術家として，パラリーガルは弁護士の戦略的計画をどのように実行すればよいのかを知っています。

　パラリーガルがやってよいこととやってはならないことの境界線の一部分は，弁護士のパラリーガルに対する姿勢によって決まることを強調してもしすぎることはありません。弁護士の中には，パラリーガルをどのように利用すればよいのかを把握している者もいれば，わかっていない者もいます。あなたが仕事を探すときに，この点を頭に入れて置くことが大切です。

弁護士とパラリーガルに違いがあることの価値

　興味深いことに，先ほどの例で述べた弁護士とパラリーガルが果たす役割は，なぜパラリーガルサービスがクライアントからの評価を高めているのかということをよく表しています。

　考えてみて下さい。先ほどの設立の件で，弁護士が「文書の作成には，約5時間かかります。」とクライアントに伝えたとしましょう。その弁護士は1時間200ドルを，そしてパラリーガルは1時間50ドルを請求するとしま

しょう。簡単な計算で，パラリーガルがその文書作成を手伝った方が，ずっと経済的であるということがわかります。もちろん，弁護士は出来上がったものを検討しなければいけませんが，それは1時間ぐらいのものでしょう。もしパラリーガルが利用された場合，クライアントは50ドル／時間×5時間（250ドル）と200ドル／時間×1時間（200ドル）の総計450ドルを支払うことになります。弁護士がすべて作成した場合に請求される1,000ドルと比較してみて下さい！ご覧のように，パラリーガルは報酬額の削減に役立っているのです。

　しかし，弁護士はパラリーガルを利用することによって，どのような恩恵を得るのでしょうか。第一に，弁護士は比較的定型の仕事に時間を費やすよりも，リーガル・トレーニングや専門知識の応用を要する戦略的判断に，もっと時間をかけることができます。第二に，低い費用はクライアントを満足させるのに役立ちます。そして，クライアントが満足するということは，ビジネスを行う上で好ましいことです。第三に，弁護士がパラリーガルに定型の仕事を委任することができれば，法律事務所はより多くの仕事をこなせることになるでしょう。第四に，法律事務所は定型の法律業務を行うために，高給取りの新人アソシエイト弁護士をスタッフとして雇っておく必要がなくなり，人件費及び諸経費が，かなり節約できることになります。即ち，パラリーガルを使うことによって，リーガルサービスがより身近なものとなるため，クライアントと法律事務所の両方が利益を得るわけです。

キャリア・アドバイス

　弁護士とパラリーガルの間の最も基本的な違いは，弁護士は，ある一つの事件に関連して行われた全ての業務に対する最終的責任を有するということです。そのため，弁護士たちには，より高い給与が支給されるわけです。私は，これがパラリーガル・キャリアにおけるメリットだと思いました。そのおかげで，私は自由に仕事以外の趣味に打ち込み，ある事件のことで眠れない夜を経験したことなど一度もありません。私が一緒に仕事をした弁護士たちの中には，同じことが言えない人がいることは確かでしょう。もちろん，これはあなたがもしパラリーガルになった場合，最善を尽くす必要がないという意味ではありません。全てはあなたが仕事とキャリアにおいてどのくらいの責任を持ちたいかにかかっています。

その他の法律関係の職員

パラリーガルとして,特に法律事務所に勤務した場合,あなたは別のタイプの法律関係の職員に出逢うでしょう。弁護士が戦略家でパラリーガルが技術家だとしたら,リーガル・セクレタリー(弁護士秘書),ロー・クラーク,そしてリーガル・アドミニストレーターらの役割とは何でしょうか。

一般的にいうと,リーガル・セクレタリーは通信業務と法律文書のタイプ,電話応対,ファイル管理,弁護士のアポイントの設定,弁護士のスケジュール管理,裁判所への文書提出及びタイムシートの管理等を行います。

ロー・クラークは,通常夏の間,リーガル・リサーチ,法律文書の作成,弁護士に同行して審理に出席及びクライアントのインタビュー等を行うために雇われるロースクールの学生です。

最後に,リーガル・アドミニストレーターとは法律事務所の経営に従事する人で,予算案の作成,事務所の給与支払名簿及び会計の監督,採用,解雇その他の人事関係事項,業者との交渉,オフィススペースのリースに関する事項,備品(例えば,コンピュータシステム等)の必要性の評価,購入及び法律事務所の経営に携わっています。

職業の変化

先ほど述べたように,パラリーガル分野は誕生してからほぼ30年であるにもかかわらず,大規模な,しかもダイナミックな変化を経験してきました。その誕生,幼児期,幼少期,思春期とその成長に伴う悩み,そして30代に入って,成人期の初期と成熟期を経てきました。

この職業の始まりが1960年代であることは,驚くようなことではありません。変化が合い言葉だった時代にルーツを持つ,リーガル・パラプロフェッショナルという概念が,いかに画期的であるかということが容易にうかがえます。しかしながら,この概念の出現以前に,多くのリーガル・セクレタリーが今日のパラリーガル業務を行っていたことに注意すべきです。この職業の発展におけるリーガル・セクレタリーの役割を軽視することはできませ

ん。リーガル・セクレタリーは今日のパラリーガルの先駆者なのです。

1960年代と1970年代の初め──誕生及び幼少期

1960年代と1970年代の初め，私たちの社会は，今日の法律制度に永続的な影響を与えた多数の社会的，人口統計学的，技術的，そして経済的変化を経験しました。これらの発展は次のようなものです。

- 仕事，性，女性の地位及び役割，家族構成，少数民族並びに機会均等に対する基本的な社会的姿勢の変化
- 平等性に対する社会の傾向から生じた変化による公正及び正義に関する期待の増大
- 人口の規模及び年齢，出生率，移住パターン，家族サイズ及び構成を含む全国的な人口統計上の変化
- 犯罪増加及び都市の腐敗へつながる都市地域における人口集中
- 労働者安定性，環境汚染及び健康管理に対する懸念から生じる政府規則及び法律の増加
- 生産志向経済からサービス志向経済へのシフトをもたらしたテクノロジー及びコミュニケーションの発展
- 消費者権利及び消費者保護運動に対するより強い認識につながる消費者意識の高まり

法律専門職にとって，これらの変化は，リーガルサービスの需要増加，法律の数及びその複雑さの増大，正義に対して高まる期待並びに負担の過剰な裁判所システムという結果につながりました。法曹界は様々な方法で反応しました。特に顕著なのは，(法曹界) 内部に新しい専門的地位，つまりリーガル・パラプロフェッショナルを創造したことです。

リーガル・セクレタリー（弁護士秘書）からパラプロフェッショナルへ　私たちが知っている今日のパラリーガルは，1960年代後半あるいは1970年代初めに，思いがけなく出現したわけではありません。職業は次第に変化してきました。実際，パラリーガルという言葉が使われる以前にも，民間の法律事務所や連邦政府機関で働いていた人たちは，パラリーガル的な業務を行っていたのです。

法律制度に対する需要が増えるにつれ，多くの法律事務所にある弁護士／リーガル・セクレタリーのコンビでは，もはや仕事をこなせないことが明らかになってきました。その結果，多数のリーガル・セクレタリーたちは，リーガル・セクレタリーとしての業務の他に，パラリーガル的業務を行っていることに気がつきました。例えば，リーガル・セクレタリーは法律文書の作成及びそのタイプが一般的な仕事でした。リーガル・セクレタリーがよりパラプロフェッショナル的業務に携わり，事務的業務が少なくなるにつれて，新しい職業が誕生したのです。

　同時に，社会の傾向の変化が，貧しい人たちやお年寄りを援助する連邦プログラムの増加につながりました。フードスタンプ事業（訳注：連邦政府が，貧困所帯フードスタンプを割り引いて販売し，小売店から額面価格で買取ってその差額を負担する社会福祉事業），公営住宅，メディケア（訳注：65歳以上の老人及び障害者に対する医療費・入院費の給付制度）並びに社会保障制度プログラム等で働くソーシャルワーカーは，自分の仕事の一環として益々パラリーガル・タイプの仕事が増えました。そのため，1960年代後半には，連邦政府は多数の人をパラリーガルとして雇用していました。

　職業の正式認知　パラリーガル分野の発展における次なる段階は，その存在の正式な認知でした。この認知は，ABA，連邦政府，教育機関並びにパラリーガル自身という数多くの側面からなされて行きました。

　正式認知されるようになった第一歩は，1968年にABAが「弁護士のための非法律家アシスタントの特別委員会」を設立したときに記されました。その目的には，弁護士が弁護士資格を持たない者をいかに効果的に利用できるかという調査並びにパラリーガル教育の為に必要な教育条件及び基準の判断という2つの要素がありました。興味深いことに，委員会は，例えば，医師，歯科医師及び建築家といった長年パラプロフェッショナルを使ってきた他の職業にも目を向け，法曹界もパラプロフェッショナルを利用することで恩恵を得られるだろうという結論を下しました。結果的に，歴史は委員会の正しさを証明しました。

　それ以来，委員会は「リーガル・アシスタントの常任委員会」に名称を変え，パラリーガル教育の基準開発へ向けて，全米のパラリーガル協会と共に

第1章　パラリーガル

活動し続けてきました。第5章を読めばわかるように，ある種のパラリーガル養成の方式（パラリーガル証書，またはパラリーガル課程修了を証する準学士号，あるいは学士号）が，この分野の仕事を得ようとしている人にとって，より重要になってきました。多くの雇用者は将来のパラリーガルはABA承認のプログラムの卒業生であることを要求しています（さらに情報が必要な場合はAppendix Fを参照して下さい）。

　ABA委員会が設立された頃，連邦政府はリーガル・パラプロフェッショナルの貴重な存在に気がつきました。1972年，連邦政府のリーガル・サービシズ事務局内に国立パラリーガル研究所（National Paralegal Institute）が設立されました。3年後，研究所は，貧しい人たちやお年寄りのためのリーガルサービス提供のために，パラリーガルやそれに準ずる人々を養成し始めました。

　その間，1974年に，リチャード・ニクソン大統領は，全国的なリーガル・サービス・プログラムの監督を目的とする組織，リーガル・サービシズ・コーポレーションの設立法案に署名をしました。その組織は，不動産貸主と借主間の紛争，職務上の差別や離婚等の民事事件に関して，貧しい人たちやお年寄りを援助するためにパラリーガルを起用しました。

　世間に認められるためのもう1つの重要な段階は，パラリーガル養成機関の出現と拡大です。トレーニングを受けたパラリーガルに対する需要増加に応えるため，少数の学校が1970年代初めにパラリーガル認可につながるコースを提供し始めました。これらの学校が設立される前は，オン・ザ・ジョブ・トレーニング（実務研修），あるいはリーガル・セクレタリーからの昇進のみがこの分野の仕事を得るための唯一の手段でした。パラリーガル養成プログラムに対して高まる人気を認め，1972年にABAは正式な教育プログラムを認定するための基準を開発しました。今日，パラリーガル養成プログラムを提供する教育機関は800校を越えます。その内，約240校だけがABAにより認定されています。

　正式に世間に認められる上での最後の重要なステップは，パラリーガル自身によって築かれました。それは2つの主要専門協会の設立です。1970年代初期，パラリーガルたちは職業の発展及びメンバーシップの保護・促進の

ために，全米パラリーガル協会連盟（NFPA）及び全米リーガル・アシスタント協会（NALA）を設立しました（パラリーガル協会に加入することはパラリーガル職に関する情報の獲得，またパラリーガルとしての就職に役立つコネを築くための最適な手段です）。

1970年代半ばから1980年代半ば──思春期

　世間から正式に認識された後，パラリーガル職はその発展にあたり，困難な時期を体験しました。すべての思春期の男女のように，成長の悩み，混乱，自己不信並びに自己認識の危機を経験しました。事実，パラリーガルたちをどうすればいいのか誰にもわからなかったのです。パラリーガルは弁護士，または秘書，それともその中間の何かだったのでしょうか。

　この分野が比較的新しかったため，多くの弁護士は複雑な法律業務をパラリーガルたちに託すことをためらいました。そのため，この間，多くのパラリーガルの仕事は，文書の整理，番号付け，分類，コピーやその他のほとんど事務的なものでした。簡単にいえば，パラリーガルは十分に活用されていなかったのです。

　しかし，弁護士がより巧みにパラリーガルを利用することを学ぶにつれて，パラリーガルは更に大きな責任を負うようになりました。1980年代後半には，経験豊富なパラリーガルたちが現れてきました。この人たちが，今日のパラリーガルの道を切り開いたのです。

1980年代後半とその後──成人期

　1970年代半ばから1980年代半ばのぎこちなさが成熟し，その後の10年間のパラリーガル分野を特徴づけました。今や，パラリーガルは現に存在する法律専門職の一つとして認められています。パラリーガルと弁護士との間の境界線が曖昧になるにつれ，パラリーガルたちは，さらに高度な仕事を処理するようになっています。

　パラリーガル・キャリアを考えるには今が本当におもしろい時期です。今まで以上に，パラリーガルたちはこの職業を自らの手で方向づけています。ニューヨークの法律事務所のパラリーガル・コーディネーターである，ロー

リー・ロゼルがうまく表現しているように，「「私ができることの範囲は，私自身で定義します。パラリーガルとは何か，あるいは何をするかをわかっているつもりの人が定義するのではなく。」というのが私の姿勢です。私はパラリーガルとしての仕事が気に入っています。そしてまた，パラリーガル職誕生の本当の理由は，弁護士より低料金で質の高いリーガルサービスを提供することにあると強く思います。」

パラリーガル職の成熟に最も影響を与えた事例は，おそらく，1989年にカリフォルニア州法曹協会が，弁護士資格を持たない者（リーガル・テクニシャンと呼ばれる）が直接一般の人々に定型のリーガルサービスを提供するという提案を調査するための委員団を設けたときでしょう。これは州法曹協会による前例のない動きでした。カリフォルニア州法曹協会は1991年にこの提案を否決しましたが，現在他の州が，リーガル・テクニシャンに関する類似案を検討中です。これらの州の中で一州でもそのような提案を可決すれば，それはこの職業のターニング・ポイントとなるでしょう。なぜなら，それはパラリーガルが弁護士の監督なしで，リーガルサービスを提供できることを意味するからです。

|キャリア・アドバイス|

　この職業が進化してきており，今後パラリーガルに対する責任や機会が増大する傾向が認められるにもかかわらず，今日に至ってもパラリーガルを利用することによる恩恵を未だに認識してない弁護士がいることを知っておかなければなりません。パラリーガルの利用を頑として拒否する弁護士と，パラリーガルなしでは生きていけない弁護士が同じ法律事務所に存在することは珍しいことではありません。パラリーガルの仕事を探すときに，パラリーガルが単にワンランク上の事務職員に過ぎないと思っている弁護士に遭遇しても驚かないでください。

パラリーガルに影響する法曹界内の発展

　グローバル・リサーチによる1994年の調査は，大手法律事務所に，彼らが今後数年間に遭遇すると考える最大の課題を挙げるよう求めました。それ

らの上位3位は，価格設定の圧力，競争，リーガルサービスの価値に対するクライアントの姿勢の変化でした。実際，パラリーガル分野に直接影響を与えたこの10年間に，法律専門職における重大な変化がありましたが，今後もこの変化によるプラスとマイナスの余波は続くでしょう。これらは，あなたがパラリーガル・キャリアを選択した場合に，なんらかの形であなたに影響を及ぼすでしょう。

リーガルサービス業の成長

近年，アメリカの民事裁判制度に関する前例のない再考が行われています。国会諮問委員会は，連邦民事訴訟規則の綿密な調査，費用の削減並びに裁判所の事件処理の迅速化を検討中です。

このような改正は，私たちの法律制度の基礎（即ち，個人の権利や裁判所の利用）を脅かすものであると疑問に思っている弁護士も中にはいますが，リーガルサービスに対する需要がかつてない程高まっていることについては，ほとんどの弁護士が同意しています。1983年，米国労働省（DOL）は，合計502,000人の労働者がリーガルサービス業界で雇用されていると報告しました。(現時点で最新のDOLレポートによると)1994年には，その数が927,000人へと増加し，2005年度には1,270,000人になることが推定されています。1985年から1994年にかけて，リーガルサービスに費やされた金額は，530億ドルから1,140億ドルへと，二倍以上に増加しました。

サービスに対する需要増加は，より多くの訴訟を引き起こしました。1960年以来，連邦裁判所における民事訴訟事件数は，（1985年のピークからは下降したものの）300％にまで増加しました。法曹界は，この増加した仕事量に対応するために，パラリーガルを含むより多くの職員を採用しました。

1980年から1990年にかけて，パラリーガル職の数は150％増の，36,000人から90,000人に増えました。この数は，1994年には110,000人に増加し，2005年度には，雇用増加率58％に相当する175,000人が推定されています（アメリカ商務省は1980年までパラリーガルとして働いている人たちに関する情報の収集を始めなかったため，これ以前の正確な統計を提供することは困難です）。この増加率は，弁護士の雇用増加率28％や一般労働人口の雇用増加率12.2

第1章　パラリーガル

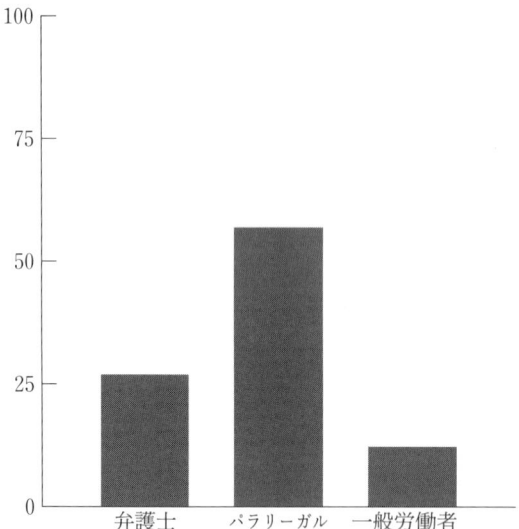

1994〜2005年の雇用の増加
米国労働統計局推計（単位：％）

資料：Copyright © 1997 The National Law Journal. "The National Law Journal"誌の許可を受けて転載。The New York Law Publishing Company 発行

％にまさっています。

利用しやすいリーガルサービスの需要の増加

今日の法曹界の合い言葉は「利用しやすさ」です。アメリカ中の人々が高額な弁護士費用にうんざりしており，手ごろな価格で高品質のサービスを要求しています。費用は1960年の1時間平均20ドルから1980年代には1時間150ドルに高騰しました。多くの大手法律事務所は，シニア・パートナーのサービスについて，1時間350ドルから400ドル請求しています。その結果，ごく普通の一般人から多国籍企業までのほとんどすべての人が，今ではリーガルサービスの請求書を詳しく見るようになっています。昔の典型的な請求書である「リーガルサービスとして（何の説明もなく）－＄50,000」の日々は終わりました。時代は変わったのです。

利用しやすいリーガルサービスに対する需要は，将来これらのサービスを提供する際に，パラリーガルが中心的な役割を果たすことができるということを意味しています。もはや弁護士は，パラリーガルを利用することによって得られる恩恵を無視できません。既に指摘したように，パラリーガルは，クライアントと法律事務所にとって，費用面において効果的な存在なのです。

弁護士の供給過剰

弁護士の数があまりに多すぎると誰かが嘆いているのを，あなたは何回耳にしたことがあるでしょうか。1970年から1990年にかけて，弁護士の数は100％を上回る増加率で，350,000人から750,000人に伸びました。アメリカ法曹協会によると，現在946,500人の弁護士がいます。比較のため，アメリカの894,000人の弁護士と比べると，日本には14,000人の弁護士しかいません。また，アメリカの人口は日本の2倍に過ぎません。

興味深いことに，アメリカの法律制度と違って，日本の制度は訴訟を奨励しません。日本の法律改正のアンケートへの回答には，次のような内容が含まれていました。

- 司法試験合格率を受験者の2％とすることによる弁護士数の制限
- ディスカバリー（訳注：証拠開示—裁判準備のために自己の手持ちの証拠を開示し合うことを求める制度）の禁止
- 原告は弁護士に対して，請求損害賠償額の最高8％までの着手金を必ず支払わなければならないこと
- 殺人の場合でも15万ドルを越えることはめったにない損害賠償額の決定を，陪審員ではなく裁判官に委ねること
- 起訴をより簡便にするクラス・アクション（集合訴訟）のような費用分担方策の禁止
- 対決は避けるべきであり，望ましくないものであるという文化に根付く姿勢の育成

パラリーガルの費用面における効率性は既に証明されていますが，もっと弁護士が必要なのか，あるいはもっとパラリーガルが必要なのかという質問が生じます。答えは微妙です。実際は両方が必要なのです。しかし，それは

どのくらいの割合なのでしょうか。需要と供給の法則は，パラリーガル側にあるように見えます。今日，主に生産性と費用削減に関する理由から，法律事務所は，(昔のように) アソシエイト (新人弁護士) を3人採用するよりは，経験あるパラリーガル2人とアソシエイトを1人採用する傾向にあります (これはパラリーガル職の雇用見通しが有望であるもう1つの原因でもあります)。

競争の激化

興味深いことに，弁護士人口が増えるにつれ，法律業界における競争もまた増してきました。このプレッシャーに加え，可能な限り低い料金でのサービスを探し回るクライアントが増加しています。これらすべての要因から，法律事務所は自分たちのビジネスのあり方について再検討することを余儀なくされました。法律事務所の答えは多種多様でしたが，クライアントへの請求金額を削減するためのパラリーガルの利用がほとんどの回答に含まれていました (安い請求金額に異議を唱えるクライアントに，私は未だかつて会ったことがありません)。

宣伝とマーケティング

競争率の増加に対するもう1つの解答は，クライアントを引きつけるための宣伝とマーケティングの利用です。これらのテクニックは長年にわたりほとんどのビジネスで利用されてきましたが，裁判所は，弁護士業の宣伝に関する規制をこの10年間で緩和し始めたばかりです。その結果，法律事務所はマーケティング及び広報の専門家たちを利用し始めました。第8章を読めばわかるように，これは自分のキャリアを広報やマーケティング職への土台と考えているパラリーガルにとっては，よいニュースかもしれません。

進む専門化

近年，法律の専門化の傾向が強まっています。医学分野においても，一般開業医の時代は終わりました。1人で把握するにはあまりにも多量の情報があふれているのです。従って弁護士は，例えば，税法，証券法，破産法，移民法等の法律分野の専門家になりつつあり，ある特定の専門分野のサービス

を提供する「ブティック」型の法律事務所が出現してきました。

これはパラリーガルにとって何を意味するのでしょうか。それは大きな可能性です。専門化への傾向は，より高い収入と，パラリーガル職により満足するための重要な鍵です。

コンピュータとテクノロジー

コンピュータは，世界中の法律事務所に革命を引き起こしており，パラリーガルの仕事の性質に変化をもたらしています。つい最近まで，法律事務所は，コンピュータを請求書作成とワープロ機能のために使用してきました。何十万ドルに相当する訴訟サポートシステムを購入するような贅沢ができるのは大手法律事務所のみでした。しかし事情は変わりました。あらゆる規模の法律事務所が，マイクロプロセッサのスピードの増加やパーソナル・コンピュータの価格低下によって，テクノロジーの時流に飛び乗っています。

とはいえ，すべての弁護士が諸手を挙げてテクノロジーを受け入れている訳ではありません。いやむしろ，彼らの多くが依然としてこれに抵抗しています。しかし，賢明な弁護士は，彼らの業務を自動化することが，競争力を維持する方法の一つであることを認識しています。例えば，今日，法律関連のコンピュータ・ソフトウェアには，訴訟サポートシステム，事件管理，リーガル・リサーチ，法廷グラフィックス，画像システム及びエキスパートシステムと呼ばれる最先端のテクノロジーが含まれます。これらのソフトウェア・プログラムは，1つのプロセスにリーガル・リサーチと文書ドラフトとを組み込むことにより，弁護士の思考回路や法律問題分析を模倣するプログラムです。

パラリーガル・キャリアのプラス面とマイナス面

これらは私個人の経験や，私が今までお話ししたその他のパラリーガルの経験に基づいたもので，あくまでも，その多くはまったく主観的なものであることを忘れないで下さい。

プラス面は次のようなものです。

第1章　パラリーガル

- やりがいのある興味深い仕事で，かつ無限に学ぶ機会を得られる
- 広範囲な法律業務分野における可能性
- プロジェクト単位の仕事
- 最小限の監督下で仕事をする機会を得られる
- 必要とされる教育年数に比べ高収入獲得の可能性
- 法律業界を変えつつあるパラリーガルという新しいキャリアの一員となる機会
- ロースクール，ビジネススクールやその他のキャリアの基盤としてのパラリーガルの技能及び知識の活用
- ロースクールに時間とお金を投資せず，またはリーガル・セクレタリーにならずに法律の仕事に携わる機会
- 将来，法律以外の分野で働く機会の増加
- 仕事以外に生きがいを求め，また他のことに興味があれば，それを追求できる絶好のキャリア

マイナス面は次のようなものです。

- まだはっきりと位置づけされていない新しいキャリア
- 重要な仕事の委任を拒否する弁護士によるパラリーガルの活用不足
- パラリーガルは本当にプロフェッショナルかどうかについての雇用者のコンセンサスの欠如
- 一部の弁護士からの軽視
- 最終的な責任が持てないこと
- 職務上の責務があまりにも広範囲に及ぶことにより，各パラリーガルの仕事満足度にかなりのばらつきがある
- かつて弁護士が行っていた仕事を多量にこなしているにもかかわらず，決して弁護士の給料には及ばないこと

　パラリーガルにとって，コンピュータとテクノロジーの利用が増加する傾向は，無限の可能性をもった宝庫といえます。第6章を読めばわかるように，コンピュータ通のパラリーガルは，仕事に対する満足度が高く，また高収入やキャリア昇進への道が開かれています。コンピュータ通になることが，これからのパラリーガルにとっていかに大切なことか，私は十分に強調しても

しすぎるとは思えません。

裁判外紛争解決方法 (Alternative Dispute Resolution Methods)

負担の過剰な裁判制度や高額な費用のかかる訴訟手続は，訴訟によらない紛争解決方法の利用につながりました。その1つが仲裁です。仲裁では，紛争中の当事者たちが，仲裁人という中立な当事者を起用することによって，紛争解決を相互に合意し，仲裁人は当事者双方に拘束力を有する判断を下すというものです。もう1つは調停です。これはあまり正式ではなく，拘束力のない紛争解決法です。仲裁人及び調停人の利用が最も知られている分野は，労働紛争とスポーツ交渉です。今まで，訴訟以外の紛争解決方法，即ち，裁判外紛争解決（ADR）方法にはあまり人気が集まりませんでしたが，これは変わりつつあります。1990年の行政上の紛争解決法は，すべての連邦機関にADR方針の採用を要請しています。

ADRにおけるパラリーガルの利用は増加しています。パラリーガルは，従来の方法で弁護士を援助するだけではなく，仲裁人や調停人として昇進するためにこの経験を生かしています。

セルフ・ヘルプ（自力救済）法

論争の的となる発展の中に，セルフ・ヘルプ法の概念があります。1971年にラルフ・ワーナーとチャールズ・シャーマンは，カリフォルニア州バークレーでノロ・プレス社（Nolo Press）を共同設立し，またウェーブ・プロジェクトを創設したことにより，セルフ・ヘルプ法運動を展開しました。ノロ・プレス社は，"How to Do Your Own Divorce"（自分で離婚手続を行う方法），"How to Form Your Own Corporation"（自分で会社を設立する方法）といったセルフ・ヘルプ法のマニュアル本やコンピュータ・ソフトウェアを出しています。

ウェーブ・プロジェクトは，米国で最初のセルフ・ヘルプ法センターであり，ここでは，弁護士資格を持たない者が弁護士の請求額よりかなり低い料金で，離婚文書の準備を専門的に扱っていました。このような動きは，普通の人が法律文書を作成するためにセルフ・ヘルプの出版物を利用し，後から

弁護士ができ上がった文書を検討さえすればよいという考えから導かれたものであり，利用者にとっては文書準備，相談やその他にかかる弁護士費用の節約になります。

セルフ・ヘルプ法における1つの革新的な出来事は，アリゾナ州マリコパ郡の法廷でユーザーが使用しやすいコンピュータ・キオスクがインストールされたことです。これにより，個人が法律関連の様々な質問に対する回答を入手でき，かつ家庭裁判所の手続に必要な，裁判所所定の記入フォームを入手することができます。

驚くことなかれ，法曹界に係わっている誰でもがこの概念を快く思っているわけではないのです。離婚や会社設立に必要な既成のフォームに記入する行為は，許可なく法律業を営み，法律違反すれすれのようなものだと思っている弁護士もいます。

ウェーブ・プロジェクト以外にも，パラリーガルの中には，ノロ・プレス社のような「do-it-yourself（自分でやろう）」タイプの出版物を利用して，自分のパラリーガル・ビジネスを開始し，一般の人に直接リーガルサービスを提供している人もいます。このような独立したパラリーガルは，法曹界全体や一部のパラリーガルから，かなり批判されています。問題は，これらのパラリーガルが非弁活動にあたる法律業務に従事しているかもしれないということです。

この批判に応えて，セルフ・ヘルプ法の支持者たちは，弁護士が，非弁活動にあたる法律業務から一般社会を保護するため利他的な懸念を抱いているのか，あるいは弁護士資格を持たない者との潜在的な競争を心配しているのか疑問に思っています。論争の的となっているこの問題については，第9章で取り上げます。

パラリーガルのより効果的な利用

パラリーガルという職業の誕生後30年間において，より多くのパラリーガルを採用し，より効果的にパラリーガルを利用する傾向が強まりました。パラリーガルは，収益ではなく，職務の成果の観点からも自分たちの価値を証明しています。弁護士は，パラリーガルが，文書の索引付けや整理よりは

るかに多くのことができると気づき始め，またかつて彼ら自身が行っていた業務の多くをパラリーガルに任せています。

パラリーガルの仕事満足度

仕事に対する満足度を計ることはむずかしいですが，NFPAの1995年度パラリーガル給与及び福利厚生に関する報告書がこれを実現しました。回答者たちは，給与，ボーナス，福利厚生，専門家としての地位，責任並びに莫大な仕事量を基に，自分たちの仕事を次のように評価しました。

全　体
11％　たいへん高く評価している
40％　高く評価している
36％　並みであると評価している
10％　低く評価している
3％　たいへん低く評価している

給　与
13％　たいへん満足している
55％　満足している
32％　不満

ボーナス
12％　たいへん満足している
36％　満足している
52％　不満

福利厚生
30％　たいへん満足している
53％　満足している
17％　不満

プロフェッショナルとしての地位
24％　たいへん満足している
54％　満足している

22％　不満
　　責　任
　　37％　たいへん満足している
　　47％　満足している
　　16％　不満

　パラリーガルの利用における優れた例として，カリフォルニア州サクラメントに所在の，人身傷害を専門とするエドワード・A・スミス弁護士の法律事務所が挙げられます。スミス氏は，1983年に開業して以来，弁護士は一切採用せず，代わりに9人のパラリーガルを採用しました。彼は，弁護士が現在行っている業務の多くをパラリーガルが行うことができるとの信念の基に，この革新的なアプローチを実行しました。結果として，スミス氏，パラリーガル及びクライアントを含む，すべての関係者が恩恵にあずかりました。
　しかし，すべてのパラリーガルが，自分たちが高度で洗練した業務を行うことができると感じているわけではありません。パラリーガルの中には，自分達が弁護士によって十分に活用されていないことに不満を抱いている人々もいます。しかし，これはパラリーガル職にいつでもついてまわる問題であり，この点については第9章で扱います。

人員削減

　20世紀において，法律業界は景気後退とは無縁のものと思われていました。しかし，1990年代初期の景気の停滞により，法律業界も打撃を受けました。買収，合弁並びに倒産が，思いもよらない結果，つまり弁護士たちの解雇を引き起こしました。これはまた，パラリーガルの就職にもマイナスの影響を及ぼしました。現在，状況は一段落し，レイオフや組織再編も件数的に横ばいになったと思われます。レイオフは依然として行われるものの，その内のほとんどが大手法律事務所による弁護士のレイオフと思われ，これはパラリーガルとっては新たな機会の創出となってきました。大手法律事務所を離れた多くの弁護士は，新たに小規模な事務所や個人開業のオフィスを開き，彼らと共に働くパラリーガルを採用してきました。

倒産は今や現実のものとなりましたが，法律業界では比較的少ない方です。法律業界はまだ安定した就職分野の一つです。しかし，倒産もありえるからには，弁護士は，単なる法律業務以上のことをしなければならなくなりました。つまりビジネスとして法律事務所を経営しなければならないのです。競争を生き延びるための一つのよい方法は，パラリーガルを効果的に利用することです。

以上が，パラリーガル職を形づくり，位置づけている傾向と発展です。これらすべては，1990年代以降にこの分野の仕事に就く人たちのパラリーガルとしての役割及び責任に，なんらかの形で影響を及ぼすでしょう。

パラリーガルとは何かということについて，そしてパラリーガル・キャリアのプラス面とマイナス面について，あなたは今や，理解を深めているので，このキャリアがあなたに向いているかどうかを考え始めることができるでしょう。もちろん，十分な評価を行うためには，パラリーガルの具体的な業務や責任に関する情報が必要でしょう。しかし，これらをみる前に，まずパラリーガルがどこで働くのかを考慮することが重要です。働く場所によって，職場環境やある程度までのパラリーガルの業務内容が決まってきます。次の章ではこの点を取り上げてみます。

第 2 章

パラリーガルはどこで働くのか

他のことをしている方がむしろいいと思っている限り，それは本当の仕事ではない。

チャブ・デ・ウルフ

　私が初めて法律の仕事に就いたのは，1979 年，コネチカット州ハートフォードの小さな法律事務所でした。仕事に就いて 2 日目，1 人の弁護士が私を脇に呼び寄せ，私に言いました。「弁護士というのは変わった人種で，馴れるまでちょっと時間がかかることを知らせておきたかった。」と。その当時は，彼が一体何のことを言っているのかわかりませんでした。なぜなら，それまで私が唯一弁護士と接したのは，親戚の遺言作成のときだけだったからです。しかし，今では彼が言っていたことは正しかったと率直に言えます。弁護士に馴れるには時間がかかりますし，また法律事務所で働くということにも，同様のことが言えます！

　法律事務所を訪問し，ましてやそこで働くということは，かなり恐れ多く感じる人も多いかもしれません。法律の本を見ただけで緊張してしまう人もいます！　反対に，法律事務所のプロ意識のレベルや厳しさを，とても刺激的でやりがいあるものと感じる人もいます。

　法律事務所がパラリーガルにとって最大の雇用者かもしれませんが，唯一の雇用者ではありません。その他には，法人，銀行，保険会社，連邦，州及び地方行政機関，非営利団体，法律相談センター並びにパラリーガル・サービス会社が挙げられます。これらの組織のうちどの組織で働くかによって，仕事，給与，福利厚生，昇進の可能性並びに仕事満足度の面で，大きな違いがあります。

法律事務所

　アメリカには2人以上の弁護士が属する法律事務所は42,000以上あります。パラリーガルの大多数（約75％）は，法律事務所で働いているので，この章はこの点から始めます。法律事務所はあらゆる形態及び規模で構成され，個人開業事務所から1,000人以上の弁護士がいる大手法律事務所にまで及びます。昔からこのような状態だったわけではありません。1902年に出版された，ある法律雑誌に掲載された記事の中で，その著者は「…5人から多くて8人いる巨大な法律事務所」と述べていました。時代はなんと変わったのでしょう。

　この10年間に，法律事務所は大きく様変わりしました。1980年代，法律事務所は規模拡大の傾向にあり，1978年の平均的な法律事務所には約100人の弁護士がいましたが，1987年には，それは200人に増加しました。また，我が国の経済の国際化に対応して，多くの法律事務所は海外に支店を開設しました。法律事務所の規模拡大に伴って，法律事務所の収益も伸びました。1987年，国内のトップ100の法律事務所のうち21の法律事務所は，1億ドルを超す収益をあげました。これは『フォーチューン』誌のトップ1,000企業と並ぶ規模です！　急激に法律は大きなビジネスとなりました。

　それに対し，1990年代はレイオフと人員削減の時代でした。法律事務所も不況のあおりを受け拡大傾向に終止符を打つことになり，特に会社法や不動産法などの実務分野ではクライアントが激減しました。しかしレイオフの結果，大手法律事務所で働いていた弁護士の中には個人開業する者も多く，それに伴いパラリーガルの新しい就職口が誕生することになりました。

法律事務所の構造及び人員

　基本的に，法律事務所はパートナーシップあるいはプロフェッショナル・コーポレーション（弁護士等資格を持った専門家の組織）ですが，他の形態をとることもあります（リミテッド・ライアビリティ・パートナーシップ（LLP－有限責任パートナーシップ）やリミテッド・ライアビリティ・カンパ

第 2 章　パラリーガルはどこで働くのか

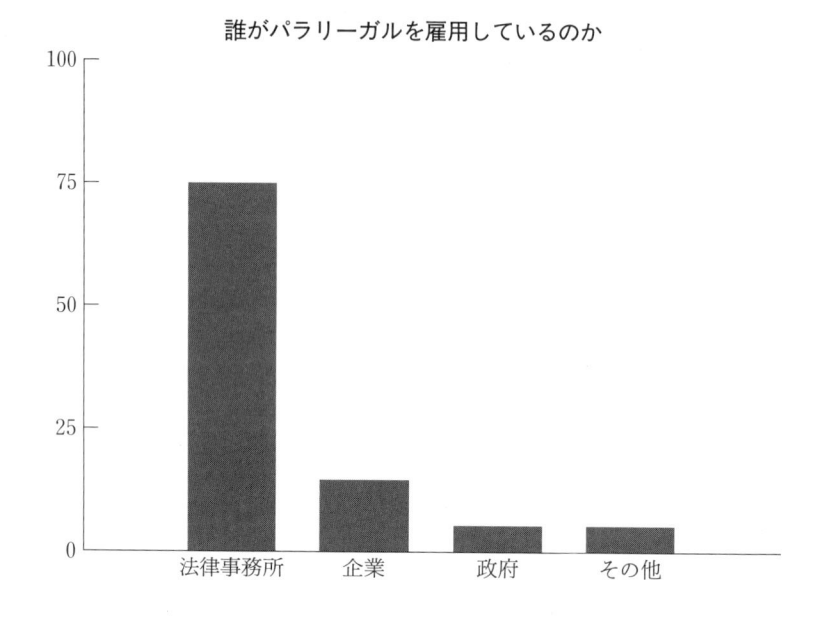

誰がパラリーガルを雇用しているのか

[グラフ: 法律事務所 約75、企業 約15、政府 約5、その他 約5]

ニー（LLC‐有限責任会社）等。これらは本書他の章で述べます）。つまりこれは，限定された数の個人（パートナーまたは株主）が，その法律事務所を所有し，利益を共有することを意味します。法律事務所をピラミッドとして考えてみて下さい。パートナーが一番上に位置し，その下のさらに大きなグループの人々によって支えられています。

　ほとんどの弁護士たちの目標は，パートナーになることであり，これは通常アソシエイト（ピラミッドのレベルではパートナーの下です）として約7年働くと達成できます。しかし，法律事務所間の競争が厳しくなるにつれて利益が圧搾され，「パートナーになる」と言うことは簡単ですが，その実現は難しくなってきました。最近では，弁護士が法律事務所に7年間貢献したからといって，パートナーになれる保証はありません。

　アソシエイトの中には，ロースクール卒業後すぐに採用される人もいれば，他の法律事務所から採用される人もいます。パラリーガルは普通，パートナーよりアソシエイトたちと多く仕事をします。私の経験によると，ロースクールを出たばかりのアソシエイトは，数年の経験があるパラリーガルより，

全般的に仕事のやり方についての知識を持っていないと思います。その結果，新人アソシエイトは，パラリーガルに助けを求めることを嫌がることもありますが，経験あるパラリーガルが非常に貴重な存在であることを次第に認めざるを得ません。

ピラミッドのその他の部分は，次のサポート・スタッフで構成されています。
- パラリーガル及びパラリーガル・アシスタント（ケース・アシスタントとも呼ばれる）
- ロー・クラーク
- 経営スタッフ。例えば，司書，人事マネージャー，リーガル・アドミニストレーター，情報テクノロジーマネージャー並びにマーケティング・アドミニストレーター
- 事務スタッフ。例えば，秘書，ワープロ・タイピスト，メッセンジャー，受付並びにファイル・クラーク

これらの内のいくつかについては，第1章で詳細に述べています。

パラリーガルとして，これらのサポート・スタッフの全員，あるいは数人と毎日接触するでしょう。上記リストの順位は，グループごとの重要性を意味するものではありません（ファイルが見あたらないとき，ファイル・クラークの仕事がいかに重要なものであるか，身にしみるでしょう）。また，法律事務所の規模によっては，存在しない役職があるかも知れません。例えば，小規模な法律事務所には，司書や所内メッセンジャーはあまりいません。

キャリア・アドバイス

法律事務所の規模，それぞれの役職に対する法律事務所の姿勢や，法律事務所の予算によって，経営スタッフの責任や仕事の一部がパラリーガルのものと重なることを理解することが大切です。例えば，予算の限られた小規模な法律事務所では，パラリーガルはリーガル・アドミニストレーター，リーガル・セクレタリー，あるいは司書の役割等いくつもこなさなければならないかも知れません。

パラリーガルとリーガル・セクレタリー　パラリーガルは基本的に，パートナーまたは1人か2人のアソシエイト，あるいはその2つの組み合わせで

秘書を共用します。リーガル・セクレタリーとパラリーガルの間に存在しうる緊張状態について触れなければなりません。理由はいくつかあります。リーガル・セクレタリーの職は，パラリーガルよりはるかに長く存在しています。また，既に述べたように，リーガル・セクレタリーは，ある意味ではパラリーガルの先駆者です。弁護士は一般的に，自分の秘書と特別な信頼関係を築くことに私は気付きました。それぞれがお互いに対して献身的なほどに誠実なのです。

これはパラリーガルにとって何を意味するのでしょうか。基本的に，秘書とは仲良くすることです。陳腐な言い方かもしれませんが，現実に，秘書はあなたの仕事をやり易くすることもできれば，最悪のものにもできるのです。要するに，クライアントに可能な限り最高のサービスを提供するためには，パートナー，アソシエイト，パラリーガル，そして秘書の全員が，共に協力しなければならないのです。

クライアント

クライアントは多種多様です。個人かもしれませんし，小規模な会社，多国籍企業，あるいはその中間的なものかもしれません。私が大手法律事務所で働いていたときに係わったクライアントには，銀行，証券会社，多国籍の石油会社，新興のハイテク・コンピュータ企業，レストラン及びワイナリー，アイスクリーム製造業者，デパート，ゆりの球根栽培者，オリエンタル・グッズ輸入業者，砂糖会社そして鉱山会社等がありました。

パラリーガルの携わる仕事の内容が，その法律事務所のクライアントと直接関係していることを理解するのは重要なことです。言い換えれば，普通クライアントは，法律事務所の規模によって決まります。例えば，ほとんどの個人や小さな会社には，大手法律事務所が請求する高い費用を支払う余裕がありません。その結果，大手法律事務所のクライアントの大多数は企業です。よって，いかなる法律専門分野でパラリーガルが仕事に就くとしても，大手法律事務所における仕事というのは，ある企業の取引に関係する内容のものになりがちです。

請求可能な時間

全ての法律事務所に共通する点は，請求可能な時間と請求不可能な時間の概念です。クライアントは，パートナー，アソシエイト，パラリーガル，パラリーガル・アシスタント，時にはワープロ・タイピストが提供したサービスに対する報酬を，時間単位で請求されるのです。一般的に，法律事務所は秘書の時間については請求しません。

これはパラリーガルにとって何を意味するのでしょうか。毎日，自分の勤務時間，つまり，あなたの請求可能な時間と請求不可能な時間について，その明細をつけなければならないということです。請求可能な時間は，直接クライアントに請求できる事項に費やした時間です。請求不可能な時間は，例えば，管理業務や公益弁護活動等直接クライアントとは関係ない事項に費やした時間です（Pro bono publico はラテン語で「公益や福祉のため」を意味し，無報酬で取り扱われた事件を指します。これらの事件が最もおもしろい事件であったりもします）。請求可能な時間は，直接法律事務所の利益に結び付きます。通常，法律事務所は，弁護士と同様にパラリーガルにも，請求可能な時間数の下限を設定します（訳注：1時間あたりの請求金額はパラリーガルの方が弁護士よりも低い）。コスト意識がより高まっている法律事務所の多くは，パラリーガルたちに，1,200から1,800時間というかつてないほどの年間最低請求時間数を要求しています。あなたの就職活動の際に，これらの数字が何を意味するのかについては，第7章で詳しく取り上げます。

法律事務所の規模

次の質問は，どのくらいの大きさの法律事務所で働けばいいのかということです。大手，中堅，それとも小規模の法律事務所でしょうか。私は三種類全部の法律事務所で働いたことがありますが，率直に言ってそれぞれにプラス面とマイナス面があります。法律の専門分野と同じくらい，法律事務所の規模はあなたの仕事に絶大な影響を与えます。1990年代初め以降，大手法律事務所は縮小傾向にあるため，新設の小規模法律事務所や個人開業オフィスで雇用機会が増えつつあります。

法律事務所の規模は相対的なものであり，雇用している弁護士数と地理的

な場所次第です。例えば，ニューヨーク市のある中堅法律事務所が，200人の弁護士を雇用している一方で，小さな街にある同数の弁護士を抱えた法律事務所は，大手法律事務所とみなされるかも知れないのです。わかりやすくするために，大手は100人またはそれ以上の弁護士がいる法律事務所，中堅は50～99人弁護士がいる法律事務所，小規模は1～49人の弁護士がいる法律事務所としましょう。

法律事務所――雇用者の概要

　特徴―全パラリーガルの75％を雇用。タイムチャージの制度がある。多数のクライアントのための仕事に携わる。

　プラス面―確かな基盤と経験。大きな求人市場。パラリーガルの最初の就職先として，最も可能性のある雇用先。給与及びボーナスは企業より高額なことが多い。

　マイナス面―最低請求時間数が決められているため，ストレスを感じる環境。特に訴訟関連の仕事はしばしば残業を要求される。

大手法律事務所　　大手法律事務所は，通常専門グループ（訴訟，破産，不動産，遺言検認，証券，その他）から構成されています。各グループには監督パートナーがおり，そのパートナーの下で働くアソシエイトが数人います。各グループに最低1人のパラリーガルがいます。その結果，弁護士と同様パラリーガルもその分野の専門家になるわけです。小さな法律事務所では，パラリーガルはしばしば2つ以上の専門分野の仕事に携わります。お気づきのことと思いますが，法律事務所の規模は，パラリーガル職を探すときの重要な点です。

　大手法律事務所で働くことにはいくつかの利点があります。最も明白なのは，大手法律事務所にはより多くの施設があり，スタッフがいることです。大規模な法律図書館，コピー及びワープロ・センター，所内メッセンジャー等です。ニューヨークにある14人の弁護士がいる小規模な法律事務所から，サンフランシスコにある200人強の弁護士がいる大手法律事務所に移ったと

きのことを思い出します。まず気付いたことは，大手の法律事務所ではいろいろな部署に定型の仕事内容を委任できるということでした。小さな法律事務所では，100頁余りの文書のコピーが3部必要なのに秘書が忙しい場合，誰がそれをやったと思いますか（結局私がやりました）。大手法律事務所の構造は，パラリーガルが高度な業務に時間を使うことを可能にし，コピー機の前で貴重な時間を費やすことがないようにつくられています。

大きな事件に係わって仕事をするパラリーガルたちを援助してくれるケース・アシスタントの出現は，画期的な進歩でした。ケース・アシスタントは，文書整理，索引付け並びに大抵の一般的な事務業務を行います。法律事務所におけるケース・アシスタントとしてのキャリアは，パラリーガルへの昇進の機会にもなります。

また，大手法律事務所は体系化されたパラリーガル・システム（パラリーガル・マネージャー，所内パラリーガル養成プログラム，パラリーガル・スタッフ会議，所内セミナーや所内昇進の機会を含む）を設けているかも知れません。仕事の委任及び給与に関して，経営者側と私の間の交渉役として，パラリーガルの監督者が存在することは，かなり有益なことだと思いました。あまり仕事経験のない新人パラリーガルにとって，法律図書館の利用方法，コンピュータを利用したリーガル・リサーチ方法を含む所内トレーニングは特に役立つと思います。大手法律事務所は定期的にパラリーガル・スタッフ会議やいろいろな法律問題に関するセミナーを計画し，これらはパラリーガル間のネットワーク作りやお互いを知る機会の場となっています（法律事務所が大きいほど，パラリーガルの人数も多くなります）。

キャリア・アドバイス

残念ながら，全ての法律事務所がケース・アシスタントを利用しているわけではありません。その結果，パラリーガルの中には事務的な作業に自分の時間の多くを費やす人もいて，これはかえって，フラストレーションや不満をつのらせ，高い転職率にもつながります。初めてパラリーガル職を探すとき，その法律事務所がケース・アシスタントを使っているかどうかも重要な考慮点です。これは第7章で詳細に取り上げます。

また，経験豊富なパラリーガルを確保したい多くの大手法律事務所は，シニア・パラリーガルというポストを用意しました。この上級職には，高額な給与体系，ボーナス，より多くの休暇並びに事務所負担の駐車場等，いくつかの特典が含まれています。大手ということは，パラリーガルの仕事に関し，より高い専門性を意味します。パラリーガルは，ジェネラリストよりはスペシャリストとなり，スペシャリストの給与はたいていジェネラリストより高額です。

もちろん，大手法律事務所で働く上での悪い面もあります。大企業と同様，法律事務所の方針や手続をおろそかにすることはできません。言い換えれば，厳格な方針に縛り付けられた大手法律事務所より，小さな法律事務所の給与交渉の方が容易であろうということです。

大手法律事務所——雇用者の概要

特徴—堅苦しい雰囲気。クライアントはほとんど大企業。スペシャリストになる可能性がある。

プラス面—パラリーガル・マネージャーや新人パラリーガルのための所内研修プログラムを含む充実した制度がある。法律事務所内で職種を変える機会もある。ケース・アシスタントと同様シニア・パラリーガルとしてキャリアアップすることもあり得る。

マイナス面—給与設定時には官僚主義的。

小規模の法律事務所　小規模の法律事務所で働く一番の利点は，仕事に対する柔軟性と法律事務所の環境です。大手法律事務所と比べ，普段の雰囲気はあまり堅苦しくなく，よりリラックスしています。最大の不利な点は，限られた施設です。ほとんどの小さな法律事務所には，ワープロ・センターやコピー・センター，所内メッセンジャー，パラリーガル・コーディネーター／スーパーバイザー，大きな法律図書館やシニア・パラリーガル・キャリアへの昇進がありません。

さらに，小さな法律事務所のパラリーガルは，予算の都合上，管理的かつ秘書的な業務もやらざるを得ないかも知れません。これらの業務は，個人的な趣向やキャリア計画によっては，好ましいときもあり，あまり好ましくないときもあります。例えば，あなたがリーガル・アドミニストレーションの方面に進みたいのであれば，管理的な仕事の経験も少しはあった方がいいかも知れません。小規模な法律事務所にいる方が，大手法律事務所にいるよりもそういった様々なタイプの業務を経験するでしょう。

|キャリア・アドバイス|

パラリーガル兼秘書の仕事を要求する役職にはくれぐれも注意してください。給与は更に低く，パラリーガル的な仕事よりも事務的な仕事の方が多くなるでしょう。

小規模の法律事務所におけるパラリーガルの給与は，大手法律事務所のものに匹敵するかも知れませんし，そうでないかも知れません。ほとんどは，その法律事務所のパラリーガルに対する姿勢次第です。法律事務所がパラリーガルを効果的に利用すれば，給与にはこれが反映されます。反対に，法律事務所が費用削減を考えていたり，パラリーガルのきちんとした利用方法を知らなかったりすれば，大手法律事務所並の給与は支給されないでしょう。

|キャリア・アドバイス|

初めてパラリーガル職を探すとき，法律事務所の規模は重要な点です。なぜなら，あなたの仕事の満足度と責任の重さの両方に影響するからです。

多くのパラリーガルは，中堅規模が法律事務所の中では一番いいと思っているようです。これらの法律事務所には大手法律事務所のような施設があり，また小規模な法律事務所のような柔軟性があります。1995年発表の全国リーガル・アシスタント協会（NALA）の調査によると，1993年から1995年までの間，パラリーガル職の就職口が最も増えたのは，弁護士の数が2人から30人の規模の法律事務所においてでした。これらの法律事務所におけるパラリーガルの転職率は他と比べて低いため，一般的に仕事は見つけにくいです。

第2章　パラリーガルはどこで働くのか

> ### 小規模な法律事務所——雇用者の概要
>
> 　特徴—いろいろな業務分野に係わることによって，ジェネラリストになる傾向がある。さほど堅苦しくない雰囲気。
> 　プラス面—小さな法律事務所で働いているパラリーガルたちの方が，仕事に対する満足度が高いとの報告がある。大手法律事務所と比べ，事件の始めから終わりまでパラリーガルが携わることが多い。
> 　マイナス面—少ない施設。所内研修やパラリーガル・マネージャーがいない。仕事内容は管理的かつ事務的な作業を含む可能性もある。

　規模がどうであれ，法律事務所で働くのと，企業や政府機関で働くのとでは大きな違いがあります。この違いは，請求可能な時間という概念です。請求可能な時間という概念は法律事務所のみに存在し，このために法律事務所がプレッシャーに囲まれた圧力鍋のようになってしまいがちです。しかし，この利点は何かと言うと，大部分において，法律事務所の雰囲気は企業より刺激的だということです。法律事務所では，いろいろなクライアントといろいろな仕事に携わることができます。企業では，ただ1人のクライアント（即ちその企業）のために，仕事をします。

企　　業

　企業はパラリーガルを採用する2番目に大きい雇用者にもかかわらず，ここで就職を見つけることができるのは，15％のパラリーガルに過ぎません。パラリーガルを採用する企業は，テクノロジー企業，銀行，保険会社，証券会社並びに製造会社等を含みます。企業の組織構造では，通常法務部は最高経営責任者に直接報告することになります。
　社内法務部には，1人の弁護士，あるいは100人以上の弁護士がいるかもしれませんが，大多数は，スタッフの中に弁護士が1～20人います。法務部のトップはジェネラル・カウンセルで，コーポレート・セクレタリー（社

長室長，秘書室長に該当する役職）を兼務することもあります（コーポレート・セクレタリーという役職は，社長や財務部長と同様，会社の役員であり，誤解を招くかもしれませんが事務的な役職ではありません。コーポレート・セクレタリーを弁護士でない人が務めている企業もあります）。ジェネラル・カウンセルの下には，アソシエイト・ジェネラル・カウンセル，アシスタント・ジェネラル・カウンセル，シニア・カウンセルやカウンセル等を含む様々なレベルの弁護士がいます。規模とニーズによって，法務部はパラリーガルを利用したり，しなかったりするかも知れません。

　自社に関するすべての法律業務を取り扱うには，ほとんどの法務部は小さすぎるため，たいてい1つまたは複数の外部の法律事務所と密接に関わりながら仕事をします。外部の顧問弁護士に依頼する法律業務の量は，その企業の社内法務部スタッフの専門性及び予算の制約に関係します（企業は，特にリーガルサービスの請求書に関するコスト意識をより高めつつあります。ご存知のように，外部の顧問弁護士はかなり費用がかかります）。企業のパラリーガル職は，法律事務所とはかなり違います。いちばんはっきりした違いは，すでに述べましたが，請求可能な時間（ビラブルアワー）の制度がないことです。法律事務所で働いた後では，これは大きな救いです。2つ目の大きな違いは，絶えず注意しなければならない多数のクライアントの存在に代わり，クライアントは1人しかいないことです。すでにお話したように，法律事務所の雰囲気が刺激的なのに対して，企業のペースはゆっくりで，またプレッシャーも法律事務所ほどではありません。これは，あなたの精神衛生上にもよいことでしょう。

　もう1つの大きな違いは，パラリーガルの責任の重さです。企業では，リーガル・リサーチよりも，ビジネスや管理的な業務での責任が多くなるでしょう。同じ専門分野でも，企業パラリーガルの仕事内容と法律事務所のパラリーガルの仕事内容とでは，かなり違うこともあります。

　例えば，私の企業パラリーガルとしての仕事の1つは，会社のストックオプションプログラムの管理で，これは従業員福利厚生に関する法律専門分野に該当します。ストックオプションは主要従業員に付与され，会社の株式を将来（運がよければ）市場より低い価格で取得できる福利厚生制度です。こ

のプログラムの管理はたいへん複雑で，やっかいなものでした。企業で働く前に，私は法律事務所のストックオプション部門で，ストックオプション制度の契約書作成の仕事に従事していました。お分かりのように，法律専門分野（従業員福利厚生）は同じでしたが，仕事内容はまったく異なるものでした。

企業で働く利点は，他のビジネス分野について学べるということです。例えば，金融，会計やマーケティングなどです。他の部署の役職にも応募できることから，昇進の機会もより多くなります（第8章で詳細に述べているように，これは他のキャリアへの足がかりとして，自分のパラリーガル経験を活かす1つの方法です）。いくつも例外はありますが，法律事務所と比較して企業の給与や福利厚生の方が通常は優遇されています。また，学費償還が福利厚生制度に含まれることもあり，これは法律とは関係ない分野の大学や大学院の学位取得のための素晴らしい資金援助です（法律事務所は普通，法律専門分野に直接関係するセミナーや継続教育コースの費用のみ償還します）。

そうは言っても，企業での就職先はなかなか見つかりません。ほとんどの企業は，法律事務所で数年経験を持つパラリーガルのみを採用します。

企業は，高給を獲得でき，ストレス度が比較的低い環境であり，ビラブルアワー制度を設けてはいませんが，法律事務所ほど刺激的で，バラエティーに富んだ仕事はないでしょう。

企　業——雇用者の概要

特徴—全パラリーガルの15％を採用。営利事業，銀行並びに保険会社を含む。ビラブルアワー制度がない。仕事は法律関係よりビジネス関係の内容が多い。法律事務所が多数のクライアントのために働くのに対して，1人（1社）のクライアントのために働く。

プラス面—ビラブルアワー制度がない。残業もさほど多くない。社内で他の部署に異動する機会がある。福利厚生がよい。

マイナス面—採用されるためには，一般的に法律事務所での経験を要する。法律事務所より給与が低い場合もある。多数のクライアントのために仕事をす

> る機会がない。

政　府

　法律事務所や企業のほか，連邦，州あるいは地方行政機関への就職もあります。パラリーガルは，米司法省（U.S. Department of Justice），州際通商委員会（Interstate Commerce Commission），証券取引委員会（Securities and Exchange Commission）や連邦取引委員会（Federal Trade Commission）等の連邦機関，州機関や州の司法長官局並びに地区検事，公選弁護人や市の検事局に雇用されています。

　1975年，連邦政府はパラリーガルのために，2つの職種を設けました。パラリーガル・スペシャリストとリーガル・クラーク／テクニシャンです。パラリーガル・スペシャリストは，キャリアチェンジと在職期限を保証するプロフェッショナル・レベルの職種とみなされています。この職種は，特定の専門分野において民間の法律業務を行うパラリーガルに類似します。リーガル・クラーク／テクニシャンの役職は，ケース・アシスタントに似ており，性質上事務的な仕事が多いです。

　政府のパラリーガルが特に民事及び刑事訴訟分野で行う仕事は，法律及び事実関係のリサーチ，文書の分析／整理並びに裁判準備を含み，民間の法律事務所のパラリーガルが行う仕事と類似しています。また，公的機関のパラリーガルには，規制及び許認可手続き，行政公聴会及び立法監視等を含む政治的な法律実務もあります。

　ミネアポリスに自分のパラリーガル就職紹介所を開設する前，デニース・テンプルトンはミネソタ州の司法長官局で働いていました。「私は，局の新しい公益信託部を率い，うれしい驚きがありました。」と彼女は述べています。「職員には，州政府の仕事に対する典型的な態度がみられるだろうと予想していましたが，この人たちは私が今まで一緒に仕事をした人たちの中で，最も意欲的な人たちでした。仕事はたいへんおもしろかったですし，その部署で働けたことはラッキーだったと思います。政府の仕事がどのくらいおも

しろいかは，あなたが働いている機関によると思います。政府は，パラリーガル職にとって伸びつつある分野だと思います。市や郡政府は，階級によってパラリーガルを昇進させる代わりに，経験あるパラリーガルを採用し始め，この人たちを別の役職名で呼んでいます。」

連邦政府には，パラリーガル的な仕事に関わるものの，パラリーガルには分類されない職があります。これらは，連邦取引委員会のリサーチ・アナリストや，平等雇用機会委員会の平等雇用スペシャリスト，国防省の調達スペシャリスト等です。これらの役職には，素晴らしい昇進機会が提供されます。

1985年，ナンシー・L・ヘルミッチとロジャー・A・ラーソンは，National Association of Attorneys General (NAAG) とミネソタ大学の協力を得て，全米の司法長官局におけるパラリーガル職に関する啓発的な調査を行いました。この調査の目的は，公的機関におけるパラリーガル職のキャリアの宣伝と，パラリーガル養成プログラムにおける公的機関の就職向けコースの開発促進でした。この調査は，パラリーガルが農業，市民権，消費者問題，刑法，教育，環境問題，健康，労働，天然資源，公共の安全，税金，運輸及び厚生といった多様な分野で働いていることを示しました。

この調査の最も興味深い点は，パラリーガルたちがなぜ公的機関の仕事を選んだかということに関する情報でしょう。共通する回答は，政府の仕事に関連した公共の事業及び問題に興味があるということでした。その他には，公的機関が提供する手ごたえのある仕事と多様性，また市民への援助や社会に奉仕する機会が挙げられていました。

政府機関でのパラリーガル職はおもしろいかもしれませんが，この方面に就職しているのは，全パラリーガルの5％以下であることに注意しなければなりません。これにはいくつかの理由があります。最も明白なのは，官僚的形式主義の問題です。どんな政府関係の仕事でも，従わなければならない複雑な公務手続があります。これは時に採用の際の大幅な遅れを（かなりイライラしますが）引き起こします。第二に，政府はクライアントに報酬を請求するわけではないので，民間のパラリーガルに用いられる費用対効果の議論が，公的機関のパラリーガルにはあてはめられません。また，公的機関では少数のパラリーガルしか働いていないので，このパラリーガルたちの特技や

技能は，一緒に仕事をする弁護士によって十分活用されない傾向があるでしょう。

> キャリア・アドバイス
>
> 州及び地方行政に対する連邦基金削減のため，州または地方行政機関よりも連邦機関での仕事の方が見つけやすいでしょう。概して，連邦政府の仕事は，州や地方行政レベルより比較的安定しています。

　政府が，貧しい人たちや高齢者またはその他の人たちに，低コストのリーガルサービスを継続して提供する場合，弁護士及びパラリーガルの両者とも，公的機関におけるパラリーガルの役割により注目する必要があることは明らかです。さらに，パラリーガル養成プログラムは，公的機関で働くパラリーガル向けにより多くのコースを設けるべきだと思います。政府が，業界としては最初にパラリーガルの活用によって得られる恩恵に気がついたにもかかわらず，政府に雇われているパラリーガルは全体の5％以下であるという事実には，少し皮肉な面があると思います。

　連邦政府でのパラリーガル職を考えているのであれば，ワシントンDCのFederal Reports, Inc.（電話番号：202-393-3311）から出版されている"The Paralegal's Guide to U. S. Government Jobs : How to Land a Job in 140 Law-Related Careers"（パラリーガルのためのアメリカ政府の就職ガイド―140の法律関係の仕事を見つける方法）の入手をお薦めします。これには，連邦政府関係の仕事のプラス面とマイナス面，応募方法並びに採用過程について，詳細な情報が載っています。また，機関，役職名や給与体系等のリストも含まれています。

　政府機関がパラリーガルの価値の重要性をさらに認識するにつれ，公的機関におけるパラリーガル職の雇用機会は増えるでしょう。しかし，私たちの法律制度を考えれば，パラリーガル職が最も多いのは，今後も法律事務所でしょう。

政府――雇用者の概要

　特徴―全パラリーガルの5％を雇用。就職先は州，地方及び連邦レベルにあ

> る。
> 　プラス面―パラリーガル職の満足度がより高いとの報告がある。法律事務所にはない分野（例―教育や運輸）で働く機会がある。
> 　マイナス面―就職活動の際，複雑な官僚制度がある。公務員なので給与は低い。

その他の組織

　ここ数年，パラリーガルたちは，非営利団体，リーガル・クリニック（法律相談所），リーガルサービス団体，消費者団体及びパラリーガル・サービス会社等で仕事を見つけました。これは全て，利用しやすいリーガルサービスに対する需要，及び法律事務所や企業以外の雇用者のパラリーガルに関する認識の高まりのおかげです。

　パラリーガル・サービス会社は最近現れたものです。通常はパラリーガルあるいは元パラリーガルの人たちが所有し，独占的に経営しています。これらの会社は，法律事務所に法律手続のサポート（民事訴訟，家族法，遺言検認，会社法，ビジネスや破産法等の分野），パラリーガル養成プログラム，新卒者の就職先及び在籍中の学生への研修の機会等を提供しています。

　上記のような仕事に魅力を感じるのであれば，この分野に就職する前に，これらの組織の給与レベルが，法律事務所，企業や政府機関と比較して，一般的にかなり低いということを頭に入れておいてください。また，このような組織で仕事を見つけるのは，パラリーガル全体の5％以下です。法律業界に，費用効果のあるリーガルサービス提供の選択肢が広がりこの数字が変化することに期待しましょう。

　これで，いくつかのパラリーガルの雇用者について検討したので，続く2つの章では，主な法律分野におけるパラリーガル職に伴う責任や業務を取り上げてみましょう。

> ### その他の組織――雇用者の概要
>
> 特徴―全パラリーガルの５％を雇用。非営利組織，消費者団体及びパラリーガル会社を含む。
> プラス面―仕事の性質上，仕事満足度がより高い。
> マイナス面―法律事務所及び企業と比べ，かなり低い給与。

第3章

パラリーガルは何をするのか
―― 4つの従来からの実務分野――

> 成功者とは，他人が忙しくなるようなことを考え出す人のことである。
> ドン・マーキーズ

　1人のパラリーガルが，何ダースもの箱が天井まで一杯に積まれた大きな部屋の床の上に脚を組んで座っています。その箱は何千もの書類で埋められています。そのパラリーガルは，かがみこんで書類に判を押し，1つ1つの箱に見出しを付けています。

　このような，部屋一杯の際限ない書類に労力を注いでいるパラリーガルのイメージは，時代遅れであり，変化してきています。かつては弁護士の独占的な仕事であった仕事をこなしている，新しく，より洗練されたパラリーガルのイメージに変わってきています。

　パラリーガルの仕事は，大部分においてその働く法律実務の分野によって左右され，それは，最終的に仕事上の満足度を決定します。90％のパラリーガルが雇われている四つの分野は，訴訟，会社法，不動産及び遺言検認です。

　様々な専門分野を説明するための枠組を提供するためには，それぞれの専門分野を見ていく前に，アメリカの法律の背景及びアメリカの法律システムの確立された過程についての予備知識が助けになるでしょう。

法律の概要

　法律とは，行為を規制し，権利を保護し，義務を定義する規則です。法律は，我々の社会において，紛争を解決し，秩序を維持し，日常生活において生じる取引の基礎を提供するという3つの基本的機能を果たしています。

法律の概要

　アメリカ合衆国の法律の殆どは，独立戦争前には――コモンロー（Common Law）――と呼ばれるイギリスの規則の下に有効であった基本規則に基づいています。アメリカの法律システムは，憲法，制定法，判例法及び行政法の四つの法律の層によって構成されています。

　法律には，アメリカ合衆国憲法及び50州各州の憲法の修正によって制定されるもの（憲法―constitutional law），また連邦議会並びに各州及び地方の立法機関による法律の可決によって制定されるもの（制定法―statutory law），また連邦，州及び地方の裁判所の判決によって制定されるもの（判例法―case law）及び連邦，州及び地方の行政庁による，米内国歳入庁（Internal Revenue Service／訳注：日本の国税庁にあたる）通達のような規則，規定，命令及び決定の承認によって制定されるもの（行政法―administrative law）があります。

　判例法は，裁判所の決定を説明し，先例――先に来たものは，後に来るものに影響を与えるという考え――に基づいた書面による意見です。裁判所は，一定の事実に特定の法律規則を適用した後に，将来実質的に同様の事実のケースにその法律規則を適用することによってその法律規則を踏襲するべきときに，先例を使用します。

　事件は，裁判所の3段階において審議されます。最初のレベルは，予審法廷（事実を審議する裁判所）です。ここにおいては，事件が審理され，事実が裁判官または陪審員によって決定され，これらの事実に対して裁判官によって法律が適用されます。（但し，陪審裁判においては裁判官が陪審員にいかなる法律規則が適用されるべきかを指示します）。いったん法律が適用されると，判決が下されます。

　その事件のいずれかの当事者が，その判決について控訴する場合（控訴は，法律問題についてのみなされます），事案は次の段階――控訴審裁判所――に移ります。控訴審裁判所は，予審法廷の決定及び判決が正しかったか否かについて判断し，意見を出します。

　当事者のいずれかが控訴審の意見について上告したい場合には，事案は最高裁判所または高等裁判所に送られます。高等裁判所は，控訴審裁判所の決定を検討し，控訴審の決定を肯定または拒絶する意見を出します。

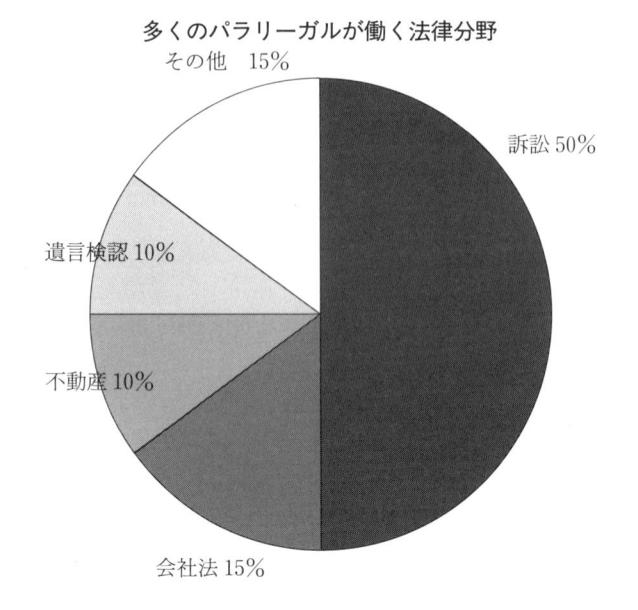

第3章　パラリーガルは何をするのか

多くのパラリーガルが働く法律分野

- その他　15%
- 訴訟 50%
- 遺言検認 10%
- 不動産 10%
- 会社法 15%

　その他の特別な裁判所も，連邦，州及び地方のレベルにおいて存在しています。これらには，税務裁判所，特許請求裁判所，少額請求裁判所，遺言検認裁判所，家庭裁判所及び少年裁判所があります。

　ここまでの情報が，法律の異なる局面がいかに様々な実務分野に関連し，また最終的にはそれが様々な法律分野におけるパラリーガルの義務と責任にいかに影響するかを理解するために役に立てばよいと思います。

　4つの伝統的な実務分野のそれぞれについてお話する前に，あなたのパラリーガルキャリアに大きな違いをもたらす2つの法律の業務分野の違いについて知っておく必要があります。

訴訟専門対非訴訟実務

　大体の人にとって，法律とか，弁護士といった言葉は，訴訟，審理，陪審及び裁判官の強いイメージを思い起こさせます。裁判所に関係しない法律の側面については，ほとんど考えが及びません。先に述べましたように，いくつかの法律の目的は，日常生活の取引を規制する枠組みを提供することです。

法律の概要

このように，会社，不動産，知的財産権及び労働法などの非訟実務分野は，訴訟などの裁判所関係の専門分野のように法律職務の一部を成すものです。非訟実務分野は，その一部だけでも会社設立，M&A，不動産売買，財産管理，労災及び商標登録を含みます。大部分において，訴訟や裁判所に関わりません。ただ確実に言えることは，パラリーガルにたくさんの良い雇用機会を提供してくれるということです。

キャリア・アドバイス

訴訟関係対非訟関係の区別を知っておくことは，あなたが仕事探しを始めるときに重要です。多くのパラリーガルが，違う専門分野で働けば満足できたかもしれなかったのに，仕事に不満をもって辞めています。

1981年に大規模なサンフランシスコの法律事務所で，民事訴訟分野で1年間働いた後に，訴訟は自分に向いていないことに気付きました。私にとっては，その分野にはパラリーガルとしてできることには限りがあると思われたのです。その上，私は，訴訟分野における対立という性格にあまり興味を持てませんでした。私は法律事務所のパラリーガルのマネージャーに自分の気持ちを伝えて，証券・会社法グループに移りました。仕事の違いは，夜と昼位ありました。私は，もはや，裁判所，審理，またはデポジション（本章「訴訟」の項参照）の要約に関わる必要はなくなったのです。その後の8年間は，様々な非訟実務の分野だけで働きました。私は，この異動についてまったく後悔していません。

各専門分野の違いを見ていく前に，いずれの分野で働くにしても，すべてのパラリーガルに共通した一定の責任があることを知っておく必要があります。

パラリーガルの共通の仕事

訴訟のような裁判関係の仕事につくか，または不動産のような非訟分野で働くかのいずれにしても，あなたの時間の大部分は以下に説明する業務を行うために費やされます。

第3章 パラリーガルは何をするのか

>キャリア・アドバイス

>あなたの特定の仕事は，あなたの経験，仕事を一緒に行っている弁護士があなたに託している責任の度合，携わっている事件のタイプ，専門分野また雇用者のタイプによって，大きく異なります。

書類の作成 パラリーガルの仕事は，書類中心だということをまず理解して下さい。いかなる形であれ，仕事時間の約50％を書類に費やします。経験の浅いパラリーガルは，経験のあるパラリーガルがするような書類のドラフトや分析よりも，書類の要約，整理及び管理に時間を費やします。

書類のドラフト あなたが作成する書類のタイプは，あなたの専門分野によって異なります。例えば，会社法のパラリーガルは，資産買取契約をドラフトする一方，訴訟のパラリーガルは，相手方の弁護士に対する質問集（「インテロガトリーズ」といいます）をドラフトします。多くは，弁護士がどの程度あなたの文章力を信用しているかに依ります。大抵，弁護士は，結局は自分が最終版を作成しなければならないので，あなたに最初のドラフトを作成させることを望んでいます。

調整 物事が順調に進むように，クライアント，弁護士，裁判所及び代理人の間の連絡係として多くの時間を費やします。あなたの時間の約20％がこの仕事に使われます。弁護士が戦略を練る一方で，仕事がいかに処理されていくべきかを把握しておくことは，パラリーガルにかかっています。多くのパラリーガルがこの仕事を面白いと思う側面は，クライアントと話ができるということです。特に法律事務所に勤務していると，一度に多くのクライアントを扱うことになります。クライアントは，たいてい，弁護士よりもパラリーガルと話をすることを好むようです。

事実の調査 情報収集，事実の発見及び調査は，パラリーガルの仕事の大きな部分であり，あなたの時間の約20％に相当します。ここでも，あなたが行うリサーチのタイプは，あなたの専門分野によります。例えば，私は会社法のパラリーガルとして，会社やその役員及び取締役の情報を得るために，コンピュータデータベースの検索に多くの時間を費やしました。

管理業務 法律事務所の規模に応じて，期日管理システムの維持または

法律図書館の管理の補助等，事務所の管理に関連する，クライアントに請求できない仕事があります。殆どのパラリーガルは，最新の法律や法令をアップデートしておくために法律雑誌やその他の資料を検討することにも一週間のうちの数時間を費やしています。

リーガル・リサーチ　パラリーガルに課されたリーガル・リサーチの量及びタイプは，その専門分野や弁護士がどの程度パラリーガルの能力を信用しているかに依ります。リーガル・リサーチは，ある程度時間を割いて習得しなければならない特別な調査方法があるという点で事実調査とは大変異なります。

パラリーガルへの就職を考えている人と話すときにいつも思うのですが，彼らは，パラリーガルの仕事の半分以上は，リーガル・リサーチに費やされていると考えているようです。それはまったく違います。リーガル・リサーチについて間違った認識があるので，このパラリーガルの仕事分野については特別の説明が必要となります。

リーガル・リサーチについての説明

リーガル・リサーチを行うことは，難しいことではありません——ただ，慣れるために時間がかかるということです。その基礎は，特別な法律問題や状況の事実に適用される法律における権威のある出典を調査することにあります。出典は，法廷における議論のために使用されます。

出典は一次的または二次的出典のいずれからも検索されます。一次的出典とは，実際の法律，即ち，連邦，州及び地方の立法府によって可決された法律（法律集で検索します），裁判所の判決（reports または reporters として知れる判例集で検索します）及び行政規則，規定及び決定を意味します。二次的出典は，法律そのものではありません。それは，法律についての文章であり，二つのタイプから成ります。即ち(1)調査のための本，例えば，百科辞典，法律雑誌及び法律の説明や記述のある教科書など，及び(2)検索のための本，例えばダイジェスト，書式集，表及び法律を探し当てるために使用される辞書等です。

第3章 パラリーガルは何をするのか

　権威のある出典の調査は，常に必須の一次的出典，即ち，あなたの担当事件と同じ裁判管轄における憲法，制定法または判例法の調査から始まります。これらが見つからなかった場合に，調査は，説得力のある一次的出典——他の裁判管轄の裁判所の判決——に移行します。
　リーガル・リサーチは，三段階あります。即ち，(1)事件における関係事実の決定，(2)関連する法律問題の決定，(3)問題となっている法律の検索です。
　どの事実が関連するかを決定するために TARP ルールが使われます。つまり，
　　(1)　物事（<u>T</u>hing）または主題
　　(2)　提訴理由（Cause of <u>A</u>ction）または防御の根拠
　　(3)　求められる救済（<u>R</u>elief）及び
　　(4)　関連当事者（<u>P</u>arties）です。
　このルールを使って事実が分析された後に，法律問題が判明します。ここまできたら，法律が，その事件の事実に適用される出典で調査されます。

法律の検索

　詳細に入る前に，4つのリーガル・リサーチの方法があります。つまり，(1)主題索引からのアプローチ，(2)問題となっている法律の争点を使用した主題または分析的方法，(3)判例の名前がわかっているときに使われるアプローチ及び(4)言葉と語句によるアプローチです。
　3番目のリーガル・リサーチ方法は，大変よく使われています。判例は，通常，本の巻数，出典及びページ数で引用されています。これらの言葉を記すために使用される記述は，cite（citation の短縮形）（引用）と呼ばれ，次のような形態です。

　　　Ullman v. United States, 350 U.S. 422（1956）

　これを解読すると，Ullman は原告で，United States は被告です。350 は巻数，U.S.は本の名称の短縮形，ここでは，United States Supreme Court Reports のことで，422 は判例が掲載されているページ，1956 は判決が出された年です。この引用方法に一度慣れれば，判例の掲載されている場所を探すのが簡単になります。

先に述べたように，判例法は，裁判所によってなされた決定を説明する書面による意見です。調査目的のためには，判例法は，政府によって出版されまたは許諾された公式の判例集か，または民間の法律出版社が発行した非公式の判例集で探すことができます。最もよく使用される連邦，地域及び州の意見の，非公式の発行物は，West's National Reporter System といいます。West は，独自のキーナンバーシステムを考案し，それをすべての出版物に使用しています。これによって，法律原則は，主題及びそのサブカテゴリーに分類されキーナンバーが充てられます。関連する判例は，同一のナンバーで呼応して引用されます。キーナンバーは，すべての West の出版物で使用されているので，特別な主題または法律原則に関連する判例を West's National Reporter System を通して簡単に検索することができます。

行政庁による決定，意見，規則及び規定は，ルーズリーフレポートとして知られている出版物によって，民間の法律専門出版社から発行されています（ルーズリーフのバインダーに挿入及び取り外しができる別々の1枚ごとのページから構成されているのでこのように呼ばれます）。Commerce Clearing House (CCH) は，税法に関する様々なルーズリーフレポートを発行しています。Matthew Bender は，別の有名なルーズリーフレポートの出版社です。これらのレポートは制定法や判例法も引用します。

シェパダイジング——その法律は有効か

クライアントの主張を支持する5つの判例を見つけたとしましょう。それらは，本当に支持しているのでしょうか。これらの判例が，いまだ法律として有効であるのか，または控訴審や高等裁判所で先月覆されたか却下されたかどうかをどのように知るのでしょうか。裁判所は，その判例のなかで確立された規則に従っているでしょうか。クライアントの主張のために判例を権威のある出典として使用する前に，それが裁判所によっていかに取り扱われているかを知る必要があります。1873年にこのシステムを開発した Frank Shepard にちなんで，これを行う方法は Shepardizing と名付けられました。

Shepard's/McGraw-Hill によって発行された Shepard's Citations は，判例，連邦及び州の制定法，行政庁の規則及び法律雑誌からの資料を含む書

籍のセットです。慣れるために少々時間を要する表記システムを通して，Shepard's Citations は，判例の歴史（判決が支持され，却下され，修正され，破棄されまたは無効にされたか）及びその取扱い（判決が説明されたか，支持されたか，覆されたかまたは異議が出されたか）についての情報を提供します。シェパダイジングは，弁護士でも自分で行うことを好む人もいますが，通常パラリーガルによって行われます。

　シェパダイジングの方法を詳しく説明することは，この本の範疇を超えてしまいますが，シェパダイジングは，リーガル・リサーチの最も必要な道具の1つであることを述べるので十分だと思います。不適切なシェパダイジングは，絶望的な結果を生みます。私も実際に遭遇したのですが，出廷した弁護士が，そこで初めて，準備のために使用した判例——そしてあなたがシェパダイジングした判例——が，破棄されていたことを知ったときのことを想像してみて下さい。

リーガル・リサーチの仕事

　パラリーガルの実務分野によってパラリーガルが行うリーガル・リサーチの種類は多様です。訴訟専門の駆け出しのパラリーガルの仕事は，判例の発見，コピー，引用のチェック及び判例のシェパダイジングに限定されます。少し経験を積むと，パラリーガルは，クライアントの議論を助けも妨げもする要点を突いた判例を検索するために問題を調査することを依頼されます。しかし，このような実質的な調査は，事件を成功させるか，失敗に終わらせるかを決定するので，ある弁護士は自分で調査をすることを好みます。経験のあるパラリーガルは，事件の事実と法律問題を詳細に分析した法律に関するメモランダム（意見書）の作成を依頼されることもあります。

　訴訟のパラリーガルだけが，リーガル・リサーチを行うパラリーガルではありません。不動産，証券，税金及び特許法などの非訴訟分野で働くパラリーガルは，ルーズリーフレポートに発表された行政庁の決定，意見，規則及び規定をしばしば引用します。

　多くのパラリーガルは，ここまで説明したリーガル・リサーチの伝統的な方法と，インターネット上のリーガル・リサーチサイトや，LEXIS 及び

WESTLAW 等の法律データベース及び CD-ROM を使用したコンピュータによるリーガル・リサーチ方法の双方を知っておくことが期待されています。これらの方法については第6章で詳細に説明します。引用のチェックやシェパダイジングなど，手仕事で行っていた仕事のほとんどは，今やコンピュータデータベース，CD-ROM，インターネットを使用して行われています。

4つの従来からの実務分野

過半数のパラリーガルが4つの従来からの実務分野——訴訟，会社法，不動産及び遺言検認——の1つまたはそれ以上に携わっているのですから，「パラリーガルは何をするの？」という私達の質問に対する答えはここから始まります。パラリーガルは，特に小さい法律事務所で働く場合，しばしば2つ以上の分野で同時に仕事をすることがあることに留意して下さい。

パラリーガルの実質的な仕事トップ10

労使交渉のサポート
裁判のサポート，準備
監査報告書の作成
コンピュータ化された訴訟サポート
会社組織
遺産管理
リーガル・リサーチ
申立書，覚書の作成
和解手続や不服申立手続
不動産売買手続の準備

出典：Copyright © 1997 James Publishing, Inc.『リーガル・アシスタント・トゥデイ』誌の厚意により転載。購読の申し込みは，800-394-2626 に電話してください。

各実務分野の業務を議論するために，あなたには馴染みのない法律用語や

概念を使用することが必要です。専門用語であなたを泥沼に追い込むことは私の意図するところではなく，むしろパラリーガルが知っておくべきいくつかのこととして言葉を紹介しようと思っています。しかし，もし難しい言葉があったら，その意味を定義した法律辞典やパラリーガルのハンドブックを参照して下さい。

訴　訟

　我々の法律システムにおいて，紛争解決は最も一般的な法律の機能なので，半分以上のパラリーガルが訴訟部門で働いていると言っても驚かないでしょう。西暦2000年のバグ問題にまつわる訴訟だけを取り上げても，数億ドルから1兆ドルになるといわれています（このバグは，1960年代に書かれた旧式のソフトウェア・コードでは2000年を2ケタの"00"としか認識できないため，コンピュータに不具合を生じさせるものです）。

　訴訟は，すべての当事者が法廷においてその権利を決定し，強制することに合意した議論のことを言います。厳密な意味においては，訴訟という言葉は，民事事件のみを指し，刑事事件には使われません。裁判所に提起される2種類の事件は，刑事と民事です。これらは，2つの主要な法律を代表しています。この章において議論される仕事は，民事事件に関連しています。

　民法は，一般市民をそれぞれの間の関係において私的な個人として保護することを目的としています。民事訴訟の半数以上は，契約法または不法行為法に関するものです。契約とは，二以上の当事者間の書面によるまたは書面によらない合意（1つもしくは一連の約束）を意味します。不法行為――人身に対する不当行為もしくは傷害または財産に対する損害――は，損害を被った者が加害者から金銭的な補償を回収することのできるという原則です。脅迫や暴行などの刑事事件から不法行為は生じますが，ほとんどの不法行為は，民法のもとでの個人に対する不法行為に関連しています。

訴訟とは何か
　訴訟担当パラリーガルによってなされる殆どの業務は，訴訟に関すること

なので，過程や手続について少々知っておく必要があります。訴訟には，4段階あります。訴訟の提起（訴状と訴答），ディスカバリー，審理及び控訴です。

第一段階は，一方当事者が，他方当事者に対し，訴状を提出するときに開始します。訴状とは，訴訟を開始する者（原告）によって作成される最初の言明（または弁論）です。その目的は，訴訟の根拠について相手側即ち被告に対して通知することです。被告は，回答を作成し，その中で原告の主張に対する反論を述べます。法律事務所は，原告，被告のいずれも代理します。

第二段階は，ディスカバリーと言います。これは，両当事者が審理に備えるために相手方に関する事実や情報を文字どおりディスカバー（発見する）ことです。ディスカバリーに使われる方法は，様々ですが，最もよく使われる4つの方法は，以下のとおりです。

- インテロガトリーズ　書面による質問の別称
- デポジション　質問と回答という形式で，宣誓のもとになされる供述
- 書類の提供請求　一方当事者による他方当事者に対する書類の調査及びコピーのための書類の提供請求
- 是認請求　事件において争点になっている事実または主張を，積極的に肯定または否定する書面による供述（これには2つの目的があります——事実を明らかにすること及び審理に入る前にいくつかの争点を解決すること）

第三段階は，審理で，裁判管轄権のある裁判所において，事件の争点及び事実の検討をすることです。審理の手続は，陪審員の選出（陪審による審理の場合），弁護士による冒頭陳述，原告側の証拠の提示，被告の反論，被告側の証拠の提示，原告側の反論，陪審員に対する事件の提出，陪審員に対する指導，評決そして裁判所の命令となります。

訴訟の第四段階は，上級の裁判所に対して控訴することです。原告，被告の両者は，評決に満足できない場合——特定の期間に——控訴を申し立てる権利を有します。控訴の目的は，下級裁判所の決定を再検討してもらい，原判決の破棄または新しい審理をしてもらうことにあります。控訴審裁判所は，

その決定の基礎を基本的に弁護士の準備書面に置き，口頭の議論は基礎としません。

訴訟担当パラリーガルの仕事

繰り返しになりますが，訴訟担当のパラリーガルの仕事は，所属組織のタイプ，事件の規模，法律上の争点の複雑さ，パラリーガルの経験のレベル，パラリーガルを監督する弁護士の態度によって，大幅に異なります。ここで説明する仕事は，パラリーガルを仕事の最初から最後まで関わらせる法律事務所での，中小規模の民事訴訟に携わるパラリーガルに該当します（大規模で複雑な事件に携わるパラリーガルは，ディスカバリーのみに従事することが多いことを知っておくとよいでしょう。このような事件のディスカバリーは，何年もかかるので，審理が始まる前に，パラリーガルが仕事を変更するか法律事務所を辞めることはよくあることです）。

訴訟の開始　訴訟の第一段階——訴訟の開始——において，パラリーガルは以下の業務を行います。
- 事件の事実の調査及び分析
- クライアントの書類の整理及び分析
- 事件の事実を時系列にする
- 訴状または訴答のドラフトまたはドラフトの補助（原告または被告を代理する場合）
- 期日管理システムの設定及び維持
- 法律及び事実調査

ディスカバリー　訴訟におけるディスカバリー段階では，たくさんの書類が作成されるので，パラリーガルはその時間のほとんどを整理，分析，目次付け及びファイリングに費やします。事件と法律事務所の設備の規模によって，この仕事は，手作業または訴訟サポート用のソフトウェアやコンピュータの助けにより行われます。しかし，訴訟サポート用のソフトウェアを学んだり使ったりすることもしばしば求められます。現在，ディスカバリー段階において，コンピュータ技術に頼らない法律事務所はほとんどありません。

訴訟

ディスカバリー期間中のパラリーガルの仕事は，以下のとおりです。
- インテロガトリーズ，書類作成請求及び是認請求及び／またはこれらの書類に対する回答の作成
- 命令申請（訴訟中に発生する争点に関する裁判官への正式請求）
- 証人の証言の位置づけ，インタビュー及び証人宣誓書の取得
- デポジションの質問のドラフト
- コンピュータ化された訴訟サポートシステムの監督（導入されている場合）
- デポジションの要約
- 書類作成の管理
- ファイルの整理と書類の分析

　これらの仕事の中で，デポジションの要約及び書類作成の管理は，最も時間を要するものです。デポジションの要約は，要約者自身の言葉による，デポジションにおいて録取された証言の要約です。例えば，仕事を与えた弁護士が，某氏のデポジションに3日間かけたとしましょう。その記録は，裁判所の記録官によってタイプされ，500頁の長さになりました。審理の準備のためには，弁護士が500頁すべてを読み通すことは，時間のかかることなので，40頁の要約にする責任があります（平均して，15頁の記録を要約するのに1時間かかります）。

　デポジションの要約は，何百巻もの記録を要約する必要がある場合には，まったく手に負えません。このような場合，デポジションは，デポジションサマリーサービスに送られることがあります。証言の機密性により，法律事務所の中には，事務所のパラリーガルに要約をさせることを好むところもあります。何百巻もの要約をすることは，膨大な作業であり，フラストレーションのたまったパラリーガルを生み出しています。この仕事の退屈さは，ここ数年の訴訟サポート用ソフトウェア製品の利用により，大幅に軽減されるようになりました。

　膨大な時間を要するもう1つの仕事は，書類作成の準備です。書類作成は，事件における事実を発見するために訴訟の両当事者によって使用される方法です。

第3章　パラリーガルは何をするのか

　例えば，あなたが働いている法律事務所は，IBMが原告となっている事件でIBMの代理人をしているとしましょう。あなたの弁護士は，被告から1970年から1984年までのXerox Corporationについて言及しているIBMの書類すべてについての請求を受けました。パラリーガルとしてのあなたの仕事は，クライアントから受領した書類すべてを読み，所定の期間におけるXeroxに言及した書類を探し，調査のために被告に対して見せる準備をすることです。このような仕事を完成させるためには，何千もの書類を調査しなければならず，何百時間も費やすこともあります。

　被告の弁護士に対して，（通常あなたの事務所において）書類を調査するための時間が設定されます。弁護士が必要とする書類を決定したあと，あなたは，その弁護士の事務所に送るためのその書類のコピーを作成します（あなたが被告側のパラリーガルであれば，あなたの弁護士がいったん書類を受け取ったならば，その書類に番号を付し，年代順に並べ，すべての書類のインデックスを準備することがあなたの業務です）。いずれの側を代理するのであれ，書類の管理は，かなりの時間を要します。

　今日，ディスカバリーの要求は，「電子的ディスカバリー」と呼ばれるものを含むこともあります。これは，弁護士が，コンピュータを使って作成した証拠を，フロッピー，ハードドライブ，CD-ROM，その他電子的な媒体の形で要求されることをあらわします。このような場合，コンピュータに精通しているパラリーガルは非常に貴重な存在です。

> **キャリア・アドバイス**
>
> 　書類の請求は，訴訟におけるディスカバリーの段階においても継続します。その結果，より大きな規模の事件のいくつかにおいては，何ダースもの書類を作成することになります。重ねて言いますが，あるパラリーガルにとっては，フラストレーションのたまる仕事です。それでも，ディスカバリーは，——特にデポジションや管理する書類が少ない小規模の事件において——大変面白い仕事です。従って，パラリーガルとしての最初の仕事を探す場合，事件の規模は考慮すべき重要なポイントです。

審　理　訴訟における審理の段階でのパラリーガルの仕事は，プレトラ

イアル（審理前），トライアル（審理）及びポストトライアル（審理後）の3つのカテゴリーに分類されます。仕事には以下の事項が含まれます。

- 審理前
  要約書，審理前供述書，和解会議のメモ及び陪審員指導書などのドラフト
  事実情報の正確性を確保するための準備書面の再検討
  シェパダイジング及び引用チェック
  審理の添付書類及び審理ノートの準備作成
  陪審員リストの取得
- 審理中
  証人のスケジュール調整
  証人の準備の援助
  審理への出席及び記録
  証拠物件のリストの保管
- 審理後
  審理中の証言の要約
  費用の請求書準備
  新規審理のための申立のドラフト（該当する場合）
  審理後の債権回収業務の管理

審理は，数ヶ月ときには数年の多くの努力の結晶であり，報われるものです（勿論あなたの側が勝った場合です）。しかし，これは，大量のストレスから成る時間でもあります。皆が残業して働いています。

控訴 訴訟の最後の段階である控訴は，口頭の議論ではなく，基本的には弁護士が提出した準備書面に基づきます。訴訟で必要とされている時間の過半数はディスカバリーに使われており，殆どのパラリーガルは，控訴の仕事を行ったことがありません。

イングリッド・トロンスルーは，コロラド州デンバーの大きな法律事務所のパラリーガルとして，自らの過去の経験を「私の仕事は，その大部分が審理の仕事，書類の整理及び管理また他の被告や原告の弁護士と会談することです。」と語っています。「私は，審理に行くことが大変好きです。私は，大

変複雑な薬品関係の製造物責任訴訟において21の原告と5人の被告と共に働きました（製造物責任のケースは典型的には，——過失のある製造者の責任により——商品に欠陥があるという主張が係わっており，それが結果として傷害となる事件です）。

私は多くの時間をデポジションのスケジューリングのみならず，専門家の証人と仕事をしたり，原告のために医療試験を設定・計画したりして多くの時間を費やしました。基本的に，すべてが順調に進むように，また弁護士が必要なものをすべて有しているように気を付けていました。その法律事務所では，大抵の法的なリサーチは，ロー・クラークによってなされていましたが，その他すべての仕事と同様私はリサーチも怠りませんでした。私が最も楽しんだことは，人と関わること，我々の調査員と仕事をすること，専門家の証人を呼んで彼らにインタビューしたことです。」

多くのパラリーガルは，この種の関与が，訴訟において働くことの主要な特典であると考えています。

訴訟——キャリアサマリー

特徴—相手方と敵対的になることもある裁判所に関する仕事。民事，独占禁止法及び不法行為（例えば，人身傷害，製造物責任，医療過誤など）を含む様々なケース及びクライアントに関わる。書類中心の仕事。事件の規模により仕事の難易度及び仕事の満足度が決まる。

利点—40—50％のパラリーガルが従事。法律を理解するための良い基盤。フリーランスの可能性。小規模な事務所で小規模な事件に最初から最後まで関わることでより多くの満足を得られる。大きな雇用市場。

不利な点—残業の可能性大。特に大規模な事件において繰り返される書類中心の活動において体力の消耗率が高い。

会 社 法

約15％のパラリーガルが会社法の分野で働いています。会社法は，ビジ

会 社 法

ネス関係の取引に関わるので，この専門分野のパラリーガルは，滅多に裁判所関係の仕事をしません（あなたの個人的な好みによりますが，これは，利点にも欠点にもなり得ます）。その仕事は，会社設立，活動中の会社の仕事，解散及びパートナーシップ関連事項，M&A及び証券法などの一般会社法に関連しています。

会社設立

会社設立は，会社を設立する際の法的手続です。即ち，会社を構築する手続です。そのプロセスは，州法によって規定されています。会社を設立する時の法的書類は，定款と呼ばれます。会社は，法律の下では擬人として扱われ，それを所有する人々とは別に法人として存在します。これらの人々即ち株主は，組織の事務を管理する取締役を選任します。次に取締役は，日々の業務を遂行する役員を指名します。

会社設立の仕事をする会社法のパラリーガルは，次の事項について責任を有します。

- 会社の商号の使用可能性を決定し，州務長官に保全の手続をする。
- 定款のドラフト及び届出
- 附属定款，第一回取締役会及び株主総会の議事録並びに各種連邦及び州の書式への回答の準備
- 議事録ファイル，株券，株式譲渡記録及び株式発行証明書の作成
- 必要に応じて，酒屋，ホテル，または薬局のような特別の業務を営むために適切な営業許可を取得すること

活動中の会社の仕事

パラリーガルによってなされる活動中の会社の維持に関する業務はかなり多岐にわたり，これは，パラリーガルが法律事務所で働くかまたは会社で働くかによって大いに異なります。法律事務所で働くパラリーガルの仕事には，一般に次のものがあります。

- 雇用契約書，株主間契約書及びストックオプションプラン等の法律文書のドラフト・定款及び／または附属定款の修正

- 取締役及び／または株主の承認を必要とする会社の活動のための通知，議題，議案及び議事録の作成
- 他の州において営業を行うための会社の資格付与の申請
- 子会社の会社の記録の維持
- 統一商法典（Uniform Commercial Code-UCC）のファイリングの準備（UCCは，州間の商事取引を管理する一連の法律です）

これらの業務に加え，会社のために働くパラリーガルは，会社のコーポレートセクレタリー及び取締役会の活動に関する業務も担うことがあります。

- 役員及び取締役による株式の売買の報告
- 取締役会の準備
- 配当記録及び配当が支払われるべき日の算定
- 管理職のストックオプションプラン及び配当再投資プランの管理
- 委任状及び10―K書式（訳注：SECに提出する年次報告書の書式）のドラフト
- 株主関係プログラム及び委任状請求の管理
- 株式名義書換代理人の監督
- 年次株主総会の調整

会社の解散

会社の解散には，いくつかの理由があります。1つは，税法の変更により，パートナーシップのような他の所有形態が有利になった場合です。またさらに明確な事由は，会社が支払不能になり収益性がなくなったときです。会社の解散に携わる会社法のパラリーガルは，以下に関連する書類のドラフト，ファイル及び取得の業務をまかされます。

- 清算及び解散を選択した証明書
- 解散の意思の表明，解散契約及びその他解散を有効にするために必要な州の書類
- 債権者に対する通知
- 税金の完納
- 他の州でビジネスをする資格の解除

・州税及び連邦税に関する解散の書式
・会社の資産分配
・株券の無効化

パートナーシップとリミテッド・ライアビリティ・カンパニー

　先に述べたように，パートナーシップは，会社を構築する別の方法です。書面または口頭による2つ以上の当事者間で利潤追求を目的として営業をするためになされた契約です。最も一般的なタイプのパートナーシップは，リミテッド・パートナーシップです。リミテッド・パートナーシップは，パートナーシップを管理する1つ以上のジェネラル・パートナーと資本を提供しただけのリミテッドパートナーから構成されます。リミテッドパートナーは，パートナーシップの経営及び管理には参加せず，その投資分のみに責任を有します。

　近年，2つの新しいタイプの組織構造の普及が高まっています。リミテッド・ライアビリティ・カンパニー（LLC）及びリミテッド・ライアビリティ・パートナーシップ（LLP）です。LLCは複合体，つまりパートナーシップと会社の中間的なものです。それは，パートナーシップの「パススルー」課税形態と，有限責任制の便宜を図った法人株主とを合わせたものです。LLPは通常のパートナーシップであり，主に医師，弁護士，会計士などの専門家が結成し，パートナーの債務責任を限定したり，パートナーシップの課税措置をフルに適用できたり，法人よりも形式張らずにより柔軟に経営したりすることができます。

　パートナーシップとLLCに関連するパラリーガルの仕事は，そのときの法律によって多様です。例えば，1980年代の初頭，税法がパートナーシップに対して有利な時代には，私は仕事時間の80％をパートナーシップの業務に費やしました。また，その税法が変更されたときには私の時間のほとんどを会社設立に費やしました。

　パートナーシップとLLCの業務におけるパラリーガルの任務には，以下のものがあります。

　　・パートナーシップ又はLLCの商号の使用可能性の確認，及び商号の

第 3 章　パラリーガルは何をするのか

保全・登記
- リミテッド・パートナーシップ証書のドラフト
- リミテッド・パートナーシップ契約のドラフト及び修正
- LLC の設立証書及び営業に関する契約書のドラフト
- パートナーシップの届出書及びリミテッド・パートナーシップ証書の作成，申請及び記録
- パートナーシップの商号（パートナーシップがパートナー個人の実際の名前の下でなく，別の名前の下に営業される場合）の陳述書及びパートナーシップの終了の通知の作成，申請及び公表
- パートナーシップや LLC の年次報告書及び州への提出書類のドラフト
- パートナーシップや LLC の記録の保管
- パートナーシップ会議議事録及びパートナーシップの解散契約のドラフト

M&A

　1980 年代の半ばに起こった会社乗っ取りの波，そして 1990 年代半ばにはその生き残りが再起したことにより，この分野で働いていた弁護士やパラリーガルは，合併及び営業の譲り受け（M&A としても知られています）の分野における専門化した知識を開拓しました。M&A の分野で働くパラリーガルの仕事は，以下のとおりです。
- レター・オブ・インテントのドラフトの補助
- 合併・売買契約のドラフト作成
- デューディリジェンスへの参加
- 雇用契約及びクロージング（調印）のための書類のドラフト
- UCC 届出手続の遂行及び会社の存続証明書の取得

　かつてジョージア州アトランタの大きな法律事務所のパラリーガルであったケーシー・アレンは，M&A セクションで働いていました。彼女のキャリアと教育のバックグラウンドについて注目して下さい。会社法関係のこの分野で働いているパラリーガルの典型です。

会社法

「私は，一般会社法から始め，徐々に証券関係の仕事，特にM&Aの分野の仕事に移行しました。私は，その会社がすべての州で営業を行うことができることを確認するために大量のリサーチを行いました。また，会社が公開会社となる場合か買収に係わる際に行われるデューディリジェンスの調査にも参加しました。これは，会社の記録が適正に保管されており，会社が適正に存在していることを検討することです。私の大学での専攻である会計学は，特にデューディリジェンスを実施するとき，年次報告を読むとき，特定の会社の財務状態を理解しようとする弁護士を補助するときなどに大変役に立ちました。」

M&Aの仕事についての私の最後のコメントは，この仕事は，会社法と証券法の副次的な専門分野であり，この分野におけるパラリーガルの仕事は，極めて希少であるということです。

証券法

証券法は，証券——株式，債券，優先株式，社債及びオプション——を資金調達のために売買することに関連しています。

この分野でのパラリーガルの仕事のほとんどは，第一次株式募集，第二次分売株式（訳注：発行会社ではなく引受会社等によって売却された株式），債券，リミテッド・パートナーシップ募集，私募，証券取引の報告義務，「ブルースカイ法」と呼ばれる州ごとの証券登録に関することです。日常ベースで証券法のパラリーガルが行うことは，そのパラリーガルがどこで働くかによって決まります。法律事務所のパラリーガルは，第一次株式募集を担当する一方，会社のパラリーガルは，その時間の大半を証券取引委員会（SEC）への届出書類に費やします。証券担当のパラリーガルの仕事は，次のうちのいずれかまたはすべてです。

- 登録書類（会社の証券の潜在的な顧客に対して会社の事業計画，目標及び財務情報を開示する書類）の部分的なドラフト
- 役員及び取締役に対する書面による質問，引受契約，ブルースカイのためのメモの作成
- 登録書類の届出及び財務書類専門の印刷業者との業務

- 様々な州における証券の登録申請の準備及びその他のブルースカイ関連の仕事
- 1934年証券取引法に基づく書類，例えば，委任状説明書，10‐K及び10‐Qの書式，株主に対する年次報告，証券取引所の上場申請書及びインサイダー取引の報告等の書類の作成
- 私募証券の募集回状の援助
- 私募のクロージングの準備及び出席

|キャリア・アドバイス|

　この章の最初に述べたように，私は，訴訟の仕事に1年携わったあと，証券の仕事に変わりました。私は，この仕事を大変興味深く，やりがいのあるものと思います。そして，長期間パラリーガルの仕事をしたい方にお勧めします。

会社法──キャリアサマリー

　特徴─ビジネスに関する仕事に関わる業務の専門分野。すべてのパラリーガルの15％が従事。副次的専門分野として，M&A，及び財務・投資に関する証券法がある。法律事務所で働くか，会社で働くかによって仕事は大幅に変わる。

　利点─敵対的関係にはならない。基本的に高額な給料。ストレス度は少ない。高度な仕事。自立性が高い。証券法，M&Aなどの専門分野の方が，一般会社法よりも基本的に給料が高い。他のビジネス関連の仕事を行うための良い基礎。長期間パラリーガルを務めるのならば，証券法及びM&Aは最適。

　不利な点─訴訟よりも小さい雇用市場。法律事務所での経験がないと企業での仕事は探しにくい。一般会社法務はつまらないと思っているパラリーガルもいる。

不　動　産

　不動産法に従事しているパラリーガルは10％以下です。不動産法は，不

動産の所有権及び譲渡性を規律する法律です。不動産とは，土地または建物についての権益を意味し，移動ができるものである動産と区別されます。

　法律の実務の分野としての不動産法は，次の1つまたはそれ以上の仕事に関するものです。それは商業，住宅または工業用の不動産の売買に関わる買主又は売主の代理，不動産ローンにおける貸主又は借主の代理，賃貸借事件における賃貸人又は賃借人の代理，必要な場合は不動産訴訟及び会社取引としての不動産についてです。

不動産取引の局面

　物件の売買または金融に関わる不動産の取引において，パラリーガルが重要な役割を担う4つの局面があります。それは，権原の決定，クロージングの準備，クロージングへの出席及びクロージング後のフォローアップがあります。

　第一の局面においては，物件の権原の状態を決定することが最重要です。何かの権原を有するということは，それを所有する権利を有するということです。物件の権原は，その物件上の他者による一定の権利または負担に影響されます。一定の権利のうちの1つに担保権があります。これは，債務の保証としての物件上の請求権です。一般的な担保権のタイプは，当該物件上の建物を建築しまたは修理するために提供された労働，役務または材料に対する金銭の支払いのための「建物工事の先取特権（mechanic's lien）」です（不動産担当のパラリーガルの仕事の多くは，権原の概念に重点が置かれています）。

　第二の局面におけるパラリーガルの役割は，円滑なクロージングを保証するため，詳細を調整することです。ここでの仕事には，譲渡証書，抵当権，売買証書，約束手形及びリースの譲渡等の様々なクロージング書類のドラフト，クロージング費用の見積及び権原のレポートになされた異議を処理するためにタイトルカンパニー（権原保証会社）と働くことなどがあります。第三の局面であるクロージングへの参加は，大変な労働時間の集大成となるものですから，パラリーガルにとっては，面白く，やりがいのある時間です。クロージングの間は，パラリーガルは，すべての書類を管理し，署名を取得し，権原保証会社と共に仕事をします。

第3章　パラリーガルは何をするのか

最後の局面は，クロージング後の仕事で，クロージング書類すべてのバインダーの作成及び権原保証会社とのフォローアップなどがあります。

キャリア・アドバイス

不動産取引におけるパラリーガルの仕事は，法律事務所が，買主，売主，貸主，又は借主のいずれを代理するかによって決まります。その他考慮に入れるべきことは，物件のタイプ及び取引の種類です。物件のタイプには，一世帯用住居，コンドミニアム及び工業用の敷地があります。取引の種類には，商業目的の賃貸，パートナーシップ競売及び金融並びに賃貸借関係事項があります。

不動産の売買または金融に携わる不動産のパラリーガルは，次の業務を行います。
- 権原調査及び最新情報の確認
- 予備的な権原要約書及び権原についての意見書の作成
- クライアントの抵当金融の取得及び抵当の登録の補佐
- 貸付真実法（訳注：消費者金融の利用者を保護するため，事前の消費者金融の利用から生じるコストについて情報開示を保証する法律）に基づく開示書類，地役権，物件の土地表示，不動産譲渡証書，不動産賃貸借契約書，不動産以外の譲渡証書，エスクロウ（第三者預託）の指示書及びクロージング書類等の書類のドラフト，検討及び分析
- 正式な先取特権の抹消の準備
- 借主の財政状況に関する書類の取得
- UCC調査の実施
- クロージングの準備及び出席
- 無効になった手形，信託証書または権原保険証券の取得及びクライアントが責任保険を取得するための援助などのクロージング後の仕事

会社の法務部において，不動産のパラリーガルは，従業員の引越を補助することがあります。不動産ブローカー，権原保証会社及び不動産弁護士の活動を調整して家の売買の援助を行います。さらに，会社は，その所有する不動産が存在する各州について不動産税の申告をしなければならないので，パラリーガルは，物件の所有権の記録を維持し，税金の査定の分析，税金調整

に対する回答のドラフトの補助及び物件に影響を与える税制立法をチェックします。

　不動産法専門のパラリーガルは，会社または法律事務所において，会社法または訴訟分野で働いているパラリーガルと類似の仕事をします。例えば，会社がクライアントである場合，不動産のパラリーガルは，会社法のパラリーガルが行うように株主総会や取締役会の決議をドラフトします。不動産法の分野における訴訟タイプの仕事は，抵当物件の競売，違法占拠訴訟（貸主・借主間の紛争）及び物件の所有者を決定する訴訟です。

　ペギー・ルーズは，サンフランシスコの大きな法律事務所での不動産パラリーガルとしての彼女の経験について「不動産の仕事は楽しく，パラリーガルの大変重要な専門分野であると信じています。」と語りました。「私は，かなり独立して仕事をし，たくさんの責任ある仕事を任されました。私の仕事は，書類のドラフト，権原保証会社との権原保証についての交渉及びクロージングの準備です。私は，権原保証の専門家となり，弁護士はこの分野においては，パラリーガルに頼るところが多いことを発見しました。この分野のパラリーガルが注意しておかなくてはならないことは，特にクロージングの準備及び出席にたいへん多くの時間を費やすことです。基本的には，取引が終わるまで家に帰れません。」

　ペギーは，不動産専門のパラリーガルは，商業物件の販売・開発に係わることにより，不動産開発の分野に進出することができると信じています。

不動産法──キャリアサマリー

　特徴─10％のパラリーガルが従事する業務の専門分野。不動産訴訟に関わる以外は，ほとんど裁判所関係の仕事はない。責任の重い仕事。居住用・商業用・工業用の不動産の売買及び金融に関する買主・売主または貸主の代理をする。法律事務所及び会社の双方において仕事の機会がある。

　利点─経済の状況が良好であれば，長期間パラリーガルを行うには良い専門分野。基本的に高額な給料。他の不動産関連の仕事を行うための良い基礎。

　不利な点─小さい雇用市場。雇用機会は，経済及び不動産業界の状況に左右

> される。現在は，商業用・居住用不動産開発の増加及び不動産価値の上昇に伴い，雇用機会は増加傾向。

遺言検認

　遺言検認の分野で働いているパラリーガルは10％未満です。遺言検認には，資産運用の分野も含まれます。資産運用とは，遺言，信託，贈与，税金及び投資等を含む財産の管理及び分配を意味します。遺言検認とは，法的手続のひとつで，この手続により，裁判所は遺言の有効性を決定し，遺言の条項を検討し，遺産の最終的な処分について命令を出します。

資産運用
　資産運用分野を司るのは，動産・不動産の処分についての法律です。たいていの人は，遺言の概念——相続人に対する伝統的な資産の譲渡方法——には馴染みがあります。遺言は，ある人の死後，その人の財産がいかに処分されるかについてのその人の意思の単なる宣言です。遺言作成の目的は，州が州法に基づいて遺産を分割することを回避することにあります。しかし，資産運用には，遺言の作成以上の仕事があります。財産や資産の分配のためにその他の法的手段が使われます。その中には，信託（ある人によって，他の人の利益のために保管される財産）及び完全な贈与があります。これらの方法は，費用や時間がかかる検認手続に従う必要はありません。
　資産運用の実務に従事するパラリーガルの仕事は以下のものを含みます。
- クライアントの資産及び財産情報の分析
- 税金計算の準備
- 資産運用が州法に適合していることを確実にするための州法の検討
- 遺言，信託契約及び信託基金に関する書類の作成
- 遺言及び信託契約の条項の要約の準備
- 資産譲渡書類の登録
- 信託登録の完了及びクライアントへの通知義務についてのアドバイス

- 保険証書の取得，検討及び分析
- 受益者変更の書式の作成
- 法律の変更に合わせた遺言の改訂

遺言検認

　いくつかの事項が，検認裁判所に申し立てられます。例えば，遺言手続（2つのタイプ――遺言がある場合の手続と遺言がない場合の手続）があります。また，財産管理者の責任（裁判所が自己の財産管理ができないと決定した者の財産の管理及び／または人身を保護する個人を選任する手続）及び後見人の職務（未成年の財産の管理及び／または人身を保護する個人を選任する手続）もあります。

　典型的な遺言検認の手順は，クライアントまたはクライアントが死亡している場合には最も近い家族とまず面談し，遺言検認の手続を開始し，被相続人の遺産の財産目録を作成し，その財産を評価し，被相続人の債務及び費用を支払い，裁判所に対する計算書を作成し，税金（資産税，相続税等）の申告書を提出し，最終的には資産を分配し，遺産を閉鎖します。遺言検認の手続においてパラリーガルは次の仕事に従事します。

- 被相続人家庭の財産目録の作成
- 埋葬方法指示書及び／または遺言の保管のための金庫の開設
- 遺言の正当性を証明するための証人の選任
- 資産の情報を得るための関係機関への問い合わせ
- 死亡証明書のコピーの取得
- 新聞への死亡広告の発表
- 遺言の検認のための申立書の準備
- 保険収入及び死亡給付金の請求書の提出
- 遺産に対する請求却下の準備
- 遺産財産の箇条書き及びその評価
- 資産売却のための書類の作成
- 債務，先取特権及び費用の支払
- 贈与税，資産税，相続税及びその他の税務申告書の作成

- 最終監査の請求
- 遺産財産に対する権利放棄の申請
- 最終及び付属計算書類の作成
- 相続人に対する資産の譲渡

　仕事のほとんどが，税務申告書，計算書類及び資産評価に関する仕事なので，遺言検認のパラリーガルは，数字に強くなければなりません。「遺言検認の分野を専門としたい者には，投資関係の授業のみならず会計学の授業をとることをお勧めします。」とミネソタ州ミネアポリスの法律事務所で，遺言検認，税務及び財産関係のパラリーガルとして働くメアリーベス・シュルツは，提案しています。「また，多くの仕事が税金や遺産の最終計算書に関するものなので，細かいことが好きで，数字を扱うことを楽しめる人がなるべきです。」

　実務に関していえば，一般市民は資産の多くを信託に拠出したり合有にて所有したりするようになったため，遺言検認の作業は減った一方，資産運用の依頼が増えつつあるとメアリーベスはいっています。

資産運用／遺言検認──キャリアサマリー

　特徴─ある程度裁判所関係の仕事が関わる業務分野。会計学及び投資に関する知識が有用。10％未満のパラリーガルが従事。基本的に法律事務所において仕事の機会がある。高いレベルの責任が要求される。

　利点─専門的な分野。フリーランスとして将来性がある。高額な給料の可能性

　不利な点─小さい雇用市場。新規参入が困難。

　本章では，パラリーガルの４つの従来からの専門分野を紹介しました。会社法や不動産法などの業務専門分野でのパラリーガルの雇用機会は経済状況によって変動します。しかし，我々の社会の訴訟を好む傾向が幸いして，訴訟は弁護士にとって稼ぎどころです。従って，最初のポジションは訴訟となる可能性が高いでしょう。

　より詳しいパラリーガルの仕事については，全米パラリーガル協会連盟

（NFPA）から出版されている"Paralegal Responsibilities"（パラリーガルの職務）というパンフレットが，非会員価格15ドル（訳注：2004年現在20ドル）で入手できますので強くお薦めします。これには，上訴，アスベスト訴訟，破産法，経営／会社，債権回収，コンピュータ化された訴訟サポート，建設，契約管理，刑事訴訟，家族法，従業員福利厚生，環境法，担保権，移民法，知的財産法，労務・雇用，貸主・借主間紛争，訴訟，人身傷害・医療ミス・製造物責任，遺言検認・遺産管理，公的給付，不動産，証券・地方債，税金，労災補償の分野の職務が載っています。

本章及び次章のポイントは，あなたが訴訟の分野で仕事を開始したからといって，それだけの理由でそこに留まらなければいけないということではないことに気づいていただくことです。次章で述べる専門分野は，パラリーガルの雇用機会としてこの先数年の間に最も成長し，期待される分野です。

第4章

「ホット」なパラリーガルの専門分野

他人の過ちから学べ——人は全て自分で成し遂げられるほど長くは生きられない。
マーティン・バンビー

　「西暦2000年問題のコストで意見が分かれたコンピュータ・エキスパートたち」「賃金支払における性差別」「資金不足の年金計画は，労働者にとって賭である」「住民は，有害物質の漏れによる影響を受けている」「破産による損失額は予想をはるかに上回る」
　新聞は，このような見出しで一杯です。テクノロジー，仕事での差別待遇，年金詐欺，環境問題及び事業での失敗は，知的財産法，労働及び雇用法，環境法並びに破産法における法律アドバイスの必要性を増大させています。これらの分野での発展は，パラリーガルにより多くの雇用機会を提供しています。もし，私が今日，パラリーガルとしてのキャリアを始めたとしたら，移民法や，コンピュータ化された訴訟管理システムの分野と同様これらの専門分野のうちの1つで働くことを真剣に考えたでしょう。

一目でわかるホットな専門分野

- 知的財産法
- コンピュータ化された訴訟サポート
- 労働及び雇用法
- 従業員福利厚生
- 環境法
- 破産法
- 移民法

知的財産法

　知的財産法の分野はここ数年で飛躍的に伸び，弁護士・パラリーガル問わず大量の雇用機会が見られました。

　経済のグローバル化とそれに伴う多国籍企業の増加によって，知的財産法，特に商標と特許は，急成長を遂げる専門分野になりました。そして，費用抑制策として，大企業は商標業務を，外部の専門家を雇わずに社内の法務部にやらせるようになりました。それはそれで，企業における商標登録や管理担当のパラリーガルの需要が増大することになりました。商標パラリーガルは，実質的な自立性を獲得していてクライアントとの接触も多く，国際的なプロジェクトを担当したり，また最先端の製品やサービステクノロジーに携わったりすることもあります。

　マルチメディア企業やインターネット企業の繁栄のおかげで，著作権で保護されているマルチメディアCD-ROM上のマテリアルの使用や，インターネットビジネスに関する複雑な問題が生じ，その分野の法的サービスに対する需要が高まりました。

　それから，第3章でもご覧いただいたとおり，1960年代に書かれた日付に関する旧式ソフトウェア・コードでは2000年を2ケタの"00"としか認識できないため，コンピュータに不具合が生じるとされる，悪名高き西暦2000年バグ問題があります。そのため，どこの知的財産法担当の弁護士も，クライアントのソフトウェアのライセンス契約のレビュー及び改正のため，本件で忙しくなるといわれています（訳注：1997年原著改訂版出版時）。

　実務の分野として，知的財産法には，4つの大きなカテゴリーがあります。それは，商標，特許，著作権及びトレードシークレットです。カテゴリーの違いを理解するには，各法律の関係部分を参照することで足りるでしょう。

　商標法は，商人や製造者が，彼らの商品やサービスを識別するための名称，言葉，シンボルまたは図案を独占的に使用する権利を保護することに関連しています。

　特許法は，発明者が，一定期間その発明を製造，使用または販売する独占

的な権利を保護することに関連しています。

著作権法は，作家や芸術家が，彼らの作品を公表する独占的な権利を保護し，その作品を誰が公表することができるのかを決定することに関連しています。著作権法によって保護される作品の例には，音楽，美術，文学，映画，オーディオビジュアル作品，サウンドレコーディング及びコンピュータ・ソフトウェアがあります。

トレードシークレット法は，競争において有利な立場に立つような数式，図式，機械または製造過程をある業者が独占的に使用し，競争者に対してそれを秘密にしておく権利を保護することに関連しています。

知的財産権は，高度に専門化された分野です。例えば，特許の分野は，技術用語や科学用語の知識を要求します。知的財産権の分野においてのみ専門的に従事するパラリーガルは，ほとんどいません。知的財産権を専門とする大規模な会社または法律事務所に雇われない限り，他の法律分野の仕事をする可能性が高いでしょう。例えば，私が訴訟パラリーガルをしていた頃，ネバダ州のレイクタホにあるスキーリゾートの商標登録を扱う仕事をしていました。

知的財産の実務の性格上，ほとんどのパラリーガルの仕事は，三つのタイプの活動に集約されます。それは，商標及び商号の使用可能性を確実にするための調査，連邦や州及び／または海外のエージェンシーへの登録並びに行政庁レベル（米国商標特許庁）での訴訟及び裁判所における商標異議または権利侵害事項に関連する訴訟です。

知的財産法を専門とするパラリーガルの仕事には，以下のものがあります。

- コンピュータデータベース，オンラインサービス及びインターネットを使用した特許及び商標調査
- 特許及び／または商標の現状についてのサマリーレポートの作成
- 商標及び著作権の登録申請のドラフト
- 更新，回答及び異議並びに海外での異議及び特許の年間費用について期日管理
- 不正競争に関する法的リサーチ
- 異議，優先権及び侵害行為に対する手続の補助

・海外の商標／特許関係の弁護士及び代理人との連絡
・権利所有者及び技術に関するライセンス契約のドラフト

　トレーシー・ボドビッツは，UCLAで心理学及び経営の学士号を受けた後，カリフォルニアのニューポートビーチにある，彼女を商標事件の専門家として訓練することを希望していた法律事務所に勤務しました。2年後にその法律事務所のクライアントの1つである南カリフォルニアの水着メーカーからトレーシーに仕事のオファーがありました。国際ライセンスの責任者として，彼女は，全世界の海外の法律事務所と商標登録の調整をしています。付け加えるなら彼女がキャリアの発展に無限の成長を見込んでいるライセンスの分野で働いているのです。

　「たとえパラリーガルが，製品を米国内でしか販売していない会社のために働いていても，特に南米の国での商標権侵害の可能性を避けるために，その商標を海外で登録する必要があります。」とトレーシーは言っています。「米国内会社で働いていても，商標パラリーガルは価値のある国際的経験を得るでしょう。」

知的財産法──キャリアサマリー

　特徴─特許，商標，著作権及びトレードシークレット法に関する仕事。非訴訟関係の側面では，調査及び登録に関する仕事，裁判関係の側面は権利侵害の仕事。高度に専門化された技術の分野。大学での技術系の専攻はプラス。ほとんどの就職機会は法律事務所にある。

　利点─専門的な分野。高額な給料の可能性。面白い仕事。

　不利な点─小さい雇用市場。優れた経歴証明書が必要。企業で仕事を得るのは難しい。

コンピュータ化された訴訟サポート

　この10年間で，あらゆる大小の事件における書類管理の問題に対して答を出す新しい訴訟の副専門分野が登場し，その過程において，コンピュータ

第4章 「ホット」なパラリーガルの専門分野

に興味を持つパラリーガルに新しい仕事の機会が開拓されました。本書の第6に書かれていることですが，コンピュータ化された訴訟サポートシステムは，マニュアルのシステムで必要とされる時間のほんの一部で，情報及び書類の管理，アクセス及び呼び出しをします。コンピュータ化されたシステムは，ディスカバリーにおいて急な通知があったときのために，何千もの書類を整理し，見出しを付け，コード化する場合に特に有効です。例えば，弁護士は，1992年から1995年の間の書類の中にあるクライアントに関するすべての引用のリストを要求しています。パラリーガルとしてのあなたの仕事は，クライアントと相手方弁護士の双方から受領したすべての書類を調査することです。

　コンピュータ時代の前には，調査を手仕事で行わなければならなかったのです。何という悪夢でしょう！　今や，なぜ多くのパラリーガルが訴訟の仕事で燃焼し尽くし，結果としてパラリーガルの仕事を辞めていったかお解りでしょう。

　コンピュータに感謝します。今日この仕事は，パワーのあるパソコン，訴訟サポート用ソフトウェア，データベース，光学スキャナー及びイメージ機器の助けにより，限りなく簡単になってきています。書類が受領されると，パソコンのデータベースに読みとられ，簡単なアクセスと検索のために事前に決められたカテゴリーに従ってコード化されます。今や，訴訟サポートのための使用可能ないくつもの商品がでています。これらの，またこれ以外の法律実務におけるコンピュータの応用については，第6章において詳しく説明致します。

　コンピュータ化された訴訟サポートにおいて，パラリーガルの仕事には次のものがあります。

- コンピュータシステムのハードウェア及びソフトウェアの分析及び選択
- 弁護士とコンピュータプログラマーとの間での連絡係
- プロジェクトマネジャーとしての仕事（他のパラリーガルの監督，スケジュールの作成及び仕事の調整）
- システムマネジャーとしての仕事（バックアップ及びメンテナンス）

- システムの使用についての他のサポートスタッフのトレーニング
- データベースを創作するためのケースの論点や事実の分析
- 既成のプログラムが大変高価な場合，独自のソフトウェア・プログラムの創作

　上記に列挙した仕事の多くは，いくらかの経験のあるパラリーガルによってなされることに留意して下さい。コンピュータ化された訴訟の分野で働く入門レベルのパラリーガルとしては，仕事は，より単調なコード化や書類のインプットの仕事に限定されるでしょう。

　フィラデルフィアの法律事務所のパラリーガルであるシリーン・キャティーは，この分野での仕事を次のように語っています。「パートナーは，これやあれをするためにデータベースを必要とする事を私に伝えます。これらの事をどのように進めるかは，私にかかっています。コンピュータプログラマーと一緒に座って，弁護士のニーズを分析し，特殊なケースに適合するようにプログラムをデザインすることを補助します。私は，データ入力のために，地元のパラリーガルのプログラムを修了した臨時のパラリーガルを雇います。彼らは，我々が重要かつケースの争点に付いて関連があると認めた特定の分野に関係する情報を，ソフトウェア・プログラムを使って書類から抜き出します。また，私は構築されたシステムから様々なレポートを作成する任務も負っています。」

コンピュータ化された訴訟──キャリアサマリー

　特徴─裁判関係の訴訟の副専門分野。書類中心。コンピュータの技術は必須。法律事務所での殆どの仕事はシステムのコスト効率が高い大きなケース。

　利点─急速に成長している専門分野。経験を伴えば高い給料の可能性。コンピュータのキャリアに関して良い基礎。

　不利な点─入門段階においては，単調なコード化の仕事に携わる可能性。費用のかかるシステムを購入する資金のない小規模な法律事務所においては雇用機会が少ない。

第4章 「ホット」なパラリーガルの専門分野

労働及び雇用法

　1991年，国民は，クラレンス・トーマス判事が，元従業員であるアニタ・ヒルによって提起されたセクシャルハラスメントの告発を否定したことに注目していました。このような告発はその殆どが公表されますが，公表されたものだけということではありません。雇用差別や，労働組合の苦情だけでなくセクシャルハラスメントは，毎日のように新聞に出ています。これらの問題に応えるために，新しい法律が議会を通過しています。このため，雇用及び労働法を専門とする弁護士やパラリーガルの活躍する場が増えています。

　労働法の実務は，労働争議，全米労働関係委員会（National Labor Relations Board-NLRB）における手続，仲裁，連邦及び州の賃金・労働時間法のもとで生じた問題，平等雇用機会委員会（Equal Employment Opportunity Commission-EEOC）調査，雇用差別，国際的な労働問題及び訴訟などの異なるタイプの多くの業務に関わっています。労働法のパラリーガルの特定の任務は，法律事務所か会社のいずれで勤務するか，またクライアントが誰であるか（組合，従業員または経営者）によって決まります。この分野においては，明らかにコミュニケーション能力が必要とされます。パラリーガルは，しばしば雇用差別の事件において経営者を代理するような繊細な問題を扱わなければなりません。

　労働法の分野で働くパラリーガルは以下の仕事に携わります。
・団体交渉のためのデータ収集及び分析
・労働組合の提案の経済的分析
・類似産業での労使和解の比較及び最近の傾向の分析
・団体交渉への参加と記録
・団体交渉契約の最初のドラフトの作成
・NLRBの公聴会の準備
・不公正な労働実態告発に対するNLRBへの請願レターの作成
・NLRBによって正式な告発がなされた場合の審理（民事訴訟と類似

準備
- 仲裁手続の準備
- 連邦または州法上の最低賃金または時間外勤務の条項違反についての告発に関する書類の再検討及び分析
- EEOC調査の準備
- 雇用者のアファーマティブアクション（差別解消措置）プランの再検討及び分析
- EEOC訴訟における書類の準備

労働及び雇用法　キャリアサマリー

　特徴―管理及び規制関係の政府省庁と関わる裁判関係の仕事。雇用差別，セクハラ，労働組合の苦情に関する仕事。コミュニケーション能力はプラスとなる。

　利点―面白い仕事。人事及び労使関係の仕事のキャリアの良い基盤。

　不利な点―問題によっては，感情面の考慮が必要。

従業員福利厚生制度

　年金として知られている，従業員福利厚生制度は，老齢や退職者人口の増加傾向だけでなく，この分野を管理する規制が増えたことによりパラリーガルの優れた専門分野となっています。

　1974年の退職収入保障法（Employment Retirement Income Security Act-ERISA）は，従業員年金プランの制限，公開及び報告要件を管理する新しい規則を作り出しました。ここ数年間で，弁護士は，これらの規則の管理をパラリーガルに次々と委譲するようになりました。

　パラリーガルは，個人退職勘定（Individual Retirement Accounts-IRA），確定拠出型年金（401k），キーオープラン（Keoghs），利益分割，保険料建て制度，据置年金，株式賞与，従業員株式購入及びストックオプションプランなどの様々な異なるタイプの従業員福利厚生プランに習熟している必要があ

ります。年金及び利益分割プランは雇用者に控除を許諾しIRS（米内国歳入庁）の承認を要求する制限付のものと，IRSの承認を要求せず，雇用者に控除を認めない非制限のものがあります。

　従業員福利プランに専門化しているパラリーガルは，次の仕事を行います。

- プランをドラフトし，既存のプランを再検討する
- プランについてIRSの承認を得る
- IRSの決定レターの申請書の提出
- プランサマリーのドラフト
- IRSへの年次報告書，プラン参加者に対するプランサマリー等を含む報告書の作成及び情報の開示の援助
- 参加通知，参加投票，受益者指名及びその他の投票関係書類のドラフト
- 参加者のローンに関する約束手形及び給与証書のドラフト
- 従業員の質問に対する回答（会社において働いている場合）
- 評価調整の決定及び参加者への配当
- 累積付与のための参加者の勤続年数の計算
- 終了時の利益及びローン収入の支払，貸金の返済の追跡及び支払分のIRS 1099の書式の提出を含むプランの管理

　ERISAに専門化することの利点の1つは，パラリーガルがその技能を人事や従業員福利の部署におけるパラリーガル以外の仕事に移転することができることです。主要なサンフランシスコの法律事務所の1つは，最近ERISAのパラリーガルに——福利厚生スペシャリスト——というタイトルをつけ，彼らにより多くの給与が支払われるようにしました。

従業員福利厚生ー従業員退職収入保障法（ERISA）——キャリアサマリー

　特徴—年金プランに関する仕事。高いレベルの責任を要求する。裁判関係の仕事はない。
　利点—人事関係のキャリアにおいて良い基盤となる。高額給料の可能性。
　不利な点—小さい雇用市場。

環 境 法

　(欲張りの (greed) 10年と呼ばれた1980年代に対して) 90年代は，緑の (green) 10年と言われています。環境及びエコロジーの論点については，高い優先順位が与えられています。ニュースの中に環境問題に関する話題がない日はありません。環境法は，法律事務所にとっての稼ぎどころとなり，今日急速に発展している専門分野の1つです。

　1970年全米環境政策法が法律になってから，多くの規則や制定法が制定され，ときには，環境法実務は，規則に苦しめられるようになりました。清浄水法の下での許可の取得のようなコンプライアンス (法令遵守) のケースから，何年も裁判所に係属中のアスベスト事件のような有毒廃棄物訴訟のケースまで及びます。

　アメリカ環境保護庁 (EPA) または類似の州の環境庁に対する手続を準備する際に，環境法のパラリーガルは，訴訟においてなされる仕事と類似の仕事に従事します。これらの仕事には，書類の整理及び分析，争点の抽出，証人ファイルの整理，ディスカバリー書類のドラフト，法的リサーチ及び書類作成，科学・技術調査及び書類作成並びに添付書類及び訴訟書類の作成が含まれます。

　環境法について独特なその他の仕事があります。例えば，EPAの立法活動の監視です。これに関して，パラリーガルは，クライアントに影響のある通知，提案及び最終規則をチェックするために毎日フェデラルレジスター (編年体連邦行政命令集) をチェックします。クライアントの利益に影響を与える可能性のある規則があった場合には，パラリーガルは，コメントや代替の提案の準備や行政記録への提出を補助することによって，規則作成手続に関与することができます。

　環境法のパラリーガルは，行政による公聴会及び会議にも出席します。彼らの仕事には，行政記録の研究，公聴会において提出する会社代表による証言のドラフト及び公聴会手続の見学等があります。

　環境法の大部分は，有毒廃棄物用の敷地の改善に関するスーパーファンド

(Superfund)事件に焦点が置かれています。1980年にアメリカの議会は，汚染された土地の清掃を規制し，土地改善のための融資として150億ドルのスーパーファンドを法制化しました。

連邦のスーパーファンド法によれば，有毒廃棄物を発生させた者には，その敷地が，放棄された土地であったとしても清掃を完遂させる責任があります。このように複雑なケースは，大変興味深いものですが，それと同時に煩わしいものでもあります（環境法においては，時に知れば知るほどやりたくないと思うことがあります）。

スーパーファンドのケースにおいては，パラリーガルの責任は，会社がその潜在的な責任を通知されたときに始まります。具体的な仕事には以下のものがあります。

- クライアントが潜在的に責任のある当事者（Potentially Responsible Party-PRP）として名前をあげられたかの理由を調査
- クライアントと敷地の関係を特定するために，EPAに対し情報の請求を提出すること
- EPAの請求に対する回答のドラフトの補助——作業には，マニフェスト，日誌，報告書の調査や従業員へのインタビューがある
- EPAとのよりよい交渉及び和解をするために他のPRPと運営委員会会議に参加する
- EPA，クライアント及びその他のPRPから受領した書類を整理し，チェックするためにコンピュータ化された書類の管理及びデータベース検索を実行する
- 州及び連邦の立法及び行政規則における変更のリサーチ及びチェック
- 混入廃棄物の要約書——即ち，誰がどの廃棄物をどの位の量で敷地に送ったかの詳細な分析——を準備する

キム・マーシャルは，ミシガン州デトロイトの法律事務所で環境法の専門パラリーガルでした。彼女は，スーパーファンドケースに集中して仕事をし，大量の書類とその分析を必要とする35のスーパーファンドの敷地を扱っていました。さらに，会議に出席するだけでなく，宣誓供述書，質問書及びデポジションの質問のドラフトのような実質的な仕事もしていました。彼女が，

自分の仕事について一番楽しんだのは，一度に多数のケースに従事することでした。

彼女からの環境法の分野でパラリーガルとして仕事をしようとしている人へのアドバイスとしては，大量の書類を管理できる高い整理能力と，突然の通知に対しても仕事ができるように柔軟性を持っているべきであるといっています。いつでもボールをキャッチして走る準備ができている必要があります。

キムによれば，この分野で成功するためには，スーパーファンドの手続を理解する能力，立法の変更をチェックする強いリサーチ能力及び省庁やクライアント及びその他の関係者と連絡をとる能力が必要です。

環境法――キャリアサマリー

特徴―有毒廃棄物に関する不法行為訴訟のみならず，政府規制及びコンプライアンスに関する裁判関係の仕事。批判的な思考及び問題分析技術が重要であり，技術専門用語に慣れていることが要求される。大半の仕事は法律事務所において存在する。

利点―急速に成長している専門的な分野。興味深く，今日的な論点。高額な給料の可能性。

不利な点―小さい雇用市場。

破　産　法

破産法の分野において働くことは，樽底の仕事のように最も避けたいものと考えられていた時代がありました。しかし，もはやその時代は終わりました。この10年間に提出された破産申立書の数は倍以上に増え，1985年の364,000件に対し，1994年は845,000件でした。ここ数年の景気回復にもかかわらず，破産はいまだ大きなビジネスです。企業はいまだに業務縮小や組織再編を図っていて，引き続きこの分野はパラリーガルに雇用機会を生み続けています。

第4章 「ホット」なパラリーガルの専門分野

　破産法は，連邦法に基づく法的手続で，債務者が再出発し，債権者ができるだけ公平に扱われることを保証するものです。連邦の破産法のもとに利用できる救済の方法がいくつかあります。最もよく使われる方法が個人または法人の資産を清算するチャプター7，会社更生に関するチャプター11及び個人または法人の債務を調整するチャプター13です。破産の手続を開始するためには，債権者または債務者によって自発的な申請または強制的な申請が，破産裁判所においてなされます。破産を専門としている法律事務所は，管財人としての役割を担い，裁判所の手続においては債務者または債権者を代理します。

　債務者のために働く　　破産法がいずれのチャプターによるものでも，すべてのケースは，債務者の救済の申請書を提出することから開始します。債務者を代理する法律事務所では，パラリーガルの仕事は，この申請書に付属するスケジュール及び計算書類の作成から始まります。パラリーガルは，債務者の財務状況について利害関係のある当事者に対する情報の開示を補助し，債務者がその義務を債権者，裁判所及び破産管財人に対し遂行することを保証し，可能な限り，債務者の資産を確保します。仕事には以下の事項が含まれます。

- クライアントの財政状況に関する情報及び事実の収集
- 破産申請書のドラフト
- UCC及び不動産調査のアレンジ
- 債務者の資産及び債務の目録作成
- 破産法のもとに除外される財産に関する請求権のリストアップ
- 第一回債権者集会の準備
- 債務者の月次計算書類ドラフト及び届出（チャプター11事件の場合）
- 利害対立者への告訴手続のドラフト
- チャプター13の債務整理計画会議への参加

　債権者のために働く　　債権者を代理する弁護士の基本的な任務は，債権者の利益を保護及び保存し，その債権の支払を獲得することです。破産事件のこのサイドにおけるパラリーガルは，訴訟サポートシステムを使った情報・書類の管理，財務諸表の分析，告訴状・申請・その他訴答のドラフト，

事実に基づく法的リサーチ，クライアントの連絡係的役割，破産聴聞会のサポート，第341条に基づく債権者集会への出席などの任務があります。

管財人のために働く　破産法のパラリーガルは，弁護士または弁護士資格を持たない破産管財人のために働きます。破産申立てがなされると，管財人は，債務者の資産の回収と清算及び債権者の債権の支払いの任務を負います。パラリーガルの仕事は次のとおりです。

- 取引先の団体や会社に対し，破産の旨を伝え，債務者に帰属する資金を管財人に引渡すよう請求する要求書をドラフトする
- 債務者の資産評価のアレンジ
- 破産手続中の資産の譲渡又は資金の支出の監視
- 債務者の財産の売却に関する新聞紙上での通知のアレンジ
- 売却される財産の計算書の準備
- 債権者に対する資金の分配の前にすべての債権を再チェックすること

キャリア・アドバイス

　遺言検認に類似していますが，訴訟とは異なり破産や競売の手続はパラリーガルが最初から最後まで取り扱うということを理解しておくことが重要です。これは，関連する書類が定型的で，予想可能で順序だったものであるという事実によります。

　キム・モーザックは，ダラスにある大きな法律事務所に破産法のパラリーガルとして務め，主にチャプター11の会社の組織再編に従事しました。キムは，チャプター11の仕事をするときには，財務諸表を良く理解しておくことが役に立つ，と言っています。破産は，完全に書類中心の仕事なので，すぐれた整理・構成能力が必要です。いくつかの事件では，債権者から何百もの債権証書を受領し，それを債務者の記録に一致させなければなりません。彼女は数字の処理のために，コンピュータの表計算プログラムを使用していました。

　彼女が自分の仕事で最も楽しんだのは，一緒に仕事をしていた弁護士が自分を十分に信用して，内容のある仕事を任せてくれたことでした。彼女は，たくさんのクライアントとコンタクトを持ち，たくさんの書類のドラフトを

しました。

　入門段階のパラリーガルに対する彼女のアドバイスは，足掛かりが得られることなら何でもやりなさいということです。始めは最高の仕事を得ることはできないでしょうが，後にあなたの力となることをたくさん学びます。また，仕事を進めやすくするために，裁判所やあなたが仕事上関係のあるその他の省庁の人たちと良い関係を築くことが重要です。

　抵当権の実行手続　　抵当権実行手続の仕事は，破産法の二次的専門分野であり，多くの法律事務所にとって利益のある仕事です。競売専門の破産法のパラリーガルは，法律事務所，抵当金融会社，銀行または政府機関に勤務し，個人住居または商業物件の競売に関わる仕事をしています。この分野の仕事は以下のとおりです。

- 訴訟を開始するため，手形の原本，担保の信託証書，権原保証書，支払の経緯，元本の残額など，貸主の書類を収集及び検討する
- 現在の権原証書及び最新版を整理し，競売の通知をすべき相手方を決定し，通知を受ける権利のある当事者のリストを作成する
- 抵当権実行手続が，破産裁判所に禁止されていないことを確認するための破産調査を行う
- 抵当権実行手続用の書類を作成し，通知の郵送及びすべての発行物をアレンジする公的管財人に対し書類を送付する
- 入札を準備し競売前にこれを公的管財人に引き渡す
- 競売に参加しあるいは競売の結果について適切な処置をとる
- 管財人証書の作成

　ニューヨーク市の法律事務所のパラリーガル・マネージャーであるローリー・ロゼールは，破産法のパラリーガルを雇うとき「その人が，財務事項に興味を持っており，数字に強く，非常に注意深く，優れた調査者であり，良い対人関係を持てる人か否か」に注目すると述べています。破産法の分野での裁判関係の仕事もあるので，ローリーは訴訟の経験のあるパラリーガルを探します。破産の手続は，関係当事者に膨大な経済的かつ感情的な負担をかけるので，この分野で働くパラリーガルは，繊細な個人的問題を扱うことに熟達している必要があります。

> ### 破産法──キャリアサマリー
>
> 　特徴―不安定な経済状況により成長している専門分野。裁判関係の仕事。調査技術及び対人応対に慣れていることはプラスとなる。事件では，債務者，債権者または管財人の代理をする。仕事は基本的に法律事務所にある。
> 　利点―専門的な分野。高額な給料の可能性。フリーランスになるチャンスが多い。
> 　不利な点―小さい雇用市場。仕事の感情的な面。経済の状態によって雇用市場は移り変わる。

移 民 法

　アメリカ合衆国への移民の継続的な流入や多国籍企業の増加により，移民の仕事は急激に増えてきています。仕事の範囲は，合法的な入国を望んでいる移民を代理している小さい法律事務所での仕事から，複雑なビジネス上の移民問題において多国籍企業を代理する大きな法律事務所や会社での仕事があります。

　いずれの場合においても，弁護士は，以下の仕事をする上でパラリーガルに依存する部分が増えています。

- 初期段階でのクライアントとの面談
- 米司法省（Department of Justice／訳注：2003年3月1日より，移民に関する管轄組織は米国国土安全保障省（Department of Homeland Security）に変更），米国移民帰化局（Immigration and Naturalization Service-INS／訳注：2003年3月1日より，米国市民権移民局（Bureau of Citizenship and Immigration Services-BCIS）に改編），米労働省（Department of Labor-DOL）及び国務省等の政府機関との直接の連絡係
- 会社のクライアントに対する一時的な就労ビザ及び永住許可の取得の補助

第4章 「ホット」なパラリーガルの専門分野

- クライアントの INS（現 BCIS）との面接のための準備
- INS（現 BCIS）や DOL に提出する申告書や請願書のドラフト
- 海外での書類が入手できるかどうかや，移民・非移民ビザの選択肢があるかどうかのリサーチ
- 海外の書類の翻訳コーディネート
- 外国人雇用証明書の申請のドラフト

この特殊な専門分野において，顧客と多くのコンタクトをとるためには，パラリーガルは，インタビューや交渉などに関し優れたコミュニケーション能力を有していなければなりません。パラリーガルは最初のインタビューを行うので，バイリンガルであるか多数の言語を話せることは助けになります。さらに，手続に関するクライアントの不安についての繊細さも必要です。移民法の分野で働くパラリーガルは，他の分野では弁護士が行うような複雑かつ高度な仕事を行っているという事実を，しばしば引き合いに出しています。

私が話をしたニューヨークの大きな法律事務所のパラリーガルは，次のように述べてこれを確認しています。「移民法は，事務的な性質のものなので，定型的なビザの仕事の90％はパラリーガルによってなされています。その結果，私たちの国際的な会社のクライアントは，大いに費用をセーブすることができます。

他の法律専門分野に比べて，移民法の仕事においては，クライアントとより多くのコンタクトをとります。パラリーガルは直接の連絡係なので，例えば，訴訟では知り得ない個人のバックグラウンドについて詳細に知ることになります。クライアントにとっては大変不安なときなので，こういった点については敏感に対処する必要があります。

一番満足できるのは，個々の書面ではまったく見込みがなくても，それを寄せ集めて，移民局を説得しビザを発行させるケースです。」

移民法──キャリアサマリー

特徴―連邦の行政機関との仕事に関する業務分野。裁判関係の仕事はない。語学及びコミュニケーション能力は有用。法律事務所及び政府の省庁において

移民法

仕事が得られる。高度の独立性及び責任。

　利点―市民権，永住権及びビザの取得を助けることによる充実感。多国籍企業のクライアントを扱う大きな法律事務所で働く場合は高額給料の可能性。

　不利な点―会社ではないクライアントを代理する小さい法律事務所で働く場合には低額給料の可能性。小さい雇用市場。

その他の実務分野

　第3章で説明した4つの従来からの分野や，先に述べた急成長の分野以外に，留意すべきその他のパラリーガルの職務分野があります。例えば，
- 家族法
- 刑法
- 労災補償
- 人身傷害

などです。

　1996年のO. J. シンプソンの刑事裁判や彼の子供の親権をめぐる審問は，国民の刑事法や家族法への関心を大いに搔き立てました。家族法のケースは，離婚，親権，子供の生活保護及び養子縁組に関する問題を扱います。家族法と刑法の双方で裁判関係の仕事に関わります。これらの分野における仕事の機会は，小さい法律事務所または政府省庁のいずれにおいても見つけることができます。大きい法律事務所では，一般的には，このようなタイプのケースは扱いません。

　この分野で働く最大の欠点は，限られた雇用市場であることの他に，時に仕事において感情的なストレスを伴うことです。潜在的な疲労により，これらの分野は，長期のパラリーガルのキャリアには不適当な分野だと思います。それでも私は，刑法や家族法のみに従事する多くのパラリーガルと話をしてきました。

　家族法の分野で働くパラリーガルは，クライアントのバックグラウンドの

情報収集，家庭関係についての質問状への回答，月間収支表の準備の補助，養育費・生活費の決定，退職金の分析，訴答（請願書，訴状，保護命令，約定書，和解契約など）のドラフト，裁判の準備，審問後のフォロー等の仕事を行うことがありますが，これらはほんの一部に過ぎません。

刑法における職務としては，保釈金減額のための申請書ドラフト，保釈アレンジ，司法取引のための情報収集，開示書類（警察の調書，令状など）収集，物的証拠の調査，予審の準備，訴答ドラフト，会議への出席，判決情報の準備，法的問題のリサーチなどがあります。

労災補償は，行政庁の決定，規程及び規則に関わる専門分野です。そのような行政庁の１つが，労災申立委員会（Worker's Compensation Appeals Board-WCAB）で，仕事中に負傷した者への補償を規律しています。他の行政庁と同様に，WCABは，弁護士資格をもたない者，例えばパラリーガルにクライアントの代理人となることを許諾しています。その結果，この分野で働くパラリーガルは，広範囲の職務上の責任を有し，そのいくつかは訴訟パラリーガルの職務上の責任と類似しています。

人身傷害　人身傷害事件は，自動車の運転に関連しているので，不法行為の法原則に関わります。この専門分野には医学的な特徴があり，法律事務所は，以前看護師だった人をパラリーガルとして採用し始めました。このような仕事の求人広告の中に，「nurse-paralegal（看護師パラリーガル）」という言葉が，ぐっと増えてきました。

人身傷害法の分野でのパラリーガルの仕事には，
- クライアントへ直接インタビューして事故情報を取得すること
- 各負傷者の責任及び損害に関する事実の概要の準備
- 事故報告書のコピー及び事故現場の写真の取得
- 証言をとるための証人との連絡
- 和解書，または提訴する場合は訴状の作成

訴訟がいったん提起されると，これらのケースにおけるパラリーガルの仕事は，ディスカバリー及び正式事実審理の準備の間は，訴訟の仕事と類似しています。相違点の１つは，ほとんどの事故のケースでは，争点は極めて簡単で，何十人もの人が関わるタイプの訴訟よりも被告の数が少ないというこ

とです。

　医学関係のバックグラウンドを持っている場合には，人身傷害法を選択肢として考慮に入れるとよいでしょう。

キャリア・アドバイス

　パラリーガルやコンサルタントとして法律の分野で働く事に興味を持っている看護師の方達のために，アメリカ法務看護師コンサルタント協会（the American Association of Legal Nurse Consultants-AALNC）に連絡をとることをお勧めします（住所：4700 West Lake Avenue, Glenview, Illinois 60025-1485 U.S.A., 電話番号：847-375-4713）。1989年に設立された非営利団体で，法律の分野でコンサルタントとして働く看護師の登録を増やす事を目的としています。法務看護師コンサルタントまたは看護師パラリーガルは，人身傷害，製造物責任，医療過誤，毒物による不法行為，労災補償及び刑事事件などに関わる医療的な問題において，弁護士的なサポートを提供します。

　さて，パラリーガルが何をするかの大体の知識を得たところで，あなたの仕事探しの補助として，この知識をあなたの個人的な興味，技能及び経験と結び付けてみて下さい。

　ここまで本書は，パラリーガルとはどういう人たちで，どこで仕事をし，何をするのかを見てきました。次の章では，もう1つの重要なポイント，即ちどのようにしてパラリーガルになるかについて検討し，キャリアを成功させるために必要な教育及びトレーニング方法及び技能に付いて述べたいと思います。

第5章

どうすればパラリーガルになれるのか
―――技能，教育及びトレーニング―――

> 教育の根は苦い，しかしその果実は甘い。
> アリストテレス

　　あなたの初出勤日です。あなたはABA承認パラリーガル養成プログラムの修了証書をもった新人パラリーガルです。また，あなたは，英文学や哲学のように，興味は引かれるものの実用的とは言い難い分野の学士号も持っています。叱りつけるように，そしてせき立てるように，1人のアソシエイト弁護士があなたをオフィスに呼び，パートナーシップ契約について何かぶつぶつ言い，そして非常に曖昧で，訳のわからない大声で，あなたにある仕事を命令します。あなたは馬鹿だと思われるような質問をしたくないので，そこに腰掛け，彼女の話していることをきちんと理解しているかのように頷きます。約1分半少しの出来事ですが，あなたはこの経験で混乱し，パニックに陥ります。

　　弁護士は，仕事の概略だけを指示することで有名です。そして，その後何日間も姿を消し，締切10分前に再び現れるのです。それを信じようと信じまいと，弁護士は常に自分の求めていることを正確にはわかってはいないのです。あなたは恐らく，弁護士自身が自分の求めていることを理解するまでに5回は変更されるような仕事を，彼らから指示されるでしょう。本章では，あなたが，同様のまたはこれらとは異なる弁護士の欠点にうまく対処するための，また自信を持ってなすべき仕事を遂行するための助けとなる技能，教育，そして正式なトレーニングの種類を紹介します。

　　今述べたシナリオが私のパラリーガルとしての経験の中でたびたび起こり，私はこの分野で成功するために欠くことのできない2つの能力を認識しました。それは，(1)手段を突き止める能力，そして(2)常識です。これらがいかに重要であるかをどんなに強調しても足りませんが，あなたは日々これらを頼

みとすることになるでしょう。

　21世紀に向かうにつれて，パラリーガル，そして多くの他の職業にある人々にとって，手段を突き止め，情報にアクセスできるということは，極めて重要なことです。弁護士は常に多忙であり，常にプレッシャーを感じています。そして彼らはたいてい，（仕事を）全部昨日やり遂げておいてほしかったのです。あなたがあいまいな仕事を与えられ，誰もあなたの質問に答えられないとき，あなたはどこで情報を得られるかを知る必要があります。情報源は，おそらく法律図書館であり，コンピュータ・データベースのファイルであり，インターネットであり，州規制行政機関であり，あるいは現存する他の数百の資料源かもしれません。ポイントは，あなたが仕事を与えられるとき，答えのわからないことが頻繁にあるであろうということです。しかし，あなたはそれをどのようにして，どこで見つけることができるのかを把握しているものと期待されます。

　常識は教わることができません。あなたがそれを持っているか，いないかのどちらかです。不思議に思われるかもしれませんが，大部分の法律が関わる仕事は，10％の能力と知識及び90％の常識を要求するのです。

成功に必要な技能

　パラリーガルの日々の仕事や責任を果たすために必要な技能は，3つの大きなグループに分類できます。

- 整理能力――詳細事項を常に把握する能力。文書の管理，検索及び編纂並びに処理，整理。スケージューリング。
- コミュニケーション能力――口頭でのアイデア収集及び文章力（法律的文書，対人関係，交渉，調査，インタビュー及び指示を含む）。
- 分析技能――法律，事実，統計及び立法に関する調査の遂行。解釈。情報の抽出及び利用能力。事実及び文書の分析及び要約能力。

　パラリーガルが行う仕事の大部分は，これらのグループの技能を何らかの組み合わせですべて利用します。例えば，私はかつて，被告側が持っていると言うすべての文書が，（ディスクロージャー制度に基づいて）実際に彼らか

第5章 どうすればパラリーガルになれるのか

ら開示されたかどうかを確かめるための文書の開示と質疑応答を要求する原告のすべての要望に対する被告の答弁を分析し，評価するという仕事を与えられました。私はまた，この事件に関する私の知識に基づいて，被告から要求すべき追加の文書を推薦するよう頼まれました。

仕事をうまく終わらせるには，次の方法で3つの技能をそれぞれ利用しました。編纂された特定の文書の検索及び入手，要求されたことに対する被告側の回答における情報の分析的な引用及び解釈，そして，当該事件における担当パートナーとのコミュニケーションのための詳細な覚え書きの作成です。

文章力

もし私が最も重要な技能として，特に1つ選ばなければならないとしたら，それは文章力でしょう。法律的なものではなく，簡単な日常文書の文章力です。違いはなんでしょうか。前者はあなたを不安にします。後者はあなたを啓発します。

人々が弁護士をとても不快に感じる理由の1つは，彼らが使う用語——法律用語です。法律文書は訳のわからない（不要であったり，冗長であったり，曖昧であったり，意味がないと言われる）単語や言い回しがあふれています。

「もっともな理由がない限り，よい法律文書は一般の，上手に書かれた英語と違うべきでない。」と，カリフォルニア州立大学デービス校のロースクール教授，リチャード・ワイディック（Richard Wydick）は述べています。ワイディック教授の著書，"Plain English for Lawyers"（"弁護士のためのわかりやすい英語"）は，これまでの業界ベストセラーの1つです。これは，1970年代中頃に法曹界で始まった「わかりやすい言語」運動として知られる動きに一役買いました。

"Plain English for Lawyers"は，よい文書作成についての適切なアドバイスを示すタイトルがついた次の章を含んでいます。「余計な単語は省略する」「名詞化せず，基本的な動詞を使う」「能動態を選ぶ」「短い文を使う」「注意深く単語を並べる」「よく使う，具体的な単語を使う」，そして「言葉の装飾を避ける」です。

成功に必要な技能

> **キャリア・アドバイス**
>
> 文章力は，パラリーガルの仕事の大部分において基本となるものであることを覚えていてください。もしあなたが書くことが好きなら，パラリーガルは選択可能なキャリアの一つです。私がパラリーガルとして学んだことの最初の一つは，いかに些細で，一見重要でなさそうな事柄であっても，すべて書き留めるということです。実際,「ファイルすべきメモ」は，恐らくパラリーガルの一番の味方です。その理由は，今から3年後，あなたはもうこの事件に取り組んでいませんが，他の誰かがあなたのメモからその事件を再検討しなければならないかも知れません。あなたがそのメモの中に必要なことを記録したのが明らかであればあるほど，再検討は容易になるでしょう。（ついでに言うと，ファイルすべきメモは，あなたが実際，要求されたとおりにある仕事を遂行したことの重要な証明でもあります）。

テクノロジーとコンピュータ技能

パラリーガル職においてテクノロジーとコンピュータを使うことがいかに大事かということは，強調してもしすぎることはありません。私がテクノロジーという用語を使うのは，それがソフトウェア・プログラムやハードウェア，OS，ネットワーク，電子メール，画像技術，インターネット等と情報をやり取りするのに必要なより幅広い技能を使うことを意味するからです。

1989年春の本書初版，そして1993年春の第2版の執筆以来，法律事務所におけるテクノロジーの利用，及びそれら技術を持つパラリーガルに対する雇用者の期待は一気に高まりました。ワープロがわかるだけではもはや十分ではありません。具体的なコンピュータ技能についてはさらに第6章で述べます。

技能チェックリスト

私の個人的な経験によれば，次に挙げるのは，あなたがパラリーガルとして成功するために必要な各種技能の概要です。リストの順番に特に理由はありません。あなた自身の能力や興味に基づいて，1つ1つ正直に検討してください。これは，パラリーガルのキャリアがあなたに合っているかどうかを

第5章 どうすればパラリーガルになれるのか

決める際に役立つでしょう。
- 文章力
- IT に関する能力
- 口頭でのコミュニケーション
- リサーチ力
- 同時に多くの仕事を処理する能力
- わずかな監督だけで自主的に仕事をする能力
- 優先順位をつける能力
- 分析能力
- 調査力
- 細部への注意力
- 整理能力
- 問題解決力

　これらの技能のうち，パニックに陥ることなく仕事に優先順位を付け，最小限の監督で仕事をすることは，実務で成功するための基本的なものです。法律事務所で働くには，同時に多くの異なった事件及びクライアントに対処する必要があります。例えば，あなたがある弁護士のために，翌日締切のリーガル・リサーチのメモ作成の中盤にさしかかっているとき，突然別の弁護士があなたの部屋に飛び込んできて，その日のうちに仕上げなければならない仕事を手渡します。次に，あるクライアントが電話をかけてきて，あなたが3日前に準備すると約束した株券を送ってほしいと言います。そして，ほとんど同時に，あなたのパラリーガル指導官が不動産部門の急ぎのプロジェクトを応援してほしいと電話してくるのです。あなたは，これらの仕事を成し遂げるために，それぞれの重要度と最も効率的で有効な順番を決めなくてはなりません。

　このシナリオは，企業の法務部より法律事務所の方が，より起こりやすいでしょう。第2章で述べたように，企業法務部のパラリーガルは，1人のクライアント──つまり企業──のために仕事をするので，多数のクライアントが今すぐ仕事をしてほしがっている法律事務所よりも，処理しなければならない事柄は少ないものです。ともかく優先順位を付けることは基本です。

監督について言えば，普段弁護士はあまりに忙しすぎて，あなたに張りついて，あなたの行動をすべて監視することはできません。これは，あなたが経験豊かで，自分のすることがわかっていればよいことですが，自分自身でどう取りかかればいいかの手がかりを持たない新人パラリーガルにとって，かなり悩まされるかもしれません。でも辛抱してください。もしかしたら自主的に働くことはこのキャリアのプラス面のひとつであることに気がつくかも知れません。

教育及びトレーニング

規格化された教育上の条件が，法律業界全体には受け入れられていないため，パラリーガルを雇うとき，雇用者は独自の基準を用いるので，この分野へ入る道は幅広い学歴及び経験を持つ人々に開かれています。実務研修が用意された就職口を得たり，昇進によってパラリーガルになったりする可能性もありますが，最近の傾向としては，学士号，パラリーガル養成プログラム修了またはパラリーガル学の準学士号など，何らかの正式な教育あるいはトレーニングを修了した人々が望ましいようです。

パラリーガル教育における革命

今日利用できる様々なタイプのパラリーガル・プログラムを取り上げる前に，パラリーガル教育及びトレーニングの歴史についての概要を知ることで，いくらか見通しがよくなるでしょう。

パラリーガルのための教育及びトレーニングは，この20年間に確実に発展してきました。1970年代初期に正式なパラリーガル・プログラムが設置される前は，ほとんどのトレーニングは実務を通じて行われました。修了証書の授与される養成プログラムの出現により，新たな職業的地位として，パラリーガルの法的専門性が認められつつあることが示されました。そして1972年，ABAのリーガル・アシスタントに関する特別委員会がパラリーガルのトレーニング・プログラムを評価し，認定するためのガイドラインを明らかにしたことで，パラリーガルのキャリアは更に合法性を獲得しました。

第5章 どうすればパラリーガルになれるのか

全国の正式なトレーニング・プログラムの数は1972年から1977年の間に，わずか数十から数百にまで増加しました。

パラリーガルの学歴＊

30以上の大学単位取得者―14％
準学士号（短大卒程度）―21％
学士号―54％
修士号― 5％
博士号又は法学博士号― 1％未満
大学以外のパラリーガル・トレーニング―59％
大学カリキュラムの一環としてのパラリーガル・トレーニング―25％
ABA承認パラリーガルプログラム修了―64％（1992年の52％より上昇）
CLA（Certified Legal Assistant）資格―16％

＊複数回答を含む。

情報源：1995年度パラリーガルの給与及び福利厚生に関する報告書，全米パラリーガル協会連盟発行

これらプログラムの増加にもかかわらず，トレーニングされたパラリーガルの存在は，将来の雇用者には比較的知られていませんでした。1970年代には，パラリーガルの役目のほとんどがリーガル・セクレタリー及び他の分野でトレーニングされた人々によって行われました。

ウェスト・ロサンゼルス大学パラリーガルスクールの元学部長，テレーズ・キャノンは，パラリーガル職の出現を次のように回想します。「1974年に私が就職部の部長に着任したとき，ロサンゼルスにはパラリーガルが何であるかを知っている人はほとんどいませんでした。パラリーガルの仕事もほとんどありませんでした。学校に連絡してくる弁護士のほとんどすべては，自主的に仕事のできる理知的なリーガル・セクレタリーを欲しがっていました。6～7年の間に，私たちは相当な手間と時間をかけて普及促進活動をしなければなりませんでした。UCLAと私たちの大学の両方が，パラリーガル分野の基礎を築くために尽力しました。1980年頃に大きな変化があり，

その後5年の間に，ロサンゼルスでの就職口は，劇的に拡大しました。」

1980年代の中頃までには，雇用者たちは，正式なパラリーガル教育をその分野における適性の判断基準として認識し始めました。全米パラリーガル協会連盟（NFPA）が行った1982年度パラリーガルの給与及び福利厚生に関する報告書では，正式なトレーニングを受けた人が30％だったことに比べ，1995年度報告書に答えたパラリーガルの85％以上が正式なトレーニングを受けたことが示されました。今日，パラリーガル養成プログラム修了証書や学士号，またはその両方を取得していなければ，パラリーガルの職を得ることは難しいです。

正式なトレーニング

今日では35,000人を超える学生が，正式なパラリーガル・プログラムを提供する全国で約800の機関に在籍しています。1993年には600プログラムしかなかったのに対し増加傾向にあります。2年制単科大学，4年制総合大学及び単科大学，専門学校及び私立学校を含むこれらの機関並びにそれらのプログラムで，修了証書，準学士号または学士号が取得できます。

パラリーガル養成プログラム　　養成プログラムは，最も普及しているパラリーガル・トレーニングの1つで，2年制・4年制単科大学，専門学校及び私立学校で提供されています。これらのプログラムのうちのいくつかには，一般教養課程を含むものもありますが，ほとんどのプログラムは法律的なトレーニングだけを提供します。それらは，（もし所定講義全部に出席すれば）ざっと3ヵ月から2年以上かけて修了し，学士号，単科大学の30—60単位あるいはいくらかの実務経験を持つ人にお勧めです。

キャリア・アドバイス

私は，パラリーガルのキャリアに魅力を感じる人がますます増加していることに気付きました。なぜなら，この人たちは3ヵ月から半年で養成プログラムを修了できると思い込んでいるからです。いくつかの3ヵ月プログラムが存在する一方で，養成プログラムの大半は，修了までに平均1年半から2年かかります。少なくなるのではなく，より多くの課程を要求するのが，最近のパラリーガル教育

第5章 どうすればパラリーガルになれるのか

の傾向のようです。

　ある人たちにとって，短期養成プログラムの大きな欠点は，内容にざっとしか触れないということです。短期間の構成では詳細に科目を取り上げることは不可能なのです。かつてダラスでパラリーガル・プログラムの講師をしていたライラ・ハイネスは，「私は，十分な経歴もない学生に，余りにたくさんの情報を詰め込もうとしている例がいくつかあると思います。プログラムを成功させたいという願望はわかりますが，法律面での経歴を持たない人を受け入れ，全30時間の講座で，学生たちが法律事務所で働くことについての実務と同様，不法行為や契約がわかるようになると期待することはできないのです。」と述べています。

　次に挙げるのは，2つの養成プログラムのカリキュラムの例です。最初の例はABA承認プログラムであり，第二の例はそうでないものです。

　カリフォルニア州モラガにあるセイント・メアリーズ・カレッジは1977年にパラリーガル養成プログラムを始め，1978年にABAの認可を受けました。出願者は30以上の履修単位をグレードC以上の成績で取得済でなければなりません。プログラムのほとんどの講座が学士号に認定可能です。卒業者は1年もしくは4学期でパラリーガル養成プログラム修了証書を取得し，養成プログラムを修了することができます。学生は12の科目（7つの必修科目と，5つの選択科目から成る）を取る必要があり，訴訟・会社／経営・遺言検認を専門にすることができます。必修科目は次のとおりです。

　　契約法
　　会社法Ⅰ
　　法的概念
　　リーガル・リサーチ及びリーガル・ライティング
　　訴訟Ⅰ
　　訴訟Ⅱ（ディスカバリー）
　　不動産法

　5つの選択科目は，経営管理，破産法，環境法，刑事訴訟，家族法，移民法，知的財産法，遺言検認，税，人身傷害，コンピュータ訴訟，資産計画，

雇用補償，紛争解決を含む多くの分野から選ぶことができます。

> キャリア・アドバイス
>
> 　一般的に，養成プログラムは，専門的な実務経験が少しだけあるか，または全くない高校新卒の学生にはお薦めできません。しかしながら，職場での経験を持つ人やキャリア・アップをしたい人にとっては理想的なプログラムといえます。

　第二の例は，カリフォルニア州立大学の機関の一部である，ソノマ州立大学の弁護士アシスタント・プログラムからのカリキュラムです。入学要件は準学士号，または単価大学レベルで56単位以上，もしくは法律業界での実務経験5年以上のいずれかです。養成プログラム修了証書の取得には，必修科目20単位と選択科目10単位を含む30プログラム単位の履修が必要です。必修科目は次のとおりです。

　　法律概論
　　　リーガル・リサーチ
　　　リーガル・ライティング
　　民事手続―訴答手続
　　民事手続―ディスカバリー
　　法曹倫理
　　研修―就職活動
　　研修―実務経験

　2―3単位の選択科目は，企業組織，家族法，人身傷害訴訟，遺言検認，不動産，雇用補償，刑法，行政審理手続，資産運用，証人法，契約書起草，少年法，カリフォルニア州法人，法律実務管理，法律業におけるコンピュータの利用及び土地利用／環境法を含んでいます。

　1単位の選択科目は，面談及び調査，仲裁裁判，不動産賃借法，労働法及び不当解雇，建築法，診療記録の検討，能率的な文書管理，フリーランサーとしてのパラリーガル・ビジネスの成功術，訴訟における責任保険の補償範囲，法律事務所の運営及びディスカバリー管理を含んでいます。

　このプログラムの興味深い点の1つは，ほとんどの教育プログラムと異なり，弁護士や教師ではなく，元パラリーガルが指導しているということです。

上記のように選択科目のいくつかは，とても実務的であるということがこれを如実に証明しています。

準学士号取得プログラム　いくつかのコミュニティ・カレッジ，短期大学，四年制総合大学及び単科大学が，パラリーガル教育において2年間の準学士号を与えています。これらプログラムへの入学資格は，高校卒業，大学レベルの適性テストの得点，作文，推薦状及び個人面接が含まれます。

カリキュラムは，たいてい一般教養科目，主要な法律科目（リサーチ，ライティング，法律事務所の運営及びこの分野の概論），企業法，民事訴訟手続及び法律的専門科目が組み合わされています。

カリフォルニア州のレッドウッド・シティにあるカナダ大学は，27単位の養成プログラムと60単位の準学士号取得プログラムを提供しています。準学士号取得のプログラムは，養成プログラムの27単位に加えて（体育の授業を含む）一般教養20単位及び13単位の選択科目を含みます。　27単位の養成プログラムの基礎科目には，次のような必修科目があります。

　法律制度概論
　リーガル・リサーチ及びリーガル・ライティング
　民事訴訟手続及び訴訟準備
　パラリーガル理論及び法曹倫理学

選択科目には，不法行為，財産管理，家族法，会社法，不動産法，破産及び債権回収，高等民事訴訟，高度なリーガル・リサーチ及びリーガル・ライティング，契約，実務との連携教育，自主学習，精選時事問題及びマイクロコンピュータ・アプリケーションが含まれています。

| キャリア・アドバイス |

　これらのプログラムは，専門的な実務経験が少しだけあるか，または全く実務経験のない高校卒業生にお薦めです。パラリーガル教育における準学士号は，パラリーガルとしての就職または学士号取得のための履修単位として利用できます（いくつかの単位を4年制学位に継続できることが準学士号の大きな利点であり，魅力です）。

教育及びトレーニング

学士号取得プログラム　4年制の学位取得プログラムの中にパラリーガル学専攻または副専攻を設ける総合大学および単科大学が増えてきています。これらの多くは1970年代中頃に設けられたにもかかわらず、パラリーガル養成プログラムとしてはあまり知られていません。

現在の雇用傾向に基づき、パラリーガルの職を得るためには4年制の学士号を取得することを全米パラリーガル協会連盟（NFPA）は勧めています。

これらのカリキュラムへの入学資格には、たいてい法律的専門科目だけでなく、一般教養科目や実務に関する科目が含まれています。

このプログラムは、パラリーガルに対して、ジェネラリストとスペシャリストの両方を組み合わせてアプローチしています。また、その多くは最上級学年に研修を設け、学生たちに教室での学習と並行して実務トレーニングのための機会を与えています。

弁護士であり、コネチカット州のクイニピアック・カレッジの教授兼法学部長であるジル・E・マーティンは、4年制のプログラムは、特に研修及び法律事務所の運営に関する科目を含んでいる場合、高校卒業生が将来法律事務所でのパラリーガルとしての業務に必要とされるレベルに達するための機会を与えていると示唆しています。彼女は、養成プログラムは、大学や実務の経験がある上級学生により適していると考えています。教育削減よりもより多くの教育という傾向の中で、ジルは4年制のプログラムは今後の主流になると考えています。

クイニピアックの法律学専攻は、法学基礎プログラムではありません。学生はABA認可の法律研究の学士号を取得します。カリキュラムは、一般教養科目と実務科目及び13の法律学の組み合わせから成っています。以下の法律学科目は、1996年―97年度の必修科目でした。プロゼミナール（パラリーガル・キャリア入門）、アメリカの法制度概論、法律における蔵書分類法、民事訴訟手続、リーガル・ライティング、法律事務所の運営及び法律実務研修です。選択科目は、刑事裁判、会社法、行政機関、法律と高齢者、家族法、憲法と裁判所、遺言検認及び不動産管理、並びに土地譲渡及び調印手続から選択することができます。

第5章 どうすればパラリーガルになれるのか

> キャリア・アドバイス
>
> 　学士号取得プログラムは，4年制の大学で学位を取得するつもりの高校卒業生にお薦めです。学士号取得プログラムの大きな利点は，学生たちに，すぐに職場で生かすことのできる一般教養科目のバックグランドと技能を提供しているということです。また，このプログラムは修了するまで4年間かかるので，それぞれの教科が徹底的に網羅されています。例えば，3ヵ月の養成プログラムでは1ヵ月あるいはそれ以下の期間でしか扱われないリーガル・ライティングやリーガル・リサーチの科目は，四年制のプログラムでは2学期間をかけて修了します。

修士号取得プログラム　　パラリーガル教育の修士号取得プログラムは比較的新しい現象です。このプログラムは，法律事務所の経営などの法律関係分野に進みたいキャリア志向のパラリーガルや，ロースクール進学を見送ったが，いまだ法律に強い関心がある人たちに向いているのかもしれません。次のような修士号があります。

法学研究科（Legal Studies）　文学修士（Master of Arts）課程

　イリノイ大学　スプリングフィールド校（The University of Illinois at Springfield）
　所在地：イリノイ州スプリングフィールド（Springfield, Illinois）
　電話番号：217-786-6535
　モントクレア州立大学（Montclair State University）
　所在地：ニュージャージー州アッパーモントクレア（Upper Montclair, New Jersey）
　電話番号：201-655-4152
　ウェブスター大学（Webster University）
　所在地：ミズーリ州セントルイス（St. Louis, Missouri）
　電話番号：314-968-7432
　デューク大学　法学研究科（Duke University, School of Law）
　所在地：ノースカロライナ州ダラム（Durham, North Carolina）
　電話番号：919-613-7200

法経営学専攻（Legal Administration）　文学修士（Master of Arts）課程
　メアリーマウント大学（Marymount University）
　所在地：バージニア州アーリントン（Arlington, Virginia）
　電話番号：703-284-5910

司法公安専攻（Justice and Public Safety）理学修士（Master of Science）課程
　オーバーン大学　モンゴメリ校（Auburn University at Montgomery）
　所在地：アラバマ州モンゴメリ（Montgomery, Alabama）
　電話番号：334-244-3697

自宅学習プログラム　あなたはテレビで自宅学習プログラムの宣伝を見たことがあるかも知れません。これらの通信教育講座の商売が繁栄しているのは、1990年代初めの景気後退のおかげによるところもあります。私の個人的なアドバイスとしては、とにかくできる限りそれには手を出さないことです。自宅学習は、ある分野には良い方法かも知れませんが、パラリーガル・トレーニングには向きません。その上、あなたは、一般的に自宅学習より優れたものと考えられている、伝統的な教育機関に通う非常に大勢の人々に対抗することになります。雇用者があなたの履歴書を不採用者の応募書類の山に投げ入れるのに、さしたる理由は不要です。

| キャリア・アドバイス |

　でも、万一あなたがまだこの選択に興味があるなら、自宅学習プログラムを評価するために合衆国教育省により承認された認定機関である遠隔教育研修委員会（the Distance Education and Training Council）に連絡するとよいでしょう（住所：1601 18th Street, N.W., Washington, DC 20009 U.S.A., 電話番号：202-234-5100）。

　あなたがどんな選択をしたとしても、私は米国のパラリーガル養成プログラムに関し次の2つの情報源をお薦めします。

第5章 どうすればパラリーガルになれるのか

 1つは，全米パラリーガル協会連盟（NFPA）が15ドルで提供しているパラリーガル養成プログラム一覧です。それは770を超えるパラリーガル養成プログラムをリストアップしており，プログラム選択方法の情報も載っています。プログラムの州別リストは，ウェブサイト（www.paralegals.org）からも入手可能です。そのサイトでは，無料パンフレット"How to Choose a Paralegal Education Program"（パラリーガル養成プログラムの選び方）の入手方法も掲載されています。

 もう一つは，アメリカ法曹協会発行の"Guide for Legal Assistant Education Programs"（リーガル・アシスタント養成プログラムガイド）で，アメリカ法曹協会のサービスセンターを通じて7.5ドルで購入可能です（電話番号：312-988-5522）。この小冊子には210を超えるABA認可を受けたパラリーガル養成プログラムがリストアップされています。

選 択

 これまででおわかりのように，現在利用できる正式なパラリーガル養成プログラムにはいくつかの種類があります。パラリーガル教育は，大きなビジネスであり，新しい学校が毎日門戸を開いています。以下に挙げたのは，あなた自身にとって最もよいプログラムを決める際に考慮すべき事柄です。

 ABA承認　ABA承認は機関によって任意に行われるものです。多くの雇用者にとって，ABA承認プログラムは質の高さを意味しています。現在運営されている770を超える公式プログラムのうち，ABAの承認を受けているものは210程度で，これはたった27％にすぎません。承認を得ているということは，修了証書あるいは学位に要求される講義時間数やコースのタイプが，ABAのリーガル・アシスタントに関する常任委員会によって採用された厳格なガイドラインに従ったプログラムであることを意味しています。承認の過程には，学校職員，入学資格，管理スタッフ及び就職サービスについての検討も含まれています。

 入学資格　与えられる証明のタイプにより，その入学資格は様々です。ある養成プログラムの一つは，一般的に(1)学士号あるいは(2)実務経験及び／または1～2年の単科大学の在籍を要求しています。2年または4年を要す

るプログラムは，高校卒業資格と併せて実務経験，適性テストあるいは学力テストの点数及び論文の提出を要求しています。

学習期間　パラリーガル・トレーニングあるいは教育のプログラムを修了するために必要とされる期間は，そのタイプにより3ヵ月から4年まで様々です（ほとんどの3ヵ月プログラムは，学士号を持っていることが入学資格であることを覚えておいてください）。多くのプログラムは全日制，昼間クラスと夜間クラス両方から選択できる定時制を設けています。

カリキュラム　ほとんどのプログラムは，法律一般の広い範囲を基礎とするリーガル・トレーニングと，法律上の専門分野に関する集中トレーニングという2つの基本カリキュラム形式を用いています。一般法律科目には，パラリーガル概論，民事訴訟手続，刑法，リーガル・リサーチ及びリーガル・ライティング，法律事務所の運営，おそらくはコンピュータ操作も含まれています。法律専門科目は，不動産，遺言検認，企業／経営，税務，刑法及び家族法，資産運用及び訴訟が含まれています。すべてのプログラムは，理論科目だけでなく，実務に関する科目も提供されるべきであると考えます。

キャリア・アドバイス

　ABA承認について頭に入れておかなければならないことが1つあります。ABAに承認されていないプログラムが質の良くないものだということではないのです。私は，何人かのプログラム運営者からABAの承認に要する費用は高額であると聞いています。プログラム認定のためにABA承認チームを学校へ招聘するコストを含む費用を負担する余裕のないプログラムもあるのです。

教職員の構成　コースの教職員の資質は，取り扱う題材と同じくらい重要です。講師は通常，弁護士，在職中のパラリーガル，企業の重役及び（コンピュータのような）特別な分野の専門知識をもったスペシャリストたちです。講師の選考は指導能力，実務経験，専門知識及び職場でのパラリーガルとしての実務経験によります。

就職斡旋サービス　評判の良いプログラムは，在学生及び卒業生への就職斡旋サービスを提供しています。これらのサービスは実習の機会も含んでいるべきです（第7章が明らかにするように，実習は，重要な実務の技能を学び

ながら，パラリーガルの立場を初めて体験できるすばらしい方法です）。

コンピュータスキル　コンピュータに通じたパラリーガルへの需要が高まっているため，今日ほとんどのプログラムでコンピュータ・トレーニングが設けられています。米パラリーガル教育協会（American Association for Paralegal Education-AAfPE）発行の出版物 "Core Competencies for Paralegal Programs"（パラリーガル養成プログラムのためのコア・コンピテンシー）によると，質の高いパラリーガル養成プログラムでは，一般的な文書処理プログラム，データベースプログラム，表計算プログラムのうち少なくとも一つに加えて，LEXIS や WESTLAW などのオンライン及び CD-ROM によるリーガル・リサーチ製品の使い方も教えていると書かれています。

もしあなたが，コンピュータ・クラスを提供していない数少ないプログラムの1つに参加されたなら，コンピュータ技能を習得するためのその他の手段として，あなたの地元が主催する地域の教育プログラムや，地域のコミュニティ・カレッジで開催されるコンピュータ概要クラス，また自宅にコンピュータがある場合は自宅学習プログラムなどがあります。しかしこれらの方法では，法律のコンピュータ・アプリケーションを学ぶことができません。

ここで言えることは，コンピュータ・トレーニングはいまやパラリーガル養成には欠かすことができないということです。

入学者数　1クラスの規模は，一般的に35人を超えるべきではありません。より小規模なクラスであれば，あなたに向けられる個人的な配慮はより高まり，学生間の授業参加と交流がより良い方向に改善されます。

キャリア・アドバイス

ちょっとした忠告—1987年に米国労働省がパラリーガル職に関する統計を公表して以来，パラリーガル・プログラム及びパラリーガルスクールの新設数は急増しました。良いものもあれば，そうでないものもあります。ABA 未承認のもので，多額の費用のかかるもの，そしてあなたが新人レベルのパラリーガルとしてスタートする際に4万ドルを稼ぐことができると約束するものには用心してください。これらのプログラムのいくつかは，連邦政府の統計を利用し，大概は私腹を肥やすためにパラリーガル教育を標的にしているのです。慎重な消費者になってください。そしてあなたの時間とお金を投資する前に，プログラムが評判ど

おりであるとは限らないという事実を覚えておいてください。

費用 あなたに合ったプログラムを探す際，費用が高いほど良いプログラムであるという意見に惑わされないでください。これは必ずしも真実ではありません。費用は非常にまちまちです。その大きな要因の1つとして，あなたが公立の機関に通うか，私立の機関に通うかということが考えられます。カリフォルニア沿岸地域のいくつかの私立大学での現在の費用についてみても，ざっと数百ドルから6,000ドルにまで及びます。

本章ですでに述べたように，NFPAはパンフレット"How To Choose a Paralegal Education Program"を発行しています。これはウェブサイト（www.paralegals.org）から無料で入手可能です。このパンフレットは，ABA，米国パラリーガル教育協会（AAfPE），リーガル・アドミニストレーター協会（Association of Legal Administrators-ALA），全国リーガル・アシスタント協会（NALA），リーガル・アシスタント経営管理協会（Legal Assistant Management Association-LAMA）が共同で作ったものです。

養成プログラムの評価につき，パンフレットに記載されている追加基準として，教育目的，評判，AAfPEのメンバーかどうか，養成プログラム担当者の資格，実務教育の有無，学生へのサービスなどがあります。

個々の学校が提供しているもの，そしてその費用を厳しく見て下さい。そして，他のいくつかの学校と比べて下さい。あなたが特定のプログラムを決める前に，そのプログラム自体だけでなく，あなた自身の状況についても評価することが重要です。あなたは経験のない高校卒業生ですか。あなたは子育ての後に職場復帰するのですか。あなたはキャリア・アップをしたいのですか。あなたはプログラムに在学するための2-3年間の時間的余裕がありますか。パラリーガルの分野は，異なった教育的・職業的経歴をもった個人に対して，非常に幅広く開かれており，多くの異なったプログラムが利用可能です。注意深く見分け，選び出して下さい。

ニューヨーク市にある大手法律事務所でパラリーガル・コーディネーターを務めるローリー・ロゼルは，いくつかの適切なアドバイスをしています。「プログラムの中に飛び込んではいけません。この学校のプログラムが一番

だと自画自賛する校長の言葉を真に受けてはいけません。その学校の卒業生たちと話をしてください。パラリーガル協会に電話してください。あなた自身でリサーチをしてください。」

あなたは本当にその1枚の紙（即ち修了書）が必要ですか。NFPA が行った1995年度パラリーガルの給与及び福利厚生に関する報告書に回答したパラリーガルのうち，正式なトレーニングを受けていないのはたった15％で，1988年の28％からさらに下がっています。パラリーガル・トレーニングは効用があり雇用者から広く支持されているため，何の正式なトレーニングも受けずに，特に大手法律事務所でパラリーガルとしての職を見つけることは難しくなっています。正式なトレーニングなしでは就職できないと言っているのではありません。リーガル・セクレタリーをパラリーガルに昇格させたり，パラリーガル養成プログラムを卒業していない人を雇って，実務研修をすることは，小規模な法律事務所では慣例として行われてきました。でも注意してください。状況は変わりつつあるのです。一般的には，正式なトレーニングなしにパラリーガルとして雇われる日は，もう終わったのです。

実務研修

あなたがどんなプログラムを選択したとしても，正式なトレーニングと教育は，パラリーガルになるための単なる一つの要素にすぎません。それらは基礎となる知識を提供してはくれますが，あなたが成功するために必要な日常の技能を教えてはくれないのです。いかなる職業においても，これらの重要な技能は，実務で覚えなくてはいけません。

仕事の場にある人なら誰でも，実務研修の代わりになるものはないと言うでしょう。教室では，パラリーガルが実際の仕事で直面する状況を疑似体験することは難しいのです。実務研修は，正式な所内トレーニング・プログラムから，実際に仕事を受けてこなしながら身につけていくという方法までのあらゆるものを意味します。両方を経験した私ならばいつでも迷わず正式な所内トレーニングを選択するでしょう。

所内トレーニング　　多くの法律事務所は，雇ったばかりのパラリーガル

に，所内トレーニングやオリエンテーション・プログラムを提供しています。これらのプログラムは，新人たちに基本的な法律概念，デポジション（証言録取書）の要約のような特定の職務，コンピュータシステム及び運営テクニックについて紹介します。プログラムは，パラリーガル・マネージャー，弁護士あるいはその両者によって運営されています。法律事務所のパートナーやアソシエイト，そして経営管理者からの支援を得ることができればプログラムは成功します。

トレーニングでは，遺言書作成のような特定の法律的業務を教えるために，しばしば「システム」バインダー（所内マニュアル）を用います。バインダーには次のようなものが入っています。

- 段階的手続を示す書面
- 標準書式
- チェックリスト
- 基礎資料
- サンプルレター
- 文書作成に関する情報
- 固有ケースの基本的データを含む主要な情報

システム・バインダーに加えて，トレーニングはパラリーガル・マネージャーにその出来具合を評価されるという前提で与えられた仕事も含みます。また，新人パラリーガルはリーガル・リサーチやリーガル・ライティング，LEXIS あるいは WESTLAW そして法律図書館の使い方のトレーニングを受けます。

キャリア・アドバイス

明らかに，法律事務所が大きくなればなるほど，トレーニング・プログラムに費やされる人材や費用は多くなります。小規模な法律事務所や企業の少人数の法務部に雇われたパラリーガルには，たいてい所内プログラムは存在しません。そこではあなたは，手渡された仕事をこなしながら力をつけていってほしいと望まれているのです。

サンフランシスコにある法律事務所のパラリーガル・コーディネーターで

あるスーザン・ローは，大きな成果を収めたトレーニング法として別の手法を用いています。「新人レベルのパラリーガルには，1週間のトレーニング・プログラムを実行します。私たちは，パラリーガルたちにディスカバリーの際に捜し出すもの，デポジションの要約法，文書提出，法律図書館の利用法，引用チェック，シェパダイズ及び番号付けの方法を教えます。しかし，最初は，これらを1人で行うことは許されません。トレーニングは，パラリーガルたちが割り当てられたシニア・パラリーガルのところで，2人1組制あるいは指導官制によってフォローされます。シニア・パラリーガルが教えながらジュニア・パラリーガルが学べるので，2人1組制はうまく機能します。」

継続教育

継続教育が，専門分野の動向や新たな情勢を常に把握しておきたい在職のパラリーガルを対象に設けられていますが，継続教育はすべてのパラリーガルのキャリアにとって不可欠だと理解することが大切です。それは，パラリーガルが特定の専門において，変わり続ける法律及び規則に遅れを取らないための教育及びトレーニングを正式・略式を問わず補うものといえます。

『リーガル・アシスタント・トゥデイ』の1996年度給与調査は，回答したパラリーガルの61％が法律の継続教育のための資金補助を受けていると報告しています。これらのプログラムは，私立のパラリーガル学校だけでなく，パラリーガル及び法曹協会を通じて提供されています。

CLA認定

継続教育はまた，公認されたリーガル・アシスタント（CLA）としての認定の保持に利用できます。CLAの認定は，1976年に初めて確立され，全米リーガル・アシスタント協会（NALA）により，その分野である特定の能力レベルに達し，それを保っているパラリーガルの職業的な認定として授与されます。これは，教育機関から与えられるパラリーガル養成プログラム修了証書とは同じものではありません。CLA認定は，NALAが実施するテスト

における受験者の成績に基づき，NALA から独占的に与えられる任意認可プログラムです。

　NALA テストを受けるために，CLA 受験者たちは，まず，教育及び／または経験に関する一定の条件を満たしていなければなりません。これら条件についてさらに詳しい情報が必要であれば，NALA 本部へ連絡してください（電話番号：918-587-6828）。

　この認定は，コミュニケーション，倫理，対人関係及びインタビュー・テクニック，判断・分析能力，リーガル・リサーチ，法律専門用語及び実体法を含む2日間の総合テストで，十分な成績を取得した場合に授与されます。実体法は，アメリカの法制度以外に，行政法・刑法及び刑事訴訟法・破産法・訴訟・遺言検認及び資産運用・契約法・不動産法・会社企業の中から4つの実務分野を含む5つの試験科目から成ります。CLA 認定者は，5年ごとに資格更新が義務付けられています。

　CLA 認定を受けた者には，破産法・民事訴訟法・会社法及び商法・刑法及び刑事訴訟法・知的財産法・資産運用及び遺言検認・不動産法の専門分野において，より高度な資格取得の道があります。NALA は，様々な州と組んで，各州の法律及び手続の知識を証明するための上級専門認定プログラムを設立する動きがあります。プログラムはすでにフロリダ州・ルイジアナ州・カリフォルニア州において可能です。

PACE（パラリーガル上級能力検定試験）

　NFPA の 1994 年度中間会議において，経験があり現在活躍中のパラリーガルの能力検定試験の開発が可決されました。これは，リーガルサービス業界においてパラリーガルが提供している役割を認識することによりパラリーガル職の向上を図るため，そしてパラリーガル職の規制を検討している州に応えるためでした。

　このパラリーガル上級能力検定試験（Paralegal Advanced Competency Exam-PACE）は 1996 年 7 月に初めて行われました。NFPA は今日，パラリーガル職に就くには四年制の学士号の取得を勧めているため，学士号取得を受験資格の基軸として設定しました。PACE の一次試験（法律問題全般と

倫理を含む）の受験要件として，4年制の学士号取得と，機関認定学校におけるパラリーガル養成プログラム修了に加え，最低2年間のパラリーガル実務経験が設けられています（これに対しAAfPEは，PACE受験要件として学士号取得が義務付けられていることに反対しています）。

PACEは週6日，全米で200以上の箇所に存在するシルヴァン・ラーニング・センター（Sylvan Learning Center）で受験できます。試験出願には，NFPAに連絡し，15ドル（訳注：2004年現在25ドル）の志願者ハンドブック "Candidates Handbook" を入手してください（住所：P.O.Box 33108, Kansas City, Missouri 64114-0108 U.S.A., 電話番号：816-941-4000）。この料金は出願の際，受験料225ドルから差し引かれます。また，1日コースであるPACEレビュー・セミナーがあり，これはNFPA及びそのメンバー協会の主催で，全米各地で催されます。セミナーの詳しい情報は，NFPAにコンタクトしてください（住所・電話番号は前記のとおりです）。

上級専門試験

NALA・NFPAのいずれも，上級専門試験を実施しています。CLA認定を取ったパラリーガルは，1982年に開始したNFPAの専門家証明を受ける資格があります。専門家として証明されるためには，パラリーガルは自分の専門領域に関するテストに合格しなければなりません。専門家証明は，民事訴訟，遺言検認及び資産運用，会社法及び商法，刑法及び刑事訴訟法，不動産及び破産法の領域で与えられます。

1995年12月に，最初のカリフォルニア上級専門（California Advanced Specialty-CAS）試験が，カリフォルニアパラリーガル協会連合の協力で実施されました。この試験はカリフォルニアの公認されたリーガル・アシスタント（CLA）向けに開発され，カリフォルニア州法及び手続に特化した内容となっています。CAS認定者は，5年ごとに資格更新が義務付けられています。

また，NFPAは，PACE二次試験における専門分野の上級テストも実施しています。二次試験の受験要件として，一次試験合格に加え，さらに2年のパラリーガル経験が必要です。

> **キャリア・アドバイス**
> 雇用者が，本当はCLA認定でなくパラリーガル養成プログラム修了証書をもったパラリーガルを必要としているのに，彼らはしばしば公認されたパラリーガルという表現で求人広告を出していることを頭に入れておく必要があるでしょう。

特に規格化されたパラリーガル教育及びトレーニング・プログラムはないので，この業界に入るには幅広く経験を持つ人のための様々なプログラムを利用することができます。しかし，常識，正式なパラリーガル教育，実務研修及び良好なコミュニケーション能力の組み合わせが，やりがいがありそして報いのあるこの業界で成功するために必要なあらゆる手段を与えてくれることは明らかです。そして，この章ではコンピュータの素養の重要性だけに触れましたが，この分野についての専門的知識が，未来のパラリーガルにとってより重要なものとなるでしょう。そのため，次の章ではパラリーガル教育におけるコンピュータについて取り上げます。

第6章

コンピュータの恐怖を乗り越える
——パラリーガルのためのコンピュータの基礎及び一歩進んだ知識——

> 進歩のこつは，変化の中で秩序を保ち続けることであり，
> 秩序の中で変化し続けることである。
>
> アルフレッド・ノース・ホワイトヘッド

　自分が数年の経験を持つパラリーガルであると想像してください。あなたは，大企業で新しい仕事についたばかりです。あなたの主な仕事の1つは，手作業から最近コンピュータ化された，会社幹部のストック・オプションシステムの管理です。ストック・オプションはあなたの専門分野ですが，コンピュータについては何もわかりません（また，弁護士はコンピュータについてあなたよりさらに何も知りませんし，学ぼうとも思っていません。それがあなたを雇った理由なのです）。その上運の悪いことに，あなたは会社からのコンピュータ・トレーニングがなく，また，何をするかは自分で考えなさいと言われました。

　あなたはコンピュータの前に座り，電源を入れます。不幸にも，あなたが使っているプログラムのソフトウェア・ベンダーは，顧客に対して最小限のサポートしか提供してくれませんし，ユーザーマニュアルは，概略だけの時代遅れなもので，専門用語で書かれており，大して役に立ちません。あなたとPCの知恵比べが始まります。あなたはすべてのキーストロークの組み合わせを試しますが，「エラー」を意味する不快なベル，ブザーそしてライトの点滅を経験します。

　これがあれほど噂に聞いていた素晴らしいコンピュータの世界なのでしょうか。

　その間，会社の監査役は役員たちのストック・オプションのコンピュータ印刷（通常5分以内にできあがるもの）を待っているのです。3時間後，監査

役は報告書を手にし，あなたには白髪が10本増え，そして一番近くにある出口へ向かう考えが頭に思い浮かびます。しかし，あなたはそのまま頑張ります。それから数カ月にわたって髪の逆立つようないくつかのエピソードを乗り越えて，あなたはコンピュータ及びあらゆるソフトウェアの使い方を学ぶだけでなく，コンピュータがあなたの友人となり，協力者となります。最後には，あなたはいっぱしのコンピュータ中毒者になります。あなたはやみつきになったのです。

　このシナリオは，「トライ・アンド・エラー（試行錯誤）」というトレーニング法を用いた，1984年の私のコンピュータ初体験を述べたものです。私は，この方法を誰にもお薦めしません。1984年には，法律へのコンピュータ利用は，まだ初期の段階にありました。現在はもうそんな状態ではなく，重要なのは，あなたにコンピュータの技能がないことを見破られるべきではないということです。ほとんどのパラリーガルは，そのキャリアの中で，コンピュータを使って仕事をすることがあるでしょう。実際，法律業務におけるコンピュータの使用は，パラリーガルの専門化が最も進行している領域の一つです。

法律業界がコンピュータの有用性を発見

　1996年のアメリカ法曹協会のリーガル・テクノロジー・リソース・センターが行った，法律事務所におけるコンピュータの影響に関する調査によれば，回答した弁護士のうち84％がコンピュータを使用していると答え，1990年の59％に比べ上昇しました。これらの数字がなぜこれほど重要なのかを理解するためには，法律業務におけるコンピュータ発展に関する背景について説明した方がいいかもしれません。弁護士の大部分は，自分の法律業務を管理することではなく，法律の実務それ自体に興味があります。ある弁護士にとっては，コンピュータはまさに避けられない必要悪です。弁護士たちがコンピュータ利用の恩恵を認識し始めたのは，つい最近のことです。他の業界と比較して，法律業界では日々の業務の中でのコンピュータ利用の導入がゆっくりと行われました。

第6章　コンピュータの恐怖を乗り越える

　コンピュータは，1970年から1980年の間に，ワード・プロセッサー及び請求システムとして，初めて法律事務所に現れ始めました。今日の中・大規模法律事務所に見られるワープロ・センター（ワープロ作業を専門に行う部署）の現在の仕事の処理基準は，この時期にスタートしました。例えば，ある法律事務所では，10頁以下の文書は秘書が処理しますが，10頁以上のものはワープロ・センターに送られます。この取り決めにより，弁護士とパラリーガルは，必要な作業時間を短縮でき，秘書を他の仕事に向けられるのです。これにより，法律事務所はワープロ作業にかかる時間給もクライアントに請求でき，非常に利益をあげることができます。

　ワープロの導入と同様に意味があるのは，コンピュータによる請求システムの導入です。前の章で取り上げたように，弁護士，パラリーガル，そしてサポート・スタッフについて請求可能な時間を正確に記録することは，法律事務所の利益にとって極めて重要です。事件の取扱件数が増加し，クライアントがより詳しい請求書を要求するにつれ，能率的な請求システムの必要性が明らかになったのです。これらのシステムは高価な大型コンピュータと端末上で稼動させるので，当初は大きな法律事務所が購入していました。

　1980年代に突入するにあたり，法律事務所はより複雑な設備を購入し始めました。OCR，コンピュータ化された電話システム，ファクシミリ，レーザー・プリンタ，LEXISやWESTLAWなどのコンピュータによるリサーチ・システム，クライアントへの請求漏れを防ぐためのケース管理機能付コピー機などです。

　コンピュータ化された訴訟サポートシステムもまた，この時期に出現し，これらのシステムにより，裁判準備に利用される情報を数千の文書の中からすばやく電子的にサーチすることが可能になります。これまで同じ情報を手作業でサーチした場合，数日から数週間はかかっていました！これらのシステムは，とりわけユーザーにとって使いにくい高価な大型コンピュータ上でしか稼動しないため，当初は，かなり大規模な法律事務所だけがこれらを使用していました。しかし，IBMのパーソナル・コンピュータ（PC）導入により，すべてが変わりました。この技術が比較的低いコストで実現されたことで，高価な大型コンピュータを入れる余裕のない小さな法律事務所のオフ

法律業界がコンピュータの有用性を発見

ィス・システムや，個人開業した弁護士のシステムのコンピュータ化が可能になりました。

PCに転換された最初のシステムは，ワープロ，請求，会計，リーガル・リサーチ及び期日管理です。この間，法律事務所は，秘書間でワープロ・ファイルとプリンタを共有するために，ローカル・エリア・ネットワーク（LAN）を利用し始めました。1980年代中後半に，PCがよりパワフルになったので，訴訟サポート及文書管理システムが大型コンピュータからPCに転換されました。これは，法律業界にとっては全体的に，また，パラリーガルにとっては特に重要な進歩の1つとなりました。

1990年代には，CD-ROM，イメージング・システム，グループウェア（訳注：コンピュータ・ネットワークを利用して，グループ作業の生産性向上を支援するソフトウェア），テレビ会議，法廷アニメーション・ソフトウェア，広域ネットワーク（WAN）（訳注：通信回線サービスを使った，地理的に離れたネットワーク），電子メール，オンラインサービス，音声認識，イントラネット（訳注：インターネットで培われたネットワークによる情報検索や情報提供の技術を，企業などのLANに応用したもの），インターネット等の数々のハードウェア・ソフトウェア技術が導入されました。

その他の最近の技術革新には，いくつか例を挙げると，資産運用，税金，企業及び不動産などの実質的な法律業務における文書ドラフトのための文書検索やエキスパートシステム（訳注：特定分野に特化した専門知識データベースを元に推論を行い，その分野の専門家に近い判断をくだすことができる人工知能（AI）システム）のソフトウェア利用があります。

コンピュータ初心者に役立つヒント

コンピュータを使うとき，以下のアドバイスを覚えておくとよいでしょう。
- コンピュータ業者から毎週紹介される無数の製品すべてに精通することは困難です。手をつけないで下さい。
- ハードウェアとソフトウェアは，それぞれすべて異なります。そして，ほとんどは試行錯誤のトレーニングが必要です（驚くべきことに，これはた

- コンピュータ・トレーニングは、もはや与えられるものではありません。ほとんどのパラリーガルの雇用者は、あなたがコンピュータにかなり精通していることを期待するでしょう。
- 万一、トレーニングを受けた後、コンピュータについてすべて理解できなくても、驚かないでください。すべてを知ることは不可能です。
- 弁護士は一般的に、あなたよりコンピュータのことを知りませんし、あなたを専門家のように頼りにするでしょう。
- ユーザーマニュアルはすべてを説明してはいません。必然的に、あなたが一番知りたいことはその中にないでしょう。ユーザーマニュアルの中の情報の補足として、特定のソフトウェア・プログラムに関するガイドブックを買う価値はあるかも知れません。人気のあるソフトウェア・プログラム毎に、数多くのペーパーバックが出版されていますし、ほとんどの人々は、ソフトウェアと一緒に売られているマニュアルよりも、それらの方が完ぺきでわかりやすいと思っています。
- すべて順調だと思うときは、たいてい何か起こるものです。

法律関係者が直面するテクノロジーの課題と傾向

あなたが新人パラリーガルなら、今日法律関係者が直面するテクノロジーの課題や傾向は、あなたのキャリアに直接影響を与えることでしょう。法律の世界における技術の普及は、毎年米国各地で多数開催されるリーガル・テクノロジー・ショーを見ればおそらく一番よくわかります。

私は先日、プライスウォーターハウス提供の、ニューヨークで開催された展示会「リーガル・テック」に行ってきました。テーマは「リーガル・テック——第二の十年——テクノロジーと共に勝つ」でした。今日法律関係者が直面するテクノロジーの課題や傾向のアイディアとして、展示会で開催された集中セッションやセミナーの例は以下のとおりです。

訴訟管理のためのイントラネット
　タスク（作業）ベースの報酬請求——データの処理方法

法廷テクノロジー——テクノロジーと裁判手続の融合
　　電子保存された情報のディスカバリー
　　法律業務におけるグループウェア
　　インターネット・セキュリティとリスク
　　デスクトップ画面—Windows95 と Windows NT

　法律業界のために開発された技術，特にソフトウェアの多くは，訴訟分野に集中しています。これは，展示会のベンダーブースを訪れてもわかることですし，また，展示会のプログラムガイドにざっと目を通すだけでも一目瞭然です。

　"AmLaw Tech"誌の 1996 年秋号の AmLaw Tech Survey において，収益ベースの米国トップ法律事務所 100 におけるハードウェア・ソフトウェア利用に関する調査が発表されました。主要な質問事項は，主に使っているプラットフォーム，ラップトップ（ノート型）コンピュータ利用率，広域ネットワークの利用，Windows・Windows95・Windows NT のいずれかを利用しているか，イントラネットの利用，各文書管理・ワープロ・訴訟サポート・イメージング用にどのソフトウェアを使っているか等でした。

　調査の結果，ほとんどの法律事務所で，IBM と互換性のある PC，486s か Pentium いずれかのインテルの CPU（訳注：コンピュータの中で各装置の制御やデータの計算・加工を行う中枢部分），そしてオフィス間をつなぐため広域ネットワークを利用していることがわかりました。デスクトップ・コンピュータの代わりにラップトップを使用している弁護士の割合は，法律事務所によって 0 —99 ％とむらがありました。ほとんどの法律事務所が Microsoft の Windows を使っており，近い将来 Windows95 もしくは Windows NT に移行する予定との結果が出ました（訳注：1997 年改訂版出版時）。一番使われているソフトウェア製品は，文書管理には PC Docs もしくは SoftSolution，ワープロソフトとしては WordPerfect または Word でした。訴訟サポートとイメージングには，様々な製品が使われていました。しかし，イントラネットや Lotus Notes などのグループウェアなどの最新テクノロジーは，広く使われていませんでした。更なる発見事項・傾向は次のとおりです。

第 6 章　コンピュータの恐怖を乗り越える

- DOS から Windows への劇的な転換（Windows を使っている法律事務所は 76 ％で，1994 年調査の 32 ％に比べ急上昇）
- かつては WordPerfect が主要なワープロソフトであったが，Microsoft の Word にその座を譲りつつある。
- 携帯性への需要が高まり，ラップトップが PC として選ばれつつある。
- 電子メールの利用が爆発的に増大し，弁護士同士及びクライアントとのコミュニケーションをはかるツールとなった。
- 関心の的が，デスクトップ・コンピュータから，事務所を網羅するネットワークにシフトし，法律事務所の 71 ％がインフラ設備と接続性を強化したいと考えている。

　その中でも恐らく最も驚くべきは，調査が実施された 1994 年から 1996 年にかけてのコンピュータに対する姿勢の推移でした。かつてコンピュータに対し不信の念を抱いていた法律専門家たちが，わずか 2 年でいまや積極的な支持者となったことを調査は物語っています。この姿勢の推移は，デンバーズ・ホランド・アンド・ハート法律事務所の訴訟担当パートナー兼最高情報責任者であるジョン・トレデニック・ジュニアの言った「テクノロジーは単なる舞台裏の事象ではなく，競合対抗手段である」という言葉に最も端的に要約されていると言えるでしょう。

インターネットとイントラネット

　法律業界はかつてテクノロジーへの順応が遅い業界でしたが，最近では概して比較的素早くインターネットを享受しつつあります。その証拠に，法律業界のインターネット利用について今までで最も包括的な調査結果の 1 つが挙げられます。1996 年の秋，『インターネット・ロイヤー』誌は，ランダムに選ばれた弁護士，パラリーガル，リーガル・アドミニストレーター，ロー・ライブラリアン，法律事務所における経営情報システム・ディレクターに対し，インターネット利用に関する調査を実施しました。その『インターネット・ロイヤー』と Microsoft 社協同の調査では，回答者の 71 ％がインターネットを利用しているという結果が出ました。最も普及しているアプリケーションは，電子メール，リサーチ，オンライン・マーケティング・アプ

リケーションでした。回答者のうち85％が，インターネット利用は今後益々増加するであろうと答えました。

一方で，"AmLaw Tech"誌の1996年の調査では，ほとんどの法律事務所でインターネットアクセスが可能であるにもかかわらず，そのほとんどが電子メールの利用に限られているという結果が出ました。いくつかの法律事務所は，セキュリティ，情報の正確性，情報へのアクセスを監視できないことなどの問題に懸念を示しています。インターネットが情報入手のためのより良い方法かどうかは，現時点ではまだ分かりません。しかし，次のことは明白です。「インターネットは法律業界に存在感を高めつつあり，今後も存在し続けるでしょう。」

イントラネットは，インターネットほどは急激に定着していませんが，内部ホームページによって，従業員たちは，職場に関する情報・書式・ファイルへのアクセスが簡単に行えます。"AmLaw Tech"誌の1996年の調査では，内部ホームページを構築しているのは法律事務所の21％に過ぎないとの結果が出ました。ある法律事務所は，ワールド・ワイド・ウェブ（訳注：WWW-インターネットでの情報検索システム，サービスシステムのひとつ）を使うためだけにイントラネットを利用しています。例えば，リーガル・リサーチに役立つウェブサイトへのリンクを持つ内部ホームページを呼び出すために，標準ウェブブラウザを利用します。今後数年間，事務所内の情報共有が重要な大手法律事務所においてはとりわけ，イントラネットの利用が伸びるでしょう。

コンピュータとパラリーガル

弁護士は，口頭及び書面によって情報を提供するビジネスに従事しています。書面の様式を可能な限り効果的にかつ能率的に整理し管理することがパラリーガルの責任です。コンピュータが現れる前，これは厄介で精力を使い果たす仕事でした。コンピュータは多くのパラリーガルのキャリアを確かに伸ばしてくれました。

パラリーガルは，法律事務所の中でも最も熱心なコンピュータ・ユーザー

第6章 コンピュータの恐怖を乗り越える

です。今日のパラリーガルが一般的に利用するコンピュータの実務上のアプリケーションは以下のものを含みます。

- ワープロ
- リサーチ（リーガル・リサーチ及び事実関係のリサーチ）
- 訴訟サポート，事件管理及びデータベース
- 法廷テクノロジー
- 期日管理
- 文書検索

もちろん，使用される特定のアプリケーションは，そのパラリーガルの雇用先（法律事務所，企業，政府機関等），専門分野，組織内のオートメーション化の程度，そしてさらに重要なのが，オートメーション化に対する組織の姿勢によります。例えば，訴訟パラリーガルは，主に事件管理・訴訟サポート・法廷グラフィックスのプログラムを使います。

1996年に『リーガル・アシスタント・トゥデイ』誌が実施したコンピュータとパラリーガルに関する調査で，パラリーガルがコンピュータで使うアプリケーションについて次の結果が出ました。

文書ドラフト　94％

リーガル・リサーチ　60％

期日管理　52％

訴訟サポート　50％

データベース　49％

デポジション要約　43％

事件管理　40％

文書検索　35％

その他のアプリケーションとしては，引用チェック31％，メールマージ（訳注：名前とアドレスをデータベースから取り出し，定型のレターに入力するソフト）29％，全文検索24％，レッドライン（訳注：表示したデータにコメントや線・円・引出線等を記入できるマークアップ機能）23％，収集13％，コンフリクトチェック13％，イメージング10％等があります。

ワープロ

　1980年代半ばにパソコン（PC）が取り入れられる前は，ほとんどのパラリーガルがすべてのワープロのニーズのために秘書を利用していました。唯一の例外は，小さな法律事務所で働くパラリーガルで，秘書も兼任していた人たちです。今では，ほとんどのパラリーガルは自分の机の上にPCがあり，自分で文書作成を行っています。PCが独立型かネットワーク型かは，法律事務所によります。

　皆さんは，法律事務所が，WordPerfectとMicrosoftのWordのどちらをワープロソフトとして使うかという，最近法律業界で白熱している議論を知っているでしょう。最近まで法律業界では，業界的にオペレーティングシステムとしてDOSが利用されていたことも手伝って，主要ワープロソフトとしてはWordPerfectが君臨していました。ここ数年，法律事務所がWindowsに移行してきたにつれて，MicrosoftのWordが使われるようになってきました。また，長年WordPerfectを愛用してきたスタッフによる反抗の動きも見られ，法律事務所は（Wordへの移行の）再トレーニングのために莫大な時間と費用をかけています。まだWordPerfectを使っている所も多いですが，ほとんどの法律事務所が近いうちにWordに移行することを検討しているということを知っておいたほうが賢明でしょう。

リサーチ

　パラリーガルは，大部分の時間を情報の調査，アクセス及び検索に費やします。過去20年間における，オンライン・データベースの利用によって，これらの情報の範囲及び正確性が大幅に増大しました。リサーチが非常に簡単に速くできる，CD-ROMの形のロー・ライブラリーが，ここ最近非常に人気が高まってきています。コンピュータによるリサーチの約1時間は，従来の法律図書館でのリサーチの9～10時間に値すると推定されます。リーガル・リサーチの最新の変革は，各連邦・州・地方の制定法や判例法に関する多数のウェブサイトが存在する，インターネットの利用です。

　パラリーガルの行うコンピュータ・アシスト・リサーチは，法律と一般情報の2種類あります。

第6章　コンピュータの恐怖を乗り越える

リーガル・リサーチ　第3章で説明したように，リーガル・リサーチは法律の先例を調べることです。具体的に言うと，ある特定の法的状況に適用される法令や裁判所の決定，またはその両方をある特定の管轄において調べることです。リーガル・リサーチは，従来からの方法でもコンピュータを利用した方法でも，用いた手段が異なるのみで，その実質はまったく同じものです。

不法行為，過失，または共謀といったあらかじめ分類された問題を分析した後，従来からの方法は，法律図書館に出向いて探している判例を参照する本，索引及び法令全書を探すことを必要とします。コンピュータ・アシストのリサーチは，まず始めに分析から始まりますが，その後のフォローアップはデータベースの利用を必要とします。

コンピュータ・アシストのリーガル・リサーチ（computer-assisted legal research—CALR）の主要な利点は，時間の節約です。データベースがカバーしている場合，裁判所の決定（またはその他の情報）は公表されるとほぼ同時にオンラインで見つけられます。その情報は，いずれは図書館で探せるようになるものですが，印刷，出版及び流通に時間がかかり，アクセスが遅くなります。

今日，リーガル・リサーチは，CD-ROM ライブラリー，オンラインサービス，またもっと最近ではインターネットといった様々な方法で行われています。リーガル・リサーチのための従来の二大購読式オンラインサービスは，LEXIS と WESTLAW ですが，最近ではそれに似た他のサービスや CD-ROM ライブラリーもあります。これらのサービスや CD-ROM には，判例及び法令によって形成されている連邦及び州単位のデータベースがあります。単語，成句または数字をオンラインサービスや CD-ROM のサーチ・リクエストにインプットすると，該当するデータベースを検索し，「オン・ポイント」（法律概念上，調査している内容に最も類似する）判例または法令を呼び出します。判例は，全文，部分的テキスト，または引用を色々なフォーマットで呼び出すことができます。また，第3章で述べたように，これらのサービスや CD-ROM ライブラリーは引用のチェックとシェパダイジングにも利用できます。

パラリーガルがどのくらいの量と頻度でCD-ROMやLEXIS等のオンラインサービスを利用するかは，職場環境と法律の専門分野という，2つの要因にかかっています。法律事務所で働くパラリーガルは一般に，企業や政府機関で働くパラリーガルより多くのリーガル・リサーチを行います。これは，法律事務所のパラリーガルは同時に多数のクライアントの仕事をするために，毎日利用する傾向があるからです。企業や政府機関に雇用されているパラリーガルは，普段外部の弁護士と仕事をし，その弁護士がリサーチの大部分をやっているのです。

　パラリーガルがどのようにオンラインサービスやCD-ROMライブラリーを利用するかについてそのパラリーガルの専門分野も重要な役割を果たします。多くのパラリーガルは訴訟の仕事に係わるときに，初めてLEXISを使うことになります。なぜなら，訴訟は判例法及び先例に重点がおかれるからです。この分野では，LEXISは法令及び判例法の検索，引用のチェック及びシェパダイジングに利用されています。

　LEXISは，証券法，遺言検認，税法，特許及び商標法を専門とするパラリーガルたちも利用できます。例えば，特許の検索を行うために，何百もの特許や商標の情報を持つLEXPATデータベースを利用することができます。

　一般的な情報リサーチ　　リーガル・リサーチの他に，パラリーガルは事実関係のリサーチもします。インターネット普及以前は，オンラインサービスを利用して様々なデータベースにアクセスする形で，事実関係のリサーチを行っていました。これらのリービスは購読によって利用でき，ビジネス，教育，技術，科学，健康並びに旅行情報に関する幅広いバラエティーへのアクセスを提供します。また，多くは新聞や雑誌の記事の全文を提供しています。

　これらデータベースの情報は，法律業務に非常に役立ちます。例えば，ある弁護士が事務所のクライアントであるジェネラル・モーターズ社について，過去6ヵ月の間にフォード社による乗っ取りの件でニュースに取り上げられたかどうかを知りたい場合，パラリーガルは「ニューヨーク・タイムズ」と「ウォール・ストリート・ジャーナル」のデータベースで，ジェネラル・モーターズとフォードに関する記事を検索すればよいのです。

第6章　コンピュータの恐怖を乗り越える

　リーガル・リサーチのために高価なオンラインサービスを利用する代わりに，CD-ROM ライブラリーを購入する方法があります。CD-ROM を使う利点は，オンラインサービスに比べコストを抑えられることです。欠点は，新規の訴訟や情報が，オンラインサービスほどは迅速にアップデートされない点です。また，CD-ROM ライブラリーを使って行うリサーチのクオリティは，標準の検索エンジン程度です。

　インターネットを利用したリサーチ　　比較的最近の現象として，リーガル・リサーチ及び事実関係のリサーチにインターネットを用いることが挙げられます。ニュースレター『インターネット・ロイヤー』による 1996 年秋の調査によると，回答した全パラリーガルの 55％がインターネットを利用しています。更に興味深いことに，全回答者の 76％がリーガル・リサーチのためにインターネットを利用すると答えました。よく用いられるリーガル・サイトには，コーネル大学法律情報研究所（www.law.cornell.edu），米国議会図書館（www.loc.gov），ABA（www.aba.org）等が挙げられました。WESTLAW や LEXIS 等の従来のリーガル・オンラインサービスから，インターネットアクセスへ切り替えるかどうかの問いに対して，35％の回答者が喜んで切り替えたいと答えました。

　法律関連の新しいサイトが登場するにつれて，インターネットは益々リサーチのための有望な選択肢となるでしょう。小規模法律事務所で働く弁護士にとって，Versus（www.versuslaw.com）及び Lois（www.pita.com）の 2 つのウェブサイトは，CD-ROM ライブラリーの必要性に取って代わるだろうと，ある専門家は言っています。両サイト共に，低コストで連邦及び州の情報を提供しています。

　リサーチによく使われる方法として，インターネットが，LEXIS 等のオンラインサービスに取って代わるかどうかは，未だ分かりません。インターネットの情報は無料である一方（購読式オンラインサービスにはかなり高い使用料がかかりますが），情報の正確性，安全性，アクセススピード，検索能力等の問題は，いくつかの法律事務所にとっては未だに懸案事項として残ります。

今日，この好ましい手法——コンピュータ・アシスト・リサーチ——は，今までにないほど弁護士及びパラリーガルによって利用されています。これは，インターネット接続のやりやすさ，データベースの拡張，オンライン費用の削減，全般的に法律専門職におけるテクノロジーを広く受け入れるようになったところが大きいです。現在かなりの割合のリサーチが，CD-ROMや，LEXIS 等のオンライン・データベース，またインターネットを使って行われている一方で，従来からの書籍を用いるリサーチ方法が時代遅れだというわけではありません。しかしながら，法律関連の出版社は急ピッチで印刷物の CD-ROM への加工を進めており，それをインターネット上でも利用可能にし始めています。事実，ある専門家は，新人の弁護士たちに，法律の書籍は一切購入しないよう勧めたりもしています。

訴訟サポート，事件管理及びデータベース

　オートメーション化された訴訟サポートシステム（automated litigation support system—ALSS）としてよく知られている事件管理ソフトウェアは，データベース技術を使って，事件に関する情報及び文書について，迅速に管理，アクセス及び検索できるコンピュータ化された方法です。データベースは 4 種類の機能から成り立っています。それは，インプット（データ収集及び入力），プロセシング（情報の分類），アウトプット（レポート），そしてコントロール（システムの安全性と性能を確実にするための制御メカニズム）です。

　ALSS の主要な一つの機能は，訴訟事件のディスカバリー（開示手続）段階のサポートです。場合によっては，これは数年かかることもあります（ディスカバリーは両当事者が相手方の事件についてすべてを知ることができる手段です）。これは質問書，デポジション，書類提出，自白の要求等の色々な法律手段を用いて達成されます。ALSS の力は，これらの文書の情報を迅速なアクセス及び検索のためデータベースに変換する能力です。

　訴訟パラリーガルは，訴訟のディスカバリーの段階における文書整理，管理，アクセス及び検索のため，そして裁判の段階でもこのソフトウェアを利用しています。パラリーガルは，データベースの検索及び分類機能で，特定の証人に関する証人記録及びデポジションの証拠文書の作成または証拠とし

て認められる現状を定期的に最新版にすることなどができます。

　事件管理ソフトウェアは，しばしば訴訟パラリーガルによって訴訟の文書管理のために利用されていますが，非訟分野で働くパラリーガルたちにも利用されています。このソフトウェアは，訴訟実務を変えたばかりか，すべての専門分野におけるパラリーガルの仕事を果てしなく楽なものにしてくれました。

　この10年，多くの企業がPC向けの訴訟サポート・ソフトウェアを開発してきました。現在は，抜粋，全文及びこの両方を利用した統合システムの三種類のソフトがあります。

　抜　粋　文書抜粋ソフトウェアは，情報が要約または抜粋できる，手紙や覚書その他の文書に用いられる訴訟用ソフトであり，最もよく用いられます。これは科目別に情報をコード化し，データベースにインプットすることによってなされます。

　市場に出ているシステムを購入することもできますし，自分のシステムを作ることもできます。販売されているシステムの利用にかかる費用を保証するには事件が小さすぎる場合，コンピュータ通のパラリーガルの中でも高度のデータベース・プログラミング技術を持つ人たちは，自分用のデータベースを作ることができるでしょう。

　いずれにせよ，データベースというものは，事件の関連争点及び事実によって，まずキーワード，科目，人物，日付及びその他に対応する分野（フィールド）の下に構成されなければなりません。データベース分野に対応するコーディングが開発されるかもしれません。インプットされた各文書は，分析及びコード化され，色々なデータベース分野に分類されます。これは，パラリーガルあるいはこの目的のみのために一時的に採用されたコーダー（coder－業務処理手順を機械語に翻訳するプログラマー）によって実施されます。

　コーディングは客観的及び／または主観的なものとなります。客観的なコーディングは，文書上の情報（例えば日付，発信者，送付者）に限定されていますが，主観的なコーディングには，内容の実質的な分析が関係してきます。コーダーは各文書を読み取り，関連する情報を抜粋し，それをコーディン

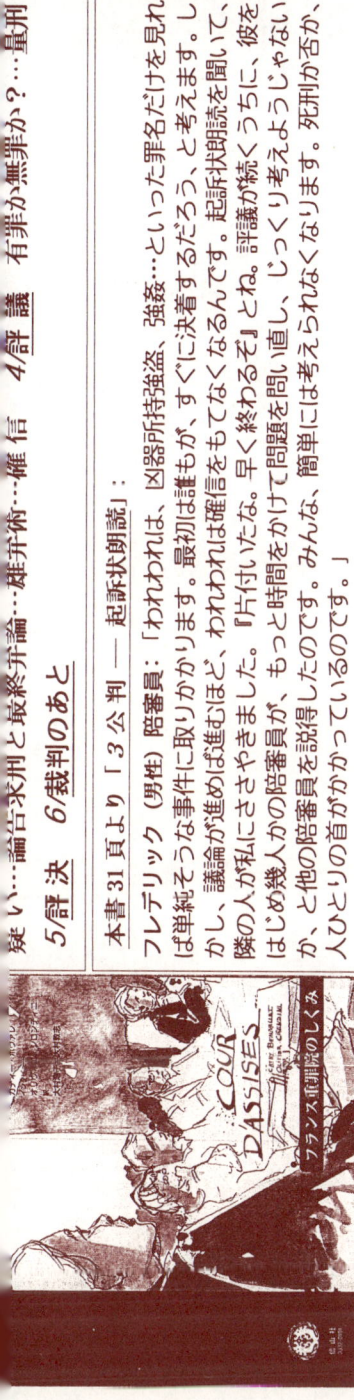

疑い……論告求刑と最終弁論…雑井術…雑井術…催信　4/評議　有罪か無罪か？……量刑

5/評決　6/裁判のあと

本書31頁より「3 公判 — 起訴状朗読」

フレデリック（男性）陪審員：「われわれは、凶器所持強盗、強姦……といった罪名だけを見れば単純そうな事件に取りかかります。最初は誰もが、すぐに決着するだろう、と考えます。しかし、議論が進めば進むほど、わたしには確信をもてなくなるんです。起訴状朗読を聞いて、隣の人がわたしにささやきました。『片付いたな。早く終わるぞ』と。ね、評議が続くうちに、彼をはじめ何人かの陪審員がじゃない、と他の陪審員を説得したのです。みんな、簡単には考えられなくなります。死刑か否か、ひとりひとりの首がかかっているのです。」

本書は、陪審員経験者に対するジャーナリストのインタビューを中心に構成されていますが、陪審の手続の進行に従って、11人の人々の経験談が配置されており、陪審員たちがどのように感じながら裁判に参加したのかが手にとるように分かります。あわせて、裁判官・検察官・弁護士などの証言によって、陪審に対する彼らの見方も示されています。さらに、スケッチや制度に関する補足説明も、大いに読者の理解を助けます。この本を読めば、制度としてではなく経験として、陪審を知ることができるはずです。私たちも、これから同様の経験をするのです。私たちは、この経験を

どのように語ることになるのでしょうか。
本書は、陪審に参加した人々の心の動きをいきいきと描き出しますが、それと並んで重要なのは、陪審制度に対する彼らの見方です。「なんで俺がえらばれちまったんだ？」「裁判所へなんか行きたくなかったわ」「ヴァカンスをキャンセルしなければならなかった」自分には時間的余裕がない」。彼らは、こうした自分の消極的・否定的な見方も率直に語っています。同時に、次のような言葉も口にするのです。「市民としての義務」「社会への参加」「政治意識の問題」「共和国の一員である幸運」「人民主権のひとつの形」……（訳者はしがきより）

信山社　〒113-0033　東京都文京区本郷6-2-9-102　注文は：E-mail：order@shinzansha.co.jp　FAX：03-3818-0344

「裁判員制度」施行を前に、陪審員の貴重な生の声と体験を学ぶ

ある日、あなたが陪審員になったら…
——フランス重罪院のしくみ——

訳 大村浩子

訳 大村浩子（翻訳家）＝大村敦志（東京大学教授） イラスト カティー・ボワ／インタビュー オリヴィエ・シロンディー
A4変型、並製、100頁、本体 3,200円（税別） ISBN 4-7972-3332-X C6337

推薦の言葉　松尾浩也（東京大学名誉教授）

フランスの陪審裁判と日本の裁判員裁判との間には、共通する点が多い。この書物は、フランスの文化と社会を背景にしながら、陪審員、判検事、弁護士に対するインタビューと、エスプリの効いた多数のイラストを集積し、陪審裁判の生態を活き活きと描きだした好著である。フランスではベスト・セラーになったと聞く。重罪院の手続に関する豊富な注釈も加えられているので、社会人や学生の皆さんと同時に、法律実務家にも推薦したい。

重大犯罪に向き合う陪審員と法律家の心理を活き活きと再現

内容（以下、陪審手続の順序に構成）：1/手紙　2/出頭命令　3/公判忌避・起訴状朗読…被告人…証人と鑑定人…参判長…検事と弁護士…被害者…ウン…

ある日、あなたが陪審員になったら…

グ・フォームにリストし，その情報を該当するデータベース分野に分類します。この段階で，パラリーガルは品質管理を維持するためにコーダーの仕事を見直す責任を負うかもしれません。

いったん十分なデータベースができ上がったら，弁護士またはパラリーガルは，情報とハードコピーを検索するためにALSSを利用することができます。パラリーガルは文書検索システムを作成し，維持します。データベースに参照されている文書のハードコピーが確認できなければ，ALSSはあまり利用する意味がありません。この時点で，パラリーガルはデータベース・ソフトウェアを利用しており，これはより高度なコンピュータ技能を必要とします。

抜粋システムの利点は，レポート作成や情報アクセスのために大量の文書を分類できることです。コーディングとデータ入力の基準がしっかり維持されるならば，これらのシステムは情報検索において正確さと統一性を提供します。

抜粋プログラムの欠点は，実際の文書の作成ができない点です。検索が完了しレポートが作成された後，文書の呼び出しが必要です。もう一つの欠点として，コーディングやデータ入力のための準備時間やコストも挙げられます。このコストと，抜粋システム機能によって膨大な情報を精査しないで済む時間節約とを，比較検討する必要があります。

全　文　訴訟サポート・ソフトウェア・プログラムの二つ目のタイプは，全文パッケージのものです。文書の全文にアクセスが必要な時に（例えば，デポジションの速記録），全文パッケージが利用されます。100部くらいのデポジションがある事件では，弁護士はある特定のクライアントに関するすべての関連文書を知りたいでしょう。全文検索は可能であり，すべての関連文書のリストが作成できます。

また，全文ソフトはデポジションの要約にも利用できます。第3章で述べたように，デポジションの要約は退屈で，手間のかかる仕事です。全文ソフトを利用すると，速記録は法廷速記者によってディスケットに移され，コンピュータに載せられます。全文のキーワードや成句を電子的にスキャンすることによって，要約は迅速かつ簡単に行われるのです。

第6章　コンピュータの恐怖を乗り越える

　最近まで全文パッケージの問題は，デポジションのように訴訟手続記録者によって記録され，ASCII（American Standard Code for Information Interchange—情報インターチェンジの米国標準コード）にディスケットで変換された口頭上の証言に関する文書，またはオプティカル・キャラクター・リーダー（OCR）によって読み取りできる文書の2種類しか見ることができないということでした。

　OCRは特定の型の活字しかスキャンすることができず，また手書きをスキャンできないことから利用が限られていましたが，最近文書イメージング・システムというスキャン装置が改良され，この問題を解決してくれました。イメージング装置はコピー機やファックス機に似ています。即ち，文書と同一の描写ができるのです。さらに，文書は磁気テープあるいはレーザーディスクに画像として保存することによって，ハードコピーの必要性がなくなるのです。これは，パラリーガルにとって願ってもないことです。現在の利点は，手書きのものも含めて，事件に関する全文書を見ることができることです。

　全文システムの一番の利点は，抜粋プログラムと違って的確な言葉や証言を検索できることです。欠点の1つは，検索において使われる語彙の不整合性です。また，名前のスペルミスも検索の妨げとなります。

　インテグレーション　　市販のソフトウェアのタイプの最後は，文書抜粋及び全文機能の両方のデータベースを備えた統合ソフトウェアです。このパッケージは，両者の長所を兼ね備え，利用者が文書，イメージ，マルチメディア等の様々なタイプの情報を管理できます。

|キャリア・アドバイス|

　オートメーション化された訴訟サポート・システム（ALSS）の開発，導入，維持に関するパラリーガルの責任は，法律事務所の施設及び法律事務所の規模，事件の複雑さ，弁護士のパラリーガルに対する姿勢並びにALSSプロジェクトに任命されたサポート・スタッフの人数によります。業務は単純な情報の分類及びコーディングから文書を主観的，実質的に分析することにまで及びます。

法廷テクノロジー

　1990年代以降の法廷は益々ハイテクになってきています。国民は，O.J.シンプソンの裁判の際，コンピュータによる速記録，グラフィックスやアニメーション，三次元縮尺模型といった最も革新的な法廷テクノロジーを目の当たりにしました。これらの興味深い技術が法律業界にも適用されることにより，パラリーガルにとってのチャンスも広がりつつあります。

　最近の技術革新は，リアルタイム法廷報道の導入です。これは法廷速記者による速記録が即座に英語に変換され，皆が読めるようコンピュータモニターに映し出されるものです。以前は，これらの速記メモは，翌日ハードコピーとして配布できるよう，一晩かけて清書しなければなりませんでした。この新しい技術によって節約できた時間は計り知れません。

　JEDDI（judicial electronic document and data interchange―司法電子文書及びデータのインターチェンジ）システムが，全米の法律事務所や法廷に急激に導入されつつあります。JEDDIによって，弁護士やパラリーガルはオフィスから離れることなく裁判文書を電子的に保存したり検索したりできます。つい最近まで，ペーパーレスの法廷のアイディアは夢に過ぎませんでした。いまやそれは現実となり，特にデラウェア州では，アスベスト及び複雑な保険にまつわるケースは，すべて電子保存するよう要求しています。

　グラフィックス・ソフトウェアを使った裁判用証拠物公開の準備は，コンピュータに精通している訴訟パラリーガルにとって多くの専門知識を必要とします。第3章で述べたように，訴訟パラリーガルの仕事の1つは，事件の裁判用証拠物の作成であることを思い出して下さい。裁判用証拠物は，文書から抜粋して作成した書面，写真，表及びグラフ等の色々な形のものがあります。ここ数年，技術が更に進んだ精巧なアニメーションやグラフィックスのソフト・プログラムのおかげで，説得力が高まり，陪審員団が理解しやすくなりました。これらのソフト・プログラムによって，パラリーガルは裁判用証拠物を所内で作成することができます。これらのソフトウェアの専門知識を持つパラリーガルの存在は事務所にとって非常に貴重です。

　この5年間，訴訟の強化のため，コンピュータ・アニメーションを使う弁

第6章　コンピュータの恐怖を乗り越える

護士がどんどん増えています。これは，コンピュータが作り出すイメージ（グラフィックス）を連続的にビデオテープに記録する技術です。テープ再生の際，静止した物体に動きや時間の要素を加味します。コンピュータ・アニメーションの導入は，特に事故の再現，製品の三次元説明図を必要とする人身傷害や製造物責任を問う訴訟に有益です。

レーザーディスク技術は，1970年代後半に初めて開発され，法律業務で利用されているもう一つの技術革新です。レーザーディスクは視覚，聴覚，印刷物を含む大量のマルチメディア・イメージを保存し，また，瞬間的に検索が可能です。レーザーディスクは，写真，図表，文書，ライブビデオクリップ，コンピュータ・アニメーション，オーディオクリップ，またこれらを取り混ぜたもの等，あらゆるタイプのイメージを保持します。この技術は，立証を強化するため，そしてクライアントのストーリーを説明するため，法廷においてどんどん使われるようになってきています。レーザーディスク製品は，デポジションのビデオテープ映像と，それに対応する証言を同時に映します。公判中，弁護士が証言中の用語や表現をサーチすると，それに対応するビデオ映像がスクリーンに即座に映し出されます。この新しい技術によって，陪審員は，デポジションで出された質問に対する証人の反応を見ることができます。

レーザーディスクが登場する前は，証人尋問で弁護士が特定の文書に言及している間，パラリーガルは，ハードコピーを引き出すために何箱もの文書ケースの中から探さねばなりませんでした。今では，ボタン1つ押せば，手紙，ビデオテープに録取されたデポジション映像が，テレビモニターに瞬時に映るのです。

これらはすべて，大変便利で使いやすい技術ですが，高額なものもあるため，すべての法律事務所がすべての事件のために，当たり前のようにこれを利用できるわけではありません。しかし値段が下がれば，より多くの法律事務所が競争に耐え続けるために，これらのソフトウェア・プログラムを使う必要性が出てくるでしょう。訴訟を好む私たちの社会の性質は変わることはないので，この分野の専門知識を持つパラリーガルに対する需要は今後も続くでしょう。

期日管理

　法廷テクノロジーほどおもしろくはありませんが，同等に重要なのは，期日管理機能をオートメーション化するソフトウェア・パッケージです。様々な段階にあるディスカバリー及び裁判の訴訟事件を300件以上も抱えている法律事務所を想像してみて下さい。事件の審理手続に適用される民事訴訟法による訴答，申立，法廷手続には一定の時間制限があります。期限内に訴答の手続を取らないと，私が数回個人的に目撃したことがあるように，その結果はかなり破壊的なことになります。

　その他期日管理が必要な事件には，例を挙げれば，行政手続，デポジション，クライアント・ミーティングがあります。備忘録用ソフトなしでは，これらの事件に絶えず正確に注意することは不可能です。

　法律事務所の規模によって，あなたは期日管理の業務を任されるかもしれません。ほとんどの大手法律事務所は，日々期日管理表の作成及び配布をする専門の担当者がいます。そのような場合でも，パラリーガルの中には，スタンダード・データベースを利用したり，市場に出ているプログラムを購入したりして，自分用の期日管理表を作成する人たちもいます。

　また，訴訟サポート，ワープロ並びに利害衝突のチェックを期日管理と統合した商品もあります。これらはすべてLEXIS及びWESTLAWのリーガル・リサーチ・データベースにもアクセスでき，あらゆる機能を1つに統合したソフトウェア・システムです。

ドキュメント・アセンブリ

　前述のとおり，1996年『リーガル・アシスタント・トゥデイ』誌のコンピュータに関する調査では，回答したパラリーガルの94％が文書ドラフトの目的でコンピュータを利用するとの結果が出ました。これがパラリーガルのコンピュータ利用目的ナンバーワンでした。最新の技術としては，特定業務分野の文書作成をオートメーション化させる傾向です。このような技術は，ドキュメント・アセンブリと呼ばれ，例を挙げると，会社法，雇用法，家族法，資産運用等の様々な業務における文書の組み立てをアシストします。組

第6章　コンピュータの恐怖を乗り越える

み立てられる特定の文書には，雇用契約書，遺言書，法人設立文書，離婚協議書等があります。

　ドキュメント・アセンブリ・プログラムは，空所を埋めるだけのシンプルな定型書式パッケージから，回答が文書の形に変わる質疑応答プロセスを使ったプログラムまで多岐にわたります。ドキュメント・アセンブリ・ソフトウェアの最新技術は，質疑応答プロセスに知能が加えられたエキスパートシステムと呼ばれるものです。各質問に利用者が答えると，その法律専門分野対応のエキスパートシステムが作成した法的な分析，戦略及び実務のヒントにアクセスできます。これらのソフトウェア・プログラムは，リーガル・リサーチ，決定サポート及び文書ドラフトを1つのプロセスに統合し，今日のドキュメント・アセンブリ技術の最先端を行くものです。

　ワープロ，法律及び事実関係のリサーチ，事件管理，訴訟サポート，法廷テクノロジー，期日管理，ドキュメント・アセンブリ等は，パラリーガルがコンピュータを利用するほんの一部の利用方法です。これらのシステムの利用について熟達する一方，パラリーガルは自分のためのプログラムも作っています。また，パラリーガルはコンピュータ・アプリケーションに関連する次のような管理，監督業務も行っています。

- 該当するハードウェア及びソフトウェアのニーズを判断するために必要な分析の遂行
- ソフト販売会社及び商品の選択
- 弁護士とソフト販売会社との間の連絡役
- ソフトウェア手順の同僚への教育
- 訴訟サポートシステムの開発における臨時雇用コーダーの監督

　PCが益々パワフルになり，ソフトウェアが益々精巧なものになるにつれて，パラリーガルは法律業務におけるコンピュータの新たな利用方法を間違いなく開発していくでしょう。

パラリーガルのためのコンピュータ技能

　本章で述べたコンピュータ・アプリケーションは多様なレベルの専門性を

要します。しかし，どれだけコンピュータ通でなければいけないのでしょうか。それは，あなたの専門分野と職場によります。

　コンピュータ業界が毎年新製品を紹介するペースを見てみると，数多くの異なる情報システム（IS）構成に遭遇するでしょう。法律事務所が所有する機械の種類及び量は，その法律事務所の規模，予算，そして最も重要なのは弁護士のコンピュータに対する姿勢に直接関係してきます。現在，規模にかかわらずほとんどの法律事務所が，何かしらの LAN（ローカル・エリア・ネットワーク）を使っています。大手法律事務所の場合，WAN（広域ネットワーク）でも繋がれています。今日，単独型 PC だけを使っている法律事務所は非常に稀です。

　大体のところ，パラリーガルは大型コンピュータとミニ・コンピュータとはほとんど関係がありません。ほとんど，またはすべてのパラリーガルのコンピュータ上の仕事は PC で行います。中には，裁判用の高品質のグラフィックスを作るために MAC を使用している事務所もありますが，大多数の法律事務所はアップル・マッキントッシュの PC よりも，IBM，または IBM と互換性のあるものを使用していることに気がつくでしょう。

　最近まで，法律業界のほとんどが，IBM または IBM と互換性のある PC の標準 OS として DOS をまだ使っていました。今では，ほとんどの法律事務所が Microsoft の Windows を使っており，その多くが近いうちに Windows95 にアップグレードしようとしています（訳注：1997 年改訂版出版時）。

キャリア・アドバイス

　MAC を利用している方へ。殆どの法律事務所は（Windows を OS とする）PC を利用しているため，もしあなたが MAC 専門のユーザーなら，OS が Microsoft の Windows95 である PC を習得することを強くお勧めします。

　今日法律事務所が利用する PC ソフトウェアには 2 種類あります。1 つは，私達の多くがよく知っているワープロ，表計算，データベース，グラフィックス並びにデスクトップ・パブリッシング（訳注：パソコンで印刷物を作成すること―DTP）・パッケージ等の一般的に販売されているパッケージです。

もう1つは，本章でお話しした事件管理，訴訟サポート，期日管理といった作業に特化したアプリケーション・ソフトウェア，並びにドキュメント・アセンブリ・プログラムのような特別の業務分野における手続をオートメーション化した，より革新的なソフトウェアです。

あなたがどこで働こうと，また，どの専門分野に従事しようと，次のプログラムやアプリケーションの使用方法を知っていることは最低限求められるでしょう。それは，ワープロ，表計算，データベース，プレゼンテーション及びグラフィックス，CD-ROM，電子メール，オンライン・リサーチ・プログラム及びインターネットです。

あなたが使う特定プログラムは，法律事務所がその時どれを使っているかによるでしょう。Microsoft，Corel，Lotus のいずれも，オフィス向けパッケージソフト製品を出していますが，Word（ワープロ），Excel（表計算），PowerPoint（プレゼンテーション・グラフィックス）及び Access（データベース）を含んでいる，Microsoft の Office95 か Office97 を使う傾向があります（訳注：1997年改訂版出版時）。

次のソフトウェア・パッケージが，今日パラリーガルに最もよく使われているものです。

- ワープロ：Word, WordPerfect
- 表計算：Excel, Quattro Pro, Lotus 1-2-3
- データベース：Access, Paradox, dbase
- グラフィックス／DTP：Adobe PageMaker, Harvard Graphics, Adobe Illustrator, Microsoft PowerPoint
- 文書管理：PC Docs, SoftSolutions
- 訴訟サポート：Summation, Concordance, Folio View, Discovery Magic
- 時間管理及び請求：TimeSlips
- 連絡先管理：ACT, MS Schedule＋, Time Matters, Goldmine
- リーガル・リサーチ：LEXIS, WESTLAW, West CD-ROM Libraries
- 会計：Quickbooks, Quickbooks Pro（小規模の法律事務所のパラリ

ーガルは簿記を扱うこともあります。）

　コンピュータの研修には，大学のコース，1日セミナー，所内研修，個人指導方式ソフトウェア，また最後の手段としてソフトウェアのマニュアル等の色々なものがあります。私は集中的に1日セミナーを受講し，後は自分で数週間かけて練習問題で補っていく方法が好きです。大学のコースはより安いのですが，一学期分にわたって，だらだらと長引く傾向があります。所内研修はとても良いのですが，企業や法律事務所はその金額を支払うことに対して一般的に乗り気ではありません。ユーザーマニュアルの個人指導方式ソフトウェアは初心者には向いていますが（コンピュータに質問することはできないので）これには限界があります。

　私が言いたいのは，パラリーガル職として初めて雇われるまで，コンピュータ研修を受講するのを待ってはなりません，ということです。あなたがそのポジションに就く際，特に一般的なソフトウェア・プログラムに関しては，なるべくたくさんの知識を備えている必要があります。法律特有のプログラムについて知っていることは求められていません。それらは，あなたが仕事に就いてから習得するものです。

パラリーガル，テクノロジーと将来

　法律業界はいまやかつてないほど技術を享受していることは自明の理です。1980年代の技術に対する懐疑と拒絶は，弁護士はいまやテクノロジー無しには競争に勝てないという信念に取って代わりました。

　コンピュータ知識を持つ人たちにとって，今ほどパラリーガル職に就くのに良い時期はありません。PCの低コスト化及びスピードアップのみならず，Windowsへの移行のおかげで，数々の革新的な法律技術アプリケーションを生み出し，パラリーガルにとってエキサイティングなチャンスを生み出しました。

　パラリーガルは，コンピュータについて何も知らない弁護士と法律について何も知らないコンピュータ・スペシャリストとの間の理想的な絆だと思います。将来，コンピュータ通のパラリーガルは，所内のソフトウェア・サポ

ートの提供，新しい所内のコンピュータ・アプリケーションの開発並びに専門家とサポート・スタッフのトレーニングに益々かかわってくると思います。

今では，ほとんどの法律事務所のマネージャーは，コンピュータが，リーガルサービスの提供改善，収益の増加，人件費及び管理費用の削減もすることで，生き残るために必要な競争力をもたらすことを認識しています。日々の仕事にコンピュータを導入しない弁護士は不利な立場にあります。

例えば，インターネットを広く受け入れることに伴い，インターネット・パラリーガルと呼ばれる新しいポジションが出現する可能性もあります。情報の管理やアクセス，またインターネット検索に関する専門知識を備えるパラリーガルは，法律事務所にとってかけがえのない存在となるでしょう。

過去数年の間に，ほとんどの法律事務所は，法律業務におけるコンピュータの重要性について認識し始めました。クライアント獲得競争の激化のみならず，法律職の業務の縮小により，生産性及び利益を伸ばすためにテクノロジーは必需品になってきました。パラリーガルは，法律と技術の両世界の橋渡しという極めて重要な役割を果たすことでしょう。

さて，今やあなたは仕事を探すために必要な教育，トレーニング，技能及びコンピュータ知識に関する充分な情報を得たので，次の章では，仕事を始めるいくつかの方法について探ります。

第7章

どうすれば自分に合った仕事が見つけられるのか

> この世に保証というものはない,あるのは機会だけだ
> ダグラス・マッカーサー

　あなたは今,人生の小さな楽しみのひとつである「仕事探し」を始める段階に来ました。1つの会社で35年間働いて,当然に年金を受け取り,心配事が何一つなく退職できる時代は終わったのです。多くの人々は,退職前に——勤務先はもちろんのこと——キャリアを数回は変えるでしょう。仕事を手に入れる方法について,価値あるアドバイスを提示している,とても良くできたハウツー本はたくさん市販されているので,ここでは重複しないよう試みました。この章では,他の本が触れていない,特にパラリーガル職に関する情報を紹介しましょう。

現代の仕事探し

　1990年代前半の不況は,法律業界に重大な影響を与えました。法律事務所は初めて解雇,吸収合併,併合,そして破産さえも経験することになったのです。しかしここ数年,経済は上向き傾向で,それはあらゆる業界における安定化と解雇の減少を意味しました。これは,雇用機会が増大しつつある新人レベルのパラリーガルにとっては朗報です。
　『リーガル・アシスタント・トゥデイ』誌の第2回年次就職内定状況調査によると,1995年度卒業生の65％が卒業後3ヵ月以内に職を見つけ,6ヵ月以内が77％,12ヵ月以内が83％との結果が出ました。調査に参加した33のプログラム・ディレクターの内,91％もの人たちが,パラリーガルの雇用市場は「良い〜非常に良い」と答えました。悲観的と答えた少数派の人たちは(米国内)北東部に位置していました。あるディレクターは,北東部

エリアでさえ，パラリーガルは新人弁護士に比べニーズが高いと言っていました。

この調査では，楽観的であるの理由の1つに，パラリーガルには従来とは違う仕事が増加していることを挙げています。例えば，あるコロラド州のパラリーガル・プログラムの進路オフィスによれば，新人レベルの求人情報の30—40％は，従来の法律事務所や政府機関以外のものでした。それらの求人情報の1つに，ロースクールでの視聴覚技術アシスタント——技術知識を持つパラリーガルにとっては最高のポジション——などもありました。

同スクールによると，現在の求人の過半数は，1980年代に求人のほとんどを提供していた大手法律事務所によるものではなく，1—50人程度の弁護士のいる小中規模の法律事務所による従来のポジションの求人であるとのことでした。

これらの統計に励まされる一方で，あなたは仕事探しにおいて柔軟にならなければなりません。サンフランシスコ・ベイエリアにある大学のパラリーガル実習授業で講師をした時に，ある生徒がパラリーガル職を見つけられないとこぼしたので，彼に，約45マイル離れたサンフランシスコで職探しをしたか尋ねたところ，彼は通勤時間の問題から探していないと答えました。私は彼に，履歴書に記載する仕事を得るために1年くらいは長い通勤時間を耐えて，その後もっと家に近い次の仕事を探せばよいのだから，職探しをサンフランシスコに広げるようアドバイスしました。このように柔軟になれば，後によりよい仕事に繋がるチャンスが広がってくるのです。

雇用者は何を求めているか

1980年代，市場が景気づいてきたとき，雇用者たちは新しい被雇用者の教育，経験及び技能に対してこだわりませんでした。しかし，1990年代前半には不況となり，パラリーガル研修プログラムの卒業者が増え，そして有資格者の集団ができ，経験あるパラリーガルが育ち，全てを変えてしまったのです。以下は，教育の必要条件，技能レベル及び法律専門分野に関連する，幾つかの雇用の傾向です。

教育の必要条件

　パラリーガル職については，業界一般に適用できる教育と実習の基準を定義づけるのに苦心しています。パラリーガル職の必要条件は雇用者により，また地域によりまちまちですが，ある重要な傾向が見えてきています。それは，法律事務所の規模や，地域や，専門分野が違っていても，雇用者は採用する新人レベルのパラリーガルに対し，正式なトレーニング──パラリーガル養成プログラム修了証書と学士号のいずれか，あるいは両方──の修了を求めています。これらのいずれが無くても法律事務所に就職できた時代は終わったのです。

　このような基準の採択は，今日パラリーガル業界においてどこでも見られます。第5章で触れた，全米パラリーガル協会連盟（NFPA）によるPACE試験は，受験要件として学士号取得を設けています。NFPA発行の1995年度パラリーガルの給与及び福利厚生に関する報告書によれば，調査に答えたパラリーガルの54％が学士号を，85％がパラリーガルの証書を持っています。サンフランシスコ及びバージニア州リッチモンドの1996年度リーガル・アシスタント経営管理協会（Legal Assistant Management Association─LAMA）年次総会の中で，チェリ・エストリンを委員長とした円卓会議に参加したパラリーガル・マネージャー達は，学士号取得はとりわけ大手法律事務所において必須であることに同意しました。しかし，パラリーガル証書の必要性については意見が分かれました。

　この会議に出席したマネージャー全員が，CLAまたはPACEのいずれかの任意の認可は，雇用の要件にはならないという意見で一致しました。これらの認可は，個人的な達成を量る指標に過ぎないものと見なされました。

　ここでのメッセージは明白です。新人レベルのパラリーガルは，競争力を保つために正式なトレーニングを受講しなければなりません。トレーニングの種類は，法律事務所の大きさや地域にもよりますが，学士号や何らかのパラリーガル教育を受けておいて後悔することは決してありません。

第7章 どうすれば自分に合った仕事が見つけられるのか

要求される技能

どんなキャリアを選ぶにせよ，できるだけ多くの技能を身につけておいて間違いはありません。なぜなら，雇用者たちは他人との相違点と，多様な技能をもった人材を求めているからです。今日の雇用者は優位に立っていて，質の高い応募者の多数の集団の中から選りすぐることができるため，第5章で述べた基本的な文章力，リサーチ及び整理能力の他に，バイリンガル能力（日本語とスペイン語がリストの上位を占める），第6章で見てきたような何らかのコンピュータの専門技術といった付加的な技能を，たくさん提供できるほど良いのです。

パラリーガル職に関する1996年度LAMA円卓会議において，パラリーガル・マネージャーたちは，パラリーガル職に就くのに必須の技能及び資質のトップ3を問われて，その回答には次のようなものがありました。

- 技術力，対人能力及び証書のある実績
- ライティング技術，学業成績，人生のスキル
- 問題解決能力，柔軟性，やる気のある態度

あるマネージャーは，「常識」こそが新人パラリーガルの備えるべき唯一で最も重要なスキルであると言っていました（私もまったく同感です！）。成功するパラリーガルに求められるその他の資質として，粘り強さ，忍耐，前向きな姿勢，細部への注意深さ，そして仕事への献身が挙げられました。

雇用の傾向

本書の第2版で，新人パラリーガルが常勤で長期の就職ができる見通しは，景気の低迷と経験あるパラリーガルの高い供給力から，有望とはいえないと書きました。しかしその後，景気が好転し，あらゆる職業でコストを抑えるためベテラン労働者の雇用を削減したため，新人パラリーガルにとって状況は一転しました。

新人パラリーガルの正社員数は増えてきてはいますが，やはり法律事務所はいまだ臨時雇いのパラリーガルに依存しています──多くの事務所でその傾向は今までで最も顕著になっています。もしあなたが臨時の仕事を希望し

ているならば，初めてのパラリーガル職を得るには素晴らしい方法です。

ホットな分野，ホットでない分野

パラリーガル職に関する1996年度LAMA円卓会議で，パラリーガル・マネージャー達は，ホット及びホットではない専門分野として次のものをリストアップしました。

- ホットな分野：M&Aを含む会社法，証券法，知的財産法，銀行法，訴訟（特に，コンピュータ化された訴訟），労働法，不動産法
- ホットでない分野：遺言検認（今日，小規模法律事務所でしか扱われていません。大手法律事務所はこの分野から撤退しています。）

経済回復により，会社法及び不動産法担当のパラリーガルの需要は急激に高まりつつあります。これは，リクルーターが会社法及び不動産法をホットでない分野と位置づけた『リーガル・アシスタント・トゥデイ』誌の1992年度調査と対照を成しています。これらの2つの専門分野——会社法及び不動産法——は，常にニーズのある訴訟のような他の分野に比べ，より景気変動の影響を受けやすいということを覚えておいてください。

トップの法律事務所のリスト

次に挙げるものは，1997年に実施された『リーガル・アシスタント・トゥデイ』誌による，「働きやすい法律事務所ランキング」の第1回年次調査結果です。自分たちの法律事務所が一番良いとする主な理由に，71％以上の調査回答者が，尊敬の念と雇用者によるサポートを挙げました。驚くことに，給与及び福利厚生は二の次でした。

弁護士が1—5人の法律事務所：
  Brigham & Gaustad, Ukiah, CA（カリフォルニア州）
  Richard Lee Cobb & Hall, P.C., El Paso, TX（テキサス州）
  次点
  Berger & Berger, Evansville, IN（インディアナ州）
  Law Office of Stephen H. DeBaun, Tucker, GA（ジョージア州）
  Dempsey & Kingsland, P.C., Kansas City, MO（ミズーリ州）

第7章 どうすれば自分に合った仕事が見つけられるのか

  Dijulio & King, Glendale, CA（カリフォルニア州）
  The Keenan Law Firm, Atlanta, GA（ジョージア州）
  Komyatte & Freeland, P.C., Highland, IN（インディアナ州）
  Mace J. Yampotsky, Ltd., Las Vegas, NV（ネバダ州）
弁護士が6―10人の法律事務所：
  Boynton, Waldron, Doleac, Woodman & Scott, P.A., Portsmouth, NH（ニューハンプシャー州）
  Moses, Wittemyer, Harrison & Woodruff, Boulder, CO（コロラド州）
弁護士が11―50人の法律事務所：
  Upton, Sanders & Smith, Concord, NH（ニューハンプシャー州）
  Williams & Anderson, Little Rock, AR（アーカンソー州）
  次点
  Hanft, Pride, O'Brien, Harries, Swetbar & Burns, Duluth, MN（ミネソタ州）
  Hunter Richey DiBenedetto & Brewer, Sacramento, CA（カリフォルニア州）
  Lewis & Kappes, Indianapolis, IN（インディアナ州）
弁護士が51―100人の法律事務所：
  Miller, Johnson, Snell & Cummiskey, Grand Rapids, MI（ミシガン州）
  Wright, Lindsey & Jennings, Little Rock, AR（アーカンソー州）
弁護士が100を超える法律事務所：
  Vorys, Sater, Seymour and Pease, Columbus, OH（オハイオ州）
  Pennie & Edmonds, New York, NY（ニューヨーク州）

  出典：Copyright 1997 James Publishing, Inc.『リーガル・アシスタント・トゥデイ』誌の厚意により転載。定期購読の問い合わせは，800-394-2626に電話してください。

 興味深いことに，上述の20のうち12の法律事務所（60％）が中西部及び南部に位置し，5つの事務所（25％）が西部（カリフォルニア州，ネバダ州，コロラド州）に，そしてたった3つの事務所（15％）が北東部（ニューヨーク州，ニューハンプシャー州）に所在しています。

攻略方法

　最近の経済発展，最新の雇用傾向，そしてあなた自身の経済状態を考えてみると，初めての仕事探しということになったとき，あまり選択の余地はないかもしれません。仕事は，おそらく法律事務所の訴訟分野で短期間働くものが見つかるでしょう。なぜなら，今現在多くの仕事がその分野にあるからですが，これまで見てきたように，パラリーガルのキャリアはまだまだたくさんの可能性を秘めています。

　以下の「攻略方法」は，あなたに最適のパラリーガル職を決めるのに役立つように考案しました。結局この攻略方法のゴールは，可能な専門分野を，あなたの興味，技能，教育及び背景に最も調和する1つに限定することなのです。次の5つのステップは，あなたがゴールにたどりつくのに役立つでしょう。

　　ステップ1──あなた自身から見た，各法律専門分野の利点と欠点をまとめること
　　ステップ2──異なるタイプのパラリーガル雇用者を検討すること
　　ステップ3──キャリアに関する重要な質問に答えることにより，あなた自身のキャリアのゴールや目標を明確にすること
　　ステップ4──あなたの技能，興味，教育及び経験について，リストアップすること
　　ステップ5──あなたのパラリーガル職探しに最良の方向を決めるため，あなたのゴールや目標を，あなたの技能，興味，教育及び経験に適合させること

（各ステップをもっと詳しく見ていく前に，第2章から第4章を読み返した方がいいかもしれません。そこには，ステップ1を完了するのに役立つ情報が含まれています。）

ステップ1──各専門分野の利点と欠点をまとめること

　既にお分かりのように，パラリーガルの仕事満足度を決定する最も重要な

要素の一つは，あなたが仕事として選ぶ分野なのです。裁判関係の専門分野で働くことと，非訴訟分野で働くこととでは違いがあるので，これについては第3章で取り上げた専門分野を読み返して下さい。それから，第3章から第4章にある，それぞれの分野のキャリア・サマリーの一覧を再検討して下さい。

もちろん，この情報は網羅的なものではないので，あなた自身が集めた情報——現職のパラリーガルとの会話から得たとっておきの話など——で補足するべきです。なお，攻略方法のステップ1はまったく主観的なものだということを覚えておいて下さい。即ち，私にとっての利点はあなたにとっての欠点かもしれないのです。キャリア・サマリーには，私の個人的な経験と他のパラリーガルたちとの会話を基にした私の見解が含まれています。

> **キャリア・アドバイス**
>
> 訴訟と他の専門分野の主な相違点は，訴訟が論争を中心としていることです。あなたは常に自分が正しいということ，または相手方が間違っているということを証明しようとするため，他の専門分野にはない対抗心というものを仕事に持ち込むことになります。パラリーガルと弁護士の中にはこれを生きがいとし，刺激的と感じる人もいますが，ストレスが多く精神的に疲れると感じる人もいます。あなたがどのようなやりがいある仕事を求めるかについては，現実的になるべきです。

―――――― **キャリアプロフィール** ――――――

看護師からパラリーガルへ

「私は1977年に看護学で学士号資格を取得し，6年間テキサス州フォートワースにあるハリス病院で手術室看護師として働きました。1982年の夏，私はフォートワースにあるダレル・キース法律事務所のナース・リーガル・アシスタントの求人広告を見たのです。さらに問い合わせた結果，私がここ数年間従事してきた仕事——医療過誤訴訟——に，携わることになりました。私は引き続きこの分野で仕事をしていきたいと思っています。というのも，看護師としての経験を，リーガル・アシスタントとしての責任と組み合わせることによってすばらしい満足を得ているからです。私の経験から，ナース・リーガル・アシスタントを目指

している看護師には，地元の大学で1つか，またはそれ以上のパラリーガル・コースを受講することをお勧めします。これは一般的な法律専門用語理解の基礎となり，転職の時に助けとなります。」── E・アール・ハウス，シニア・ナース／リーガル・アシスタント，テキサス州フォートワース

ステップ2 ── 異なるタイプのパラリーガル雇用者を再検討すること

パラリーガルの仕事での満足度は，小規模，中規模，あるいは大規模の法律事務所，企業，政府機関または非営利的組織のどこで働くかにも，大きく関係してきます。最初は法律事務所で働く可能性が高いのですが，他の選択もできるということを心に留めておくことは大切です。第2章の雇用者の概要を読み返して，異なるタイプの雇用者の利点と欠点を再検討してみて下さい。

ステップ3 ── あなたのキャリアのゴールや目標を明確にすること

多くのキャリア・ガイド本に書かれている，「あなたのゴールや目標を明確にする」とは，簡単に言えば「なんじを知れ」ということですが，言うは易く行うは難しです。この章ではゴールや目標は，パラリーガルとして仕事を手に入れようとするときに考慮が必要な特定の事項として定義されています。以下の質問は，あなたがそれを明らかにするのに役立つでしょう。

① あなたは，会社，訴訟，遺言検認，不動産，特許及び商標，資産運用，証券，行政あるいは刑事のうち，どの法分野に一番興味がありますか。
② あなたは裁判所関係の業務を行うのと，不動産あるいは知的財産権といったあまり裁判に関わらない分野で働くのと，どちらを望みますか。
③ あなたは，労働法あるいは入国管理法のような，人が関係している分野に興味がありますか。
④ あなたは，大きな法律事務所で専門家として始めるのと，小さな法律事務所で万能型（ジェネラリスト）として始め，専門分野は後で決めるのと，どちらを選びますか。
⑤ あなたは，民間（例えば法律事務所，企業，銀行あるいは保険会社など）あるいは，公的機関（連邦，州あるいは地方公共団体機関）のどちらで働

くのに興味がありますか。
⑥ あなたは，小，中，大，どの規模の法律事務所で働きたいですか（法律事務所は一般的に，大きいほど設備があり，それは長所です。しかし，大きな法律事務所ではパラリーガルに特定分野での専門化を望むことが多く，それは短所にもなります。限られたことしか満足にできない人というふうに見られるかもしれません。小さな法律事務所は，より少ない設備しかないが，そこではパラリーガルも大きな責任を持って仕事をしていることが多い，ということを覚えておいて下さい）。
⑦ あなたは，パラリーガルの職から何を望みますか。パラリーガルを長期間のキャリアとして興味を持っているのか，あるいはパラリーガル以外のキャリアへのステップとして，またはロースクールかビジネススクールに進むまでの腰かけとして興味を持っているのでしょうか（パラリーガルとして実際に働くまで，この質問には答えられないかも知れません。次の章ではすべてのパラリーガルに開かれている昇進の機会と選択肢を取り上げます。これは，今仕事を探しているあなたに役立つ内容でしょう）。

ステップ4——あなたの技能，興味，教育及び経験についてリストアップすること

パラリーガルキャリアに関するあなた自身のゴールや目標を定めたら，次のステップはあなたの教育，技能，職業経験，そして最も重要なあなた自身の興味を査定することです。

あなたは高校あるいは大学を卒業したてで，新しいキャリアを築こうとしているのですか。現在の仕事に飽きて，仕事を変えることを考えているのですか。それとも何年間か社会から遠ざかった後復帰するために，新しい技能を身につけることを求めているのですか。

前に述べたように，あなたがどういう人で，（仕事に関して）何が好きなのかを見つけだすのは簡単ではありません。しかし，前もって考えておくことは，より満足のいくキャリアを志すのに役立つことと思います。まず，あなたはパラリーガルの使う技能に関する次の質問に答えてみて下さい。

① あなたは，最小限の監督のもとで自主的に働くことが好きですか（あ

るいは，好きになれると思いますか）。
② あなたは，パニックに陥らずに，幾つかのプロジェクトを同時にこなす能力がありますか。優先順位をつけることができますか。
③ あなたは，言葉及び文章によって上手くコミュニケーションを取ることができますか。
④ あなたはリサーチが好きですか。あなたは，いちいち教えられなくとも必要な情報を見つけだすことができますか。
⑤ あなたは，細いことに注意深いですか。十分な整理能力がありますか。
⑥ あなたはコンピュータを使えますか。もし使えないのであれば，コンピュータを習い，その技能を身につける気はありますか。

次に，他の職業分野での経験があれば，それを検討してみましょう。なぜなら，パラリーガル分野は，誰にでも開かれているので，そこには非常に多様な職業的背景を持つ，様々な人が存在しているからです。全米パラリーガル協会連盟（NFPA）の1995年度パラリーガルの給与及び福利厚生に関する報告書によれば，回答者の75％以上が他の職業経験を持ってパラリーガル分野に入ったということです。そのうち，主なものは以下のとおりです。

リーガル・セクレタリー　31％
教育　5％
保険　3％
医療　3％
会計　3％
裁判所業務　2％
ジャーナリズム　2％
看護師　1％
法執行（警察官など）　1％

加えて，パラリーガル分野に入るにあたり，回答者の36％が2年から5年，26％が10年以上の職業経験をもっていました。パラリーガル職は，確かに，多くの人々にとって第二のキャリアとしての選択肢になりつつあります。

第7章 どうすれば自分に合った仕事が見つけられるのか

ステップ5——あなたのゴールや目標を，あなたの技能，興味，教育及び経験に適合させること

あなたのゴールや目標を，技能と興味に適合させることにより，あなたに最適なパラリーガル職のタイプを決定することができるでしょう。

例えば，最近化学の理学士として大学を卒業し，これまで企業のリサーチ及び開発部門で働いていたとしましょう。あなたは，今の仕事にうんざりして職業を変えることを望んでいます。ロースクールに進むことを考えていますが，それを決めるのにパラリーガルとしての経験が役立つのではないかと思っています。あなたの経験，技能，そして教育からは，企業の法務部で特許のパラリーガルとして働くのが適しています。

あるいは，あなたはこれまで10年間，看護師として勤めていて，職を変えることを望んでいるとしましょう。あなたが，できればまだ医療知識及び経験を生かしたいと思っている場合，小さな法律事務所の人身傷害法分野の職が最高の選択でしょう。

あなたは，家庭に入った後で，また働こうとしているのですが，売り込めるような才能がほとんどないと感じています。そして以前は秘書的な経験をしたけれども，また秘書には戻りたくない，としましょう。あなたは訴訟パラリーガルとして始めるか，コンピュータが使えればコンピュータ訴訟のサポート分野で働くことができるでしょう。前に述べたように，訴訟はスタートにうってつけの場です。なぜなら，そこでは訴訟手続の基本的な基礎を学ぶことができますし，他の専門分野よりも多くの仕事があるからです。

あなたは不動産に興味があり，資格を持っているけれども，セールスの仕事にストレスを感じ，向いていないと分かったとしましょう。あなたは法律事務所，企業，開発会社の不動産部のパラリーガルになることができます。そうすれば，あなたは不動産の分野に留まりつつ，売買につきもののプレッシャーを経験せずに済むことになります。

ある女性は，大学で金融を専攻し，数年間金融アナリストとして数字ばかりを分析していましたが，完全に飽きてしまい，学校に戻ってパラリーガルの資格を取得し，現在合併と買収を専門に証券法の分野で働いています。彼女は飽きることなく，日常的に金融の経験を生かしています。

肝心なのは，パラリーガルとしての仕事を探すにあたって，これまでの職業経験，技能，あるいは興味を生かすことです。あなたは，非常に価値のある専門分野において，それらを用いることができるでしょう。

―――――――――――キャリアプロフィール―――――――――――
言語療法士からパラリーガルへ

サンディー・フィリップは，言語病理学と言語発達学の学士号を受けた後，25年間リハビリテーション・センターと病院において，言語療法士として働いてきました。彼女の仕事は報われるところの多いものでしたが，独立契約者（インディペンデント・コントラクター）として時間単位で働く，という欠点がありました。1987年，彼女はより確実な収入が必要であると考え，パラリーガルの資格取得のために，アトランタにあるパラリーガル養成のためのナショナルセンター (National Center for Paralegal Training) に入学しました。卒業後，彼女は履歴書を送付して，アトランタの大きな法律事務所に就職し，行政法と環境法の両方で，スーパーファンド，公益事業の公聴会及び医療管理の問題を含む様々な事件に関して働いています。彼女の医療経験は，病院の証明書に関する事件において，何かと便利なようです。彼女は，仕事を手に入れるにあたって助けとなったのは，医療関係の経験であると信じています。――サンディー・フィリップ，パラリーガル，アトランタ

雇用の情報源

あなたが仕事探しの最高の方向性を定めたら，次のステップは，あなたを雇い入れる雇用者をはっきりさせることです。臨時雇用のパラリーガルの利用が増加し，景気が回復したため，就職できる可能性は今までより良い状況です。ここで，最も好ましい仕事を探すための，いくつかの提案をしたいと思います。

第7章 どうすれば自分に合った仕事が見つけられるのか

パラリーガル職を手に入れた方法	
方法	仕事を手にいれたパラリーガルの割合(％)
ネットワーク作り	25
求人広告	19
昇進	17
履歴書送付	9
職業紹介所	8
学校の就職斡旋	5
パラリーガル協会人材バンク	4
その他	13
出典：1995年度パラリーガルの給与と福利厚生に関する報告書，全米パラリーガル協会連盟（NFPA）発行	

個人的なコンタクト

　ネットワーク作りあるいは口コミは，仕事を手に入れる最も優れた方法であると言って間違いないでしょう。しかし，多くの人脈を持たない場合，むしろいちばん時間のかかる方法のひとつです。

　人脈を開拓する良い方法は，地元のパラリーガル協会に加入することです。しかし，残念ながらここ数年間，私が話をした人の中で，職探しの過程で協会に加入しなかった人は数知れず，これは誤りだと言えます。

> **キャリア・アドバイス**
>
> 　私は，パラリーガル養成プログラムに在籍中，そして職探しを始める前の段階で，地元のパラリーガル協会に参加することを，強くお勧めします。実際に仕事を探し始めるまで待っていてはいけません。多くの協会には，学生の会員がいます。リストを入手して，あなたの地元にパラリーガル協会があるかどうか確かめてみてください（住所：the National Federation of Paralegal Associations, Inc., P.O. Box 33108, Kansas City, Missouri 64114-0108 U.S.A., 電話番号：816-941-4000)。NFPAのホームページは，www.paralegals.org です。

これらの協会は，会報，キャリアの討論会及び様々な専門分野でのセミナーや，仕事についての電話相談など，多くの価値ある情報とサービスを提供しています。ほとんどの協会は，NFPA の会員でもあり，地元の協会に参加すれば，NFPA が発行している季刊紙が送られてくるでしょう。また，多くの都市に存在する法律業界のコミュニティは，大都市においても比較的小さくて結びつきの強いものだということも，覚えておいて下さい。ネットワーク作りを始めれば，あなたは短い時間でたくさんの人々と知り合うことになるでしょう。

職業紹介所とパラリーガル・リクルーター

全国的に知られているほとんどの職業紹介所は，法律職員を採用する法律部門を持っています。しかし，彼ら自身にパラリーガル経験がないため，この分野については，むしろ彼らリクルーターの多くが，ほとんど何も知らないのです。

ここ 5 年の間に，新しい種類の職業紹介所が現れてきました。かかる紹介所の多くは，元パラリーガルが所有し，経営しているもので，パラリーガルの職探しのみを行っています。これらの紹介所の長所は，元パラリーガルとしてリクルーターが雇用者及び被雇用者の要望及び懸念を把握かつ理解していることです。私は，リクルーターがパラキート（小型のインコ）とパラリーガルの違いも知らないような，昔ながらの紹介所よりも，この種の紹介所を使うことを強くお勧めします。

私の友達が 8 年間勤務したサンフランシスコの大企業を解雇されたとき，彼女は短期の職を求めて紹介所に行きました。彼女の専門は行政法で，履歴書は，彼女の高い技能と経験をはっきりと示していました。彼女は 6 年間訴訟パラリーガルとしても勤めており，合計 14 年間の経験が有りました。彼女が短期の仕事の面接をしたとき，リクルーターは陳述書の要約（パラリーガルとしては基本的技能です）が，彼女の経験レベルでは難しすぎるかどうか判断できなかったのです。

パラリーガルが所有し，経営している紹介所は，特定の地位に必要とされるレベルの技能と経験に合わせた仕事を紹介しています。かかる紹介所を探

すには，地元のパラリーガル協会に連絡をしてみて下さい。おそらく，そこにはリストがあるでしょう。現在の全米のパラリーガル・リクルーターのリストについては，付録Dを参照して下さい。

短期の職業　パラリーガル就職紹介所は，長期及び短期の紹介サービスを行っていますが，短期の職業は最初のパラリーガル職を手に入れるにあたって優れた方法です。短期の職業は，貴重な経験を得る機会と共に，事前に様子を見る機会を与えてくれますし，どこが一番良いかを決める前に，いくつかの異なる法律事務所あるいは企業で働く機会を与えてくれます。さらに，次のシャイリーン・キャティの経験のように，短期の職員に長期の地位を与えてくれる組織も多いのです。

――――――――――キャリアプロフィール――――――――――

短期から長期のパラリーガルへ

「私は1985年9月にパラリーガルの資格を取得しましたが，実際に働き始めたのはそれより数ヵ月前です。フィラデルフィアの短期パラリーガル紹介所が，コンピュータ知識のある人を必要としていて，私はコンピュータを教えていた経験があったので，紹介所は私を派遣したのです。その事務所はコンピュータ化された訴訟が関係する大きな反トラスト事件に係わっていました。3ヵ月後，その法律事務所はその事件は私を常勤で雇うほどの仕事がないと判断し，他の事件の仕事も与え始めました。9ヵ月が過ぎたとき，彼らは私に紹介所との契約を終了するように言い，その時から私はこの法律事務所で働くことになったのです。」

――シャイリーン・キャティ，パラリーガル，フィラデルフィア

――――――――――

短期雇用は，雇われる者と雇う者の両者に利点があります。1990年前半に経済がひどく傾き始めたとき，多くの企業は出費を抑えるために従業員を削り始め，それ以降長期の従業員を増やすことを渋り続けています。法律事務所においても同じです。実際に，法律事務所に来る仕事には波があり，短期の被雇用者が職場の戦力の重要な部分となっています。彼らは必要に応じて雇用されるのです。

求人広告

多くのキャリア・ガイドが，求人広告は避けるよう忠告しており，大体に

おいてそれは正しいのですが，それらをパラリーガル雇用の情報源として見すごしてはならない理由が2つあります。第一に，弁護士は常に事務職員，パラリーガル，弁護士の採用広告をしているということです。なぜでしょう。彼らは，費用を考えて，職業紹介所にお金を出すより，広告を出す方をとっているからです。第二に，求人広告は特に職探しを始めるにあたって，価値のある情報になるということです。あなたは，雇用者，法律専門分野，仕事の義務，資格や給料について様々な事実を知ることができるのです。

　求人広告で最も良いのは法律業界紙です。仕事はたいてい弁護士，パラリーガル，秘書及び経営スタッフの別に分類されています。もし，地域に法律業界紙があるか分からなければ，地元の図書館をあたって下さい。多くのパラリーガルが求人広告によって仕事を得ていますし，実際に私もそうです。一流の法律事務所で証券パラリーガルとして3年半勤めた後，私は企業で働きたいと思いました。職探しの際に，職業紹介所の相談員はそのような地位を見つけるのは「極めて難しい」と言いました。それで失望することはありませんでしたが，数カ月後，私は大企業に雇われました——私が，サンフランシスコの法律業界紙の求人広告で見つけた仕事です。求人広告は役に立つのです。

インターネット

　本書の前版の刊行以後，キャリアに関する情報入手のための新しい手法が出現しました。それはインターネットです。仕事を得るための一番の方法，つまり人的ネットワークの代わりにはなりませんが，インターネットは雇用者・被雇用者の両方にとって貴重な仕事探しの手段になりつつあります。インターネットの即時性によって，オンラインで職を探す人々は，従来の求人広告を利用する人たちの一歩先を行っています。

　『リーガル・アシスタント・トゥデイ』1996年9／10月号に載った，Robert Half International, Inc.が開発した調査において，米国大手企業トップ1000の中から参加したエグゼクティブ150人の内61％が，インターネットの理解を深めることにより，その分野における市場性を高めると確信しました。

第7章 どうすれば自分に合った仕事が見つけられるのか

キャリア情報や人材募集について検索する際，次のようないくつかのタイプのホームページがあります。
- 一般のキャリア情報
- 一般の新聞
- 法律業界紙
- 法律事務所及びパラリーガル協会

一般のキャリア情報　以下に，様々な分野における一般のキャリア情報や人材募集情報を提供してくれる人気の高いホームページのリストを挙げます。決してすべてを網羅したリストではありませんが，スタートには有効です。

CareerBuilder（www.careerbuilder.com）――企業及び求職者に，仕事をリストアップするサービスや，キャリア・アドバイスを載せたオンラインマガジンを提供しています。利用者はレジュメを作成したり，オンライン広告に返応したりすることが出来ます。

Career Links（www.careertalk.com/career_links.html）――キャリア及び求人一覧を掲載した主要サイトの包括的な要覧です。

Career Mosaic（www.careermosaic.com）――データベースのJOBSやUsenet ニューズグループ（注：インターネット上の電子掲示板システムで，話題ごとにまとめられた記事グループ）をキーワードやトピックによって検索できます。

E-Span（www.espan.com）――掲載料金を払っている雇用者からの7,000を超える仕事を搭載したデータベースです。検索ではなく会社ごとの閲覧に向いています。また，障害者のための特別セクションも設けています。

JobDirect（www.jobdirect.com）――大学生や新卒者のための，新入社員向けの仕事及びインターンシップに特化した新しいサービスです。

JobWeb（www.jobweb.org）――サイト内の「カタパルト」セクションには，地域別の職種一覧や，ヘッドハンター（人材スカウト業者）や専門職協会へのリンク先が載っています。

Monster Board（www.monster.com）――世界中の5万5千を超える求人一

雇用の情報源

覧を載せており，ウェブ上で最も包括的な求人データベースを自称しています。このサイトでは，レジュメを電子メールにコピーするか，オンライン上のレジュメ・フォームの項目に記入して，インターネット上に掲示されるポジションに応募することが出来ます。また，雇用者が求人検索に使う全国的なデータベースに，レジュメを提出することも可能です。

Online Career Center (www.occ.com/occ)──業界，都市，州別にサーチできる求人一覧データベースです。求職者は，レジュメをオンラインに置いたり，会員企業に関する詳細情報を閲覧したりすることが可能です。

The Riley Guide (www.jobtrak.com)──"The Guide to Internet Job Searching"(インターネットによる就職活動の手引き)の著者であるマーガレット・F・ライリー (Margaret F. Riley) によって編集されました。このサイトは，職を見つけるためのインターネット利用方法について説明しています。

一般の新聞紙　地方新聞の求人広告欄での時間のかかる職探しは，インターネットに取って代わられつつあります。すでに述べたとおり，法律事務所はパラリーガル職の募集広告をよく地方紙に掲載します。ほとんどの主要新聞は，求人広告をインターネットに載せるようになりました。それらのサイトの一部を紹介します。

Career Path (www.careerpath.com)──全米有力紙から集まる10万を超す仕事を載せた最大オンライン・データベースの1つを搭載しています。利用者のレビューによれば，そのデータベースは，地域，キーワード，職務内容別に検索でき，速くて使いやすいようです。しかし参加している新聞に限られるのが欠点です。

Ecola's 24-Hour Newstand (www.ecola.com/news/)──全米(及び世界中)の何百もの日刊新聞，雑誌，コンピュータ出版物のサイト一覧です。これは，主要な都市新聞に限定されていません。

法律業界紙　法律業界紙は求人広告をインターネットに掲示しており，パラリーガル職の一覧を短時間で見つけるには優れた方法です。パラリーガ

ル職の広告を載せている『ナショナル・ロー・ジャーナル（The National Law Journal）』（www.lawjobs.com）のような全国的な法律業界紙もいくつかありますが，あなたの地域でパラリーガル職を見つける最良の手段は，ローカルの法律業界紙です。各紙のURLが分からなければ，各社に問い合わせてみてください。

法律事務所及びパラリーガル協会　法律事務所の多くが，現在独自のホームページを持っており，現在作成中となるとその数はさらに増します。法律事務所は，電子メール，調査，クライアントとのコミュニケーションのためだけにそのホームページを使うのではなく，求人広告を載せるためにも利用するケースが多くあります。さらに，各地域のパラリーガル協会もホームページを開設し求人広告を載せようとしています。これは恐らく，パラリーガル職を見つけるための最短のルートの1つでしょう。

すでに述べたとおり，NFPAのホームページ（www.paralegals.org）にもパラリーガルの求人情報が載っています。

隠れた就職市場

専門家は，一般的な就職市場には20％の職しか求人広告がされていないと言います。しかし，採用に広告を使うという法律専門家の傾向によれば，パラリーガルと他の法律職に関する求人の割合は，もっと高いものだと思います。それにもかかわらず，求人広告を出さない雇用者たちの隠れた求人市場が存在するのです。彼らが誰で，どこにいるかを探すのは求職者側の仕事なのです。

幸いに，それは思ったより易しいことです。もし法律事務所で働くことに関心があるなら，職探しを始める最適な場所は，『マーティンデイル－ハベル・ロー・ディレクトリー』（Martindale-Hubbell Law Directory）という法律専門職に関するバイブルです。この数巻から成る一組の本は，米国内の州と市毎に，弁護士と法律事務所全部の名前，住所及び電話番号が記載されており，どの法律図書館にもおいてあります。もしあなたが，職探しを特定の分野で活動している法律事務所や弁護士にしぼりたいのであれば，あなたの

地元の法曹協会も役立つでしょう。法曹協会は，大体において弁護士をアルファベット順と活動分野別の両方で載せた氏名録を発行しています。Martindale-Hubbell は現在 CD-ROM 及びインターネット（www.martindale.com）でも利用可能です。

もし，あなたが特定の企業で働きたいのであれば，コンタクトをとるために法務部門の部長の名前と役職等の情報を手に入れる必要があります。地元の図書館には，そのような情報と企業についてのその他の価値ある事項を教えてくれる "Standard & Poor's Corporate Records"（スタンダード・アンド・プアーズ・コーポレート・レコード）や，Dun & Bradstreet（ダン・アンド・ブラッドストリート社）の "Million Dollar Directory"（『アメリカ主要企業年鑑』）のような人名録があります。

隠れた求人市場から仕事を手に入れるためには，忍耐，時間そして努力が必要です。私は企業での職を探している間，上に述べたような本を参考に，ターゲットとした12の主要な企業のジェネラルカウンシル（重役）に履歴書を送りました。私はさらに電話もかけてみましたが，不運にも面接を受けられませんでした。1年後，求人広告でみつけた仕事に就いている間に，私は先の企業の1つのジェネラルカウンシルから電話を受けました。彼は，私の履歴書をファイルしておいて，仕事が入ったときに，私に合っていると思い，電話してきたのでした。私はその時，積極的に仕事を探してはいなかったのですが，彼は私が断れないような申し出をしてきました。それは，30％増の給与と，新しい分野で仕事をする機会を含んだものでした。

もしあなたが急を要していて，かつ初めてのパラリーガルとしての職を探すのであれば，隠れた求人市場は最適の場とはいえないかもしれません。しかし，一度パラリーガルとしての経験を持って，職探しに必要な時間を費やすことができるのであれば，ここを探してみることは，新たな扉を開くことになるでしょう。

──────────キャリアプロフィール──────────

主婦から法学部学生，そしてパラリーガルへ

|38歳の時，2人の子供を育てた後，私が学士号を取得するため大学に戻りました。私は大学の成績優秀者名簿に載っていたので，ロースクールを受験し，合

第7章　どうすれば自分に合った仕事が見つけられるのか

格しました。私は，1年生と2年生の間の夏休みに時間があったので，サンディエゴ大学の11週間のパラリーガル・プログラムに入学しました。私は，それがロースクールで役立つと思いました。ところがパラリーガル・プログラムの方をすっかり気に入り，『私はなぜ，あと2年間ロースクールで過ごさなくてはならないのかしら』と思いました。そして1985年，私はロースクールに行くのをやめて，素晴らしい法律事務所で訴訟パラリーガルとして働き始めました。私はそれ以来同じ事務所で働いています。

　パラリーガルとして働き始めて，不幸な弁護士を何人も見たので，私はもはやロースクールに戻る気をなくしました。年齢は関係ないことに気がつきました。若い弁護士はより幻滅しているようでした。なぜなら，彼らは現実はこうではないと思っていたからです。ある弁護士は私にこう言いました。『あなたは本当にいい職にある。昨日何か間違いを犯さなかったかと心配して眠れずに，朝の2時にベッドの脇に座っていることなどないのだから。』そのうえ，私は今51歳なので，夫から離れて過ごしたくないし，私自身ロースクールに戻りたいとは思いません。」——ダイアン・レミック，シニア・パラリーガル，カリフォルニア州サンディエゴ

昇　進

　1970年代と1980年代前半は，すでにパラリーガルの役割をしていたリーガル・セクレタリーがパラリーガルに昇進する，というのが一般でした。このような専門職への代替的な道は，見逃すことができません。NFPAによる1995年度パラリーガルの給与及び福利厚生に関する報告書のリサーチの回答者のうち，31％超のパラリーガルが，パラリーガルになる前にリーガル・セクレタリーとしての経験を基礎として持っていました。しかし，そのリサーチに答えた人のほとんどは，カリフォルニア州サクラメントの法律事務所のシニア・パラリーガルであるロヤンヌ・ホリンズのように，かなり前から法律事務所で働き始めた人のようでした。

　「私はカリフォルニア州サクラメントにある中規模の法律事務所で15年間働いていますが，私の法律キャリアは，ここで，新人で無経験のリーガル・セクレタリーとして始まりました。私は，リーガル・セクレタリーとしての

責任をこなすうちに，たくさんのパラリーガルの仕事を行ってきました。2種類の仕事をこなしながら，1人分しか給与をもらえないということが，パラリーガルの資格プログラムを受講するきっかけになりました。卒業後，私は民事訴訟のシニア・パラリーガルとして働き，パラリーガル人事，雇用，解雇，コンピュータ化された訴訟サポートシステムを同じように担当しました。」と彼女は言います。ロヤンヌは，最近，リーガルサービス・ディレクターに昇進し，もはやパラリーガルの職務を行っていません。彼女は現在の地位で，法律事務所のパラリーガル・マネージャーと，リーガル・アドミニストレーターの両方を務めています。

今日，特に小さな法律事務所において，ロヤンヌのようにリーガル・セクレタリーから始めて，優れたパラリーガルとなっている人はたくさんいます。しかし，第5章で述べたように，パラリーガル職の人気と，これから有資格あるいは認定パラリーガルとなる大きな集団が成長しているため，昇進によるパラリーガルは少なくなっています。

就職斡旋サービス

評判の高いパラリーガル・プログラムの多くは，卒業生全員に就職斡旋サービスを行っています。法律事務所は，新しいパラリーガルを採用するのにそれをよく利用します。もしあなたがそれらのプログラムに在籍しているか，または卒業したのであれば，この選択も調べてみて下さい。

―――――――キャリアプロフィール―――――

「私は会計学の学士号を取得し，会計士として2年間働きましたが，他人との接触があまりないため，飽きてしまいました。その後，コロラド州ボールダーに移りましたが，何をしたいのか分からなかったので，しばらくはレストランで調理師として働きました。ある友達が私はパラリーガルに向いているのではないか，と言ってくれたのがきっかけで，私はパラリーガルスクールを調べ始め，幅広い知識の基礎を教えてくれそうな所を選びました。私は，そのスクールをとても気に入りました。働きながら週に2日通い，定時制で修了まで2年間かかりました。

学校で最初の1年を修了した後，マンビル・コーポレーション（Manville Corporation）が，大きなアスベスト事件を担当する短期のパラリーガルを募集

第7章 どうすれば自分に合った仕事が見つけられるのか

していて，私はプログラムの修了後，そこで働きました。マンビルにいる間にも就職活動を続け，保険会社の法務部に雇用されました。その後2年間企業の仕事をしましたが，本当は訴訟をやりたいと感じたのです。私はデンバーにある法律事務所の面接を受け，彼らが，私の適性よりも，彼らが私にとってふさわしいかどうかということに非常に関心をおいていることが印象に残りました。私は製造物責任班に雇われました。

始めから，私はパラリーガル職に自分が何を望んでいるかが，はっきり分かっていました。それは，弁護士の片腕として全てに関わり，チームの一員として尊重されることです。」──イングリッド・トロンスルー，パラリーガル，コロラド州デンバー

研修

研修は，たいていのパラリーガル認定プログラムに組み込まれていて，生徒に実務技能と経験を得る機会を提供しています。法律事務所が研修生をプログラム修了後に雇用することは，よくあります。

もしあなたが実習を行うプログラムを卒業しておらず，まだ入門レベルの仕事を手に入れる機会に恵まれていないならば，限られた時間の間，無料で奉仕することを申し出れば，卒業後にはプラスとなるでしょう。それができれば，最初の仕事に就くとき，役に立つ経験となります。

> **キャリア・アドバイス**
>
> 研修は，「最後の選択肢」のように思えますが，この業界に入るため，重要な人と知り合うため，そして履歴書にパラリーガルの職歴を載せるための手段です。マーケティング，広告，ラジオ，テレビ等といった分野においても，最高に好景気の時でさえ，研修は基本的な訓練になるということも忘れてはなりません。

履 歴 書

巷には，履歴書や送り状を書くワザについての本がたくさん出ています。しかし，職探しにおけるこれらの昔ながらの手法は，もっとふさわしいやり

方で行われるべきです。かつては，履歴書は職探しのカギだと考えられていました。確かに，履歴書なくして仕事を手に入れることはできませんが，今日では仕事を探す過程全体における履歴書の役割は小さくなってきています。

　コンピュータの前に座って，誰かのファイルにしまわれるだけの履歴書と送り状を機械的に作成しているよりも，地元のパラリーガル協会の会合に出席して，貴重なネットワーク作りに時間をかけることによって最初のパラリーガルの仕事に就いたときに，そのことを実感するでしょう。

　個人的なつながりが大切である一方で，あなたに不利なものとしてではなく，あなたのために役立つ履歴書ももちろん必要です。基本的なルールは，以下のとおりです。

- 履歴書は1頁以内に。もし，もっと書きたいことがあれば，「仕事上の業績」と題した添付資料をつければ，1頁の履歴書について詳しく述べることができます。
- 何度も誤字脱字をチェックして下さい。特に，あなたが優れた文章技能を必要とされる地位に応募している場合，誤字は致命的で，プロフェッショナルとみなされません。
- 履歴書に趣味を記載することはやめなさい。これは，高校生がアルバイトに応募するにはいいでしょうが，専門職には好ましくありません。
- くどくなってはいけません。物事は短く，感じよく，です。面接の時に後からつけ加えることはできるのですから。履歴書と送り状は，それぞれの職種にあわせて用意するべきです。時間はかかりますが，受けがよくなります。
- 履歴書の最初の方に仕事の目標を書くか，書かないかを決めるにあたっては十分注意して下さい。なぜなら，それはあなたを束縛することになるかもしれないからです。
- ボランティア活動や，他の職業での仕事のように，法律には何の関係もないと思っている仕事や活動を記載することを恐がらないで下さい。雇用者が，これらの仕事で身につけた法律に関係のない能力を評価することは，よくあるからです。

第7章 どうすれば自分に合った仕事が見つけられるのか

面接で尋ねるべき質問

　重ねて述べますが，一般的な面接のテクニックについての優れた本はたくさんあっても，パラリーガルの雇用に関する情報に特化されている本は1冊もありません。

　パラリーガルの仕事を成功させるカギは，雇用者のパラリーガルに対する姿勢にあります。雇用者はパラリーガルを専門職と考えていますか，または，お飾りの事務員として見ていますか。以下の質問は，あなたが未来の雇用者のパラリーガルに対する姿勢をはかるにあたって手助けになるように考えたもので，それはあなたが一緒に楽しく働けるかどうかを決める指標にもなるでしょう。

　一年に要求される最低の請求可能な時間は何時間ですか　どんな法律事務所でも，請求は時間単位になっています。そして，ほとんどの事務所が1年間の最低の基準を1,400時間から1,800時間の間で設定している，ということを覚えておいて下さい。あなたはこれを1日に換算して尋ねるべきです。もし1日に6時間半以上であれば，管理業務などによる請求不可能な時間も加えることになるので，1日の労働時間が長くなることになります。

　時間外労働に対する支払いは受けられますか　言い換えれば，あなたは時間外労働の対象とはならない専門家と考えられているのでしょうか，それとも対象となる被雇用者と考えられているのでしょうか。パラリーガル業界で議論が白熱しているこの問題は，第9章で述べますが，NFPAの，1995年度パラリーガルの給与及び福利厚生に関する報告書では，回答者の51％が対象とはならない一方で，45％は対象となる被雇用者でした（回答者の4％はその他）。

　法律事務所にはどのようなコンピュータシステムがありますか　これは法律事務所のテクノロジーに対する姿勢をはかる重大な指標になります。ご存知のとおり，テクノロジーは，あなたが行う仕事の種類のみならず，仕事の満足度にも重要な役割を果たします。もしもまだDOSネットワークを使っていたり，また一切ネットワーク化されていなかったりしたら（とんでもな

い！），それは危険信号です。

法律事務所に所内研修プログラムはありますか　大きな法律事務所の多くは，初めは訴訟分野でリーガル・リサーチと証言録取の概要といった仕事について，新人のパラリーガルに何らかの研修を行っています。

法律事務所にパラリーガル・マネージャーはいますか　この役割の人は，仕事の流れと割りふりを管理し，経営側との間の給与の問題を調整してくれるので，重要な存在です。

仕事を頼める秘書はいるのでしょうか　もしいるのであれば，どういう種類の用意があるのでしょう。秘書集団なのか，それとも誰かと共同なのでしょうか。共同ならば，誰と共同なのでしょうか。秘書については，文書の作成を全て自分で行う余裕はないので重要な問題です。

個室をもてますか　『リーガル・アシスタント・トゥデイ』の1992年度給与調査の報告によれば，回答者の70％が個室をもっています。個室は，集中して能率的に仕事をこなすため必要なのです。

法律事務所にはケース・アシスタントがいますか　ケース・アシスタントは書類の管理や構成に関する機械的な仕事を手伝ってくれることを覚えておいて下さい。前に述べたように，このレベルの法律職員は，大きな法律事務所の大きな事件の訴訟では，よく使われるのです。

法律事務所にはシニア・パラリーガルへの昇進制度がありますか　第2章で述べたように，これは大きな法律事務所で行われ，法律事務所がパラリーガルを専門職と認めていることの表れといえます。

法律事務所は継続教育セミナーの受講費用を払ってくれますか　教育を受け続けることは，パラリーガルキャリアにとって絶対に必要なことで，あなたが専門分野で最前線にいるために重要なことです。

パラリーガルの報酬

　パラリーガルとしてどのくらい稼げるのでしょうか。NFPAの1995年度パラリーガルの給与及び福利厚生に関する報告書によると，全米のパラリーガルの年収は，低いところで9,600ドルから，高いところで125,000ドル，

第7章 どうすれば自分に合った仕事が見つけられるのか

おおよその平均が32,875ドル，という事実がありますが，先の質問に答えるのは容易ではありません。給与の大きな格差は，次の様ないくつかの要素によって生じています。

- 法律専門分野
- 雇用者のタイプ
- 経験年数
- 法律事務所の大きさ
- 地理的要因
- 地元の求職者数

例えば，『リーガル・アシスタント・トゥデイ』の1996年度給与調査によれば，地域による平均年収は，低い中央部（ミネソタ州，ウィスコンシン州，アイオワ州，ミズーリ州，イリノイ州，インディアナ州，ミシガン州，ケンタッキー州，テネシー州，アラバマ州，ミシシッピ州，ルイジアナ州，アーカンソー州等）で30,166ドル，高い西部（カリフォルニア州，ネバダ州，オレゴン州，ワシントン州等）で38,543ドル，という差があります。カリフォルニア州の平均年収（40,624ドル）は他のどの州よりも高額でした。大都市の平均は33,954ドルで，地方のそれは27,131ドルでした。

雇用者のタイプ別の平均年収では，NFPAの1995年度パラリーガルの給与及び福利厚生に関する報告書によれば，低いのは市庁で働く30,500ドルで，高いのは連邦政府で働く37,882ドルでした。専門分野別の平均年収は，低いのが家族法の26,837ドルで，高いのが会社法の31,571ドルとなっています。

給与はまた，弁護士のパラリーガルに対する姿勢というような目に見えないことにも関係しています。パラリーガルは，もう30年近くにわたって法律の専門的職業の一翼を担っているにもかかわらず，雇用者の中にはパラリーガルが何なのか，どうしたら最大限活用できるのか分かっていない人々がいます。弁護士の中には，パラリーガルは，複雑な仕事を広い範囲でこなせる高い技能を持ったリーガル・テクニシャンであると見る人がいる一方で，文書事務員以上の何者でもないと思っている人もいます。

初任給　　NFPAの1995年度パラリーガルの給与及び福利厚生に関する

報告書によれば，新人のパラリーガルに対する年間基本給は次のとおりです。
18,000ドル以下—20％
18,001～20,000ドル—23％
20,001～22,000ドル—17％
22,001～25,000ドル—13％
25,001～28,000ドル—13％
28,001ドル超—14％

最高給与　初めの1～2年目に稼ぐ額と同じように重要なのが，将来における給与の可能性です。NFPAの1995年度パラリーガルの給与及び福利厚生に関する報告書によれば，125,000ドルが最高年収です。キャリア志向のパラリーガルという考えを認め，気前よく支払ってくれる給与体系をとっている法律事務所は増加しつつありますが，6桁の年収を稼ぐパラリーガルは多くないことを覚えておいてください。キャリア志向，専門職としてのパラリーガルについては，次章で述べます。

昇給　『リーガル・アシスタント・トゥデイ』の1996年度給与調査によれば，平均昇給率は6.3％でした。これは前年と変わりませんでした。調査に答えたフルタイムのパラリーガルの約14％は昇給がありませんでした。

特別手当　すべてではありませんが，パラリーガルの中にはボーナスと時間外労働手当を受け取っている人たちもいます。『リーガル・アシスタント・トゥデイ』の1996年度給与調査によれば，ボーナスは62％のパラリーガルが受け取っており，平均1,584ドルでした。企業や政府機関が支払わない一方で，法律事務所はほとんどがボーナスを支払っています。当該調査によれば，41％のパラリーガルが時間外労働手当を受け取っていました。

給与交渉

現実を見てみましょう。今日雇用者は，特に新人労働者に対して優位な立場にあります。給与に関しては現実的になることです。なぜなら，あなたはただ仕事を探しているのではなく，キャリアを積んでいる途中なのですから。

あなたにとって最も重要な武器のひとつは，情報です。面接する前に，大体の給与の相場を確認しておくといいでしょう。私は以下の情報源をお勧め

第7章 どうすれば自分に合った仕事が見つけられるのか

します。

① 一番確かなのは，あなたの地元のパラリーガル協会の年収リサーチです。地域差は，給与の格差を生じさせます。もしも何かの事情で，あなたの地元の協会がリサーチを行っていない場合，あなたは地域別の給与を載せた次の2つの情報源を利用することができます。

② NFPA 発行の 1995 年度パラリーガルの給与及び福利厚生に関する報告書は，NFPA 宛（住所：The National Federation of Paralegal Associations, Inc., P.O. Box 33108, Kansas City, Missouri 64114-0108 U.S.A.）に，15 ドルの小切手を送れば入手できます（訳注：最新の 2001 年度版は非会員価格 30 ドル）。これは，全米のパラリーガル協会が実施した調査では，最初の手ごろな価格のものです。

③ 『リーガル・アシスタント・トゥデイ』は，読者の年毎のリサーチを行っており，その結果は，たいてい 1／2 月号に掲載されます。バックナンバーを取り寄せることは可能ですが，私は定期購読することを強くお勧めします。これは新人のパラリーガルのためだけではなく，経験あるパラリーガルにも同様に，優れた情報源です。購読申込は，James Publishing Inc.（住所：P.O. Box 25202, Santa Ana, California 92799-9900 U.S.A., 電話番号：800-394-2626）に連絡して下さい。

　語学能力や，高いコンピュータプログラミング技能のような技術分野の専門知識があれば，交渉はさらに有利になります。ボーナスは基本給に加えられるものですから，これについては必ず質問して下さい。多くの法律事務所はボーナスを支払うので，あなたはそれが実績，年功制，または法律事務所の利益のいずれかが基準となるのかを判断しなければなりません。

　この章の初めに面接のところで述べたように，法律事務所にシニア・パラリーガルへの昇進制度があるか尋ねるのを忘れないようにして下さい。なぜなら，シニア・パラリーガルの給与は，大体 5,000 ドルから 1 万ドルほど高いからです。資格取得に要求される事項と，給与及び福利厚生について尋ねるようにして下さい。

パラリーガルの給与対リーガル・セクレタリーの給与

パラリーガルの初任給とリーガル・セクレタリーの初任給では，明確な差がありますが，それについては，働き始めれば必然的に知ることになるでしょう。最初の1年から3年は，リーガル・セクレタリーがパラリーガルより高い給与をもらうことがよくあります。これは，需要と供給の原則です。弁護士は絶対的にリーガル・セクレタリーを必要としますが，パラリーガルはいなくても可能な場合があります。結局，弁護士はパラリーガルの仕事ならできますが，秘書業務をできる人はどれだけいるか，ということなのです。

　この状況を見てがっかりしないでください。確かに，はじめのうちは秘書の方が高い収入を得ますが，長い目で見る必要があるのです。あなたは仕事をするにあたって，どのような仕事をしたいですか。どちらのキャリアが，あなたに最大の昇進の機会をもたらしてくれますか。リーガル・セクレタリーのキャリアが，どんな給与の可能性をもっていますか。ほとんどのパラリーガルは，数年内に自分の給与がリーガル・セクレタリーの給与を追い越していくことを認識するでしょう。

福利厚生

　福利厚生は，あなたの報酬の一部です。しかし，健康保険費用は急騰しているため，削減の危機に瀕しています。ここで，福利厚生の種類とそれを受けているパラリーガルの割合をみてみましょう。以下の統計値は，『リーガル・アシスタント・トゥデイ』の1996年度給与調査によるものです。

- 97％ - 有給休暇（年間13.5日）
- 88％ - 健康保険及び病気休暇（年間9.3日）
- 78％ - 名刺
- 70％ - 個室
- 66％ - 車の走行距離による通勤手当
- 65％ - 専門協会の会費
- 61％ - 法律の継続教育（CLE：continuing legal education）の受講費用の償還
- 51％ - 個人休暇及び所得補償保険
- 49％ - 歯科保険

48％ - 出産／育児休暇
36％ - 専用駐車場
33％ - フレックスタイム
26％ - 眼科保険
18％ - 無料の法的代理人
14％ - 法律事務所名義のクレジットカード及び食費手当
2％ - 育児手当
1％未満 - マミー・トラック（訳注：子供を持つ母親である従業員に対する就業形態で，育児や家事のために就業時間を短縮できるが昇給・昇進の機会も少ない）

雇用された後，何が待ち受けているか

　初出勤日は緊張しますよね？　特に，これまで法律事務所あるいは弁護士の下で働いたことがなければ，間違いなく緊張するでしょう。最初に多少圧倒されて威圧感をもつのは極めて普通のことですが，すぐに慣れます。まず，最初の数週間に考えるべき事を挙げてみましょう。

　企業文化　各企業にはそれぞれのやり方があり，法律事務所もまた同じです。会計事務所と似て，法律事務所はパートナーシップによって経営されており，それは「パートナー対被雇用者」という傾向になりがちです。結果として，法律事務所の力関係は企業とは異なります。その他の違いとしては，法律事務所及び弁護士というのは専門家として高いプライドと，他の専門職にはないような規範を持っているということです。仕事の成果という意味では，あなたは確実にこの規範を身につけることになるでしょう。

　タイムシートをつけること　これは，あなたが1日目から慣れなければならないものです。請求可能なタイムチャージがなければ，報酬を得ることはできない，ということを覚えておいて下さい。第2章で取り上げたように，あなたは請求可能な時間と，請求不可能な時間を分けておかなければなりません。ときどき，パラリーガルは弁護士と同じように，要求された時間数の仕事量をこなすよう，ものすごいプレッシャーがかかることがあります。

所内研修　　法律事務所の規模によりますが，所内研修プログラムがあるかもしれません。初めの数週間は研修の課題と，通常の仕事の両方をすることになるでしょう。所内研修がない小さな法律事務所では，ただ仕事を与えられ，それをやるしかないでしょう。雇用者の多くは，職種に関わらず被雇用者を訓練するには6ヵ月から1年かかると実感しています。

質問すること　　新人パラリーガルのほとんどは，弁護士に恐れを感じます。新人パラリーガルは自分たちがしていることがわかっていないと思われたくないので，質問するのを躊躇してしまいますが，弁護士から仕事を割り当てられて理解できず，説明が必要なのであれば，必ず質問すべきです。その時弁護士が不愉快そうに見えたり，そのように振る舞ったりするかもしれませんが，間違って後からやり直すことになるより，与えられた仕事を一回で正確にやる方がいいのです。

よき先輩を見つけること　　もし，弁護士が近寄り難いようであれば，できれば同じ業務分野の先輩パラリーガルと親しくなることです。これは，たくさんの情報源や知り合いを得られる大きな法律事務所で働くことの利点の一つです。

独力で仕事をすること　　弁護士はあまり説明せずに仕事を与え，あなたがやり方を見つけだすことを期待しています。これは，指示を与えられることに慣れていた人にとっては，ショックかも知れませんが，前に述べたように，一般常識とリサーチ能力は，あなたの最も大切な2つの技能になります。あなたは，初めから最小限の指示の下で働くことになるでしょう。

クライアントとのコンタクト　　これは，あなたの仕事で最も興味深いところの1つでしょうが，あなたは弁護士ではないので，リーガル・アドバイスをすることはできないということを覚えておいて下さい。しかし，あなたはおそらくクライアントに実務的なアドバイスをすることにはなるでしょう。この本の他の部分で述べたように，クライアントが弁護士よりあなたと話したがったとしても，驚いてはいけません。

すべてを文書で残すこと　　あなたが大切な電話をクライアントにしたとき，またはリサーチの仕事を終えた後，あなたはファイルするための覚え書きを作成するよう指示されるでしょう。文書で残すことに慣れなければいけ

ません。将来，問題，質問あるいは矛盾が生じたときに，あなたは何をしたか説明ができるための証明を持つことになります。

チームの努力　あなたは，クライアントの要求にできるだけ能率良く，効果的に応えることを目的とする弁護士，パラリーガル，秘書及び他のサポートスタッフから成るチームの一員であることを覚えておいて下さい。

弁護士を常に教育すること　パラリーガルが以前より複雑で高度な仕事をするようになったとはいえ，すべての弁護士がパラリーガルを有効に活用する方法を知っているわけではありません。あなたは，仕事を委任することをためらう弁護士がいることに気づくでしょう。経験と信頼を得た後，あなたが何をできるのかについて彼らを教育するのはあなた次第なのです。

弁護士と共に仕事をすることについて考えられること

もし，弁護士のために働くのが初めてであれば，次のことは知っておいた方がいいでしょう。

- 人事管理となると，弁護士はいま１つです。人事問題は得意分野でないので，あまり期待しないことです。
- 弁護士はよく——非常によく——働く傾向にあり，彼らは大体他の法律職員にも同じように望みます。彼らの自分に対する期待と，自分のスタッフに対する期待は非常に高く設定されています。この業界ではミスは許されません。もしも事態が悪い方向に向かったら，みんなの目は弁護士に向けられてしまうのです。
- 弁護士は人格コンテストに勝つことが仕事ではありません。ですから，彼らは世界一好感の持てる人種ではないかもしれません。弁護士はいつも仕事をかかえていて，急いでいることが多いのです。
- 弁護士は漠然と仕事を与えることで知られています。例えば，事件の事実について要点を説明しようとするとき，まさに要点しか言わないのです。概して，彼らには仕事の手を止めて，詳細に説明する時間（または根気）がないので，あなたは試行錯誤によって，じっくり色々と学んでいくことになるでしょう（そのために，あなたは早くそして独力で必要な情報を見

雇用された後，何が待ち受けているか

つける方法を知る必要があります）。
- 弁護士は，期限がぎりぎりに迫ってから仕事を依頼することで悪名高いのです。
- 期限までに仕事を終わらせるためには，分を時間に，時間を日にちに，日にちを週に，というように置き替えるべきです。弁護士が「2時間位でできるでしょう」と言ったときは要注意。10年間その言葉を聞いてきた経験からは，2時間と言われたら2日かかることを保証します。

　個人的経験では，私も含めてパラリーガルは，本章で述べたパラリーガルの仕事の見つけ方が，本当に役に立つということを証言できます。インターネットや求人広告を使い，パラリーガル派遣紹介所に連絡をとり，"隠れた"求人市場に飛び込み，あなたの地元のパラリーガル協会を通じてネットワーク作りをすることは，あなたを雇ってくれる雇用者を探すのに効果的です。

　いったんあなたが最初の仕事を得て，扉の中に足を踏み入れれば，できるだけあなた自身の価値を高め続けることが大切です。それを心に留めて，次の章ではキャリアアップの方法を見てみましょう。

第 8 章

ここからどうすればいいのか
――経験あるパラリーガルのための道――

成功は普段探すには忙しすぎる者のところにやって来る。

ヘンリー・デビッド・ソロー

　信託管財人，作家，パラリーガル・マネージャー，金融アナリスト，年金スペシャリスト，人事部長，ジャーナリスト，コンピュータ販売代理人，不動産業者，不動産権利取得スーパーバイザー，リーガル・アドミニストレーター，法律事務所のマーケティング・アドミニストレーター，証券研修生，立法アナリスト。これらは，パラリーガルがその技能及び経験を生かしたときに開かれている，他のキャリアのほんの一部です。昇進の機会はどこにでもあります。どこまで行くかは，あなたが持っているものを利用して，何をするかによります。ヘンリー・フォードがかつて言ったように，「自分が持っているものが何であれ，それを利用するか失うかなのです。」
　この職業においてはかつて，つまり雇用者がパラリーガルの可能性を認識する前，パラリーガル職の業務や責任はあまり高度なものではありませんでした。長年働いているパラリーガルの最も大きな悩みの1つは，昇進するチャンスの欠如でした。働きすぎで，安い給料の疲れきったパラリーガルにとって，行き止まりの仕事と思われていたこの職の唯一の逃げ道はロースクールでした。自分のパラリーガルとしての技能を他の職業分野へ応用する可能性に気がつく前に，多くのパラリーガルがこの職を去りました。
　今日，事情は変わりました。専門化したことで，パラリーガルに責任の拡張及び法律分野の内外で昇進する機会が提供されるようになりました。大部分のところ，弁護士はパラリーガルの価値を認識し，益々複雑な仕事にパラリーガルを活用しています。また，法律業界以外の雇用者もパラリーガルの技能，教育及びトレーニングの価値を認めるようになりました。そのため，

経験がしっかりしたパラリーガルにとって将来の道は大きく開かれています。パラリーガルは，この分野に残るか，または他の職業のための土台として生かすかの選択が出来るのです。

この章を読むにあたって，キャリア成長と（仕事の）満足度は主観的なものであることを忘れないで下さい。あなたにとって意欲をかきたてられ，価値あることが，他の人にとってはもしかしたら退屈なことかもしれません。ニューヨーク市の法律事務所でリーガル・アシスタント・マネージャーを務めるリンダ・ワートハイムは次のように述べています。「ある人たちにとっては，どんな仕事も移り変わるものであり，なんらかのキャリアの最終ゴールまでのワンステップです。また，それ以外の人たちにとっては，仕事に伴う責任は行き止まりと定義づけられるのです。」

肩書きの問題

それぞれの選択をとりあげる前に，あなたがパラリーガル・キャリアの中で遭遇するかもしれないいくつかの問題を取り上げてみたいと思います。

パラリーガルという肩書きは，いくつかの問題を招くかもしれません。なぜなら，この肩書きは多数の異なる仕事に用いられ，また広範囲な責任を表すことができるからです。これは他の多くの職業に関しても言えることで，すぐに銀行業が頭に浮かびます。銀行で，アシスタント・バイス・プレジデントという肩書きを持つ人をあなたは何人知っていますか。銀行は，ほとんどの従業員にこの肩書きを与えることで有名です。肩書きというものは，エゴを多少誇張させる以外には，その職の職務責任を反映する正確な給与範囲と一致しない限り無意味なものです。

私はこのことのちょうどいい例を経験をしました。企業のパラリーガルとして勤めて4年余りたったある日，サンフランシスコの大手企業の社内顧問弁護士から，新しく設けられた職に私をパラリーガルとして採用したい旨の電話がありました。この仕事は，株主関係，企業コミュニケーション，コンピュータ並びに通常のパラリーガル及びリーガル・アドミニストレーター的業務をも含むいくつかの分野に関係し，とてもおもしろそうでした。興味は

第8章　ここからどうすればいいのか

ありましたが，パラリーガルという肩書きは充分にこの職の責任範囲を表しておらず，またこの肩書きは給与額を制限すると思いました。社内顧問弁護士もこれに同意したので，リーガル・アドミニストレーターという肩書きをもらって，私はこの仕事を引き受けました。その結果，給与はパラリーガルとしてもらうより高い金額になりました。

すでにご存知のように，パラリーガル職に必要な教育及び実務研修に関する基準は極めて少ないです。パラリーガルがこなす業務の範囲及び複雑さは益々増しているので，単一で標準化された職種を作るのは不可能なのです。

標準化されていない職種であることは，広範囲のバラエティーに富んだ責任を可能にする意味ではプラスですが，肩書きのみで給与を設定しようとする場合にはマイナスになります。例えば，1日のほとんどを文書整理に費やす1年目の訴訟パラリーガルの責任は，ある特定の分野の専門家である5年目の遺言検認パラリーガルの責任とはかなり内容が異なりますが，2人ともパラリーガルの肩書きを持っています。2人は同等の給与を支給されるべきでしょうか。私は，そうでないことを望みます。パラリーガル分野に残りながら，雇用者や専門分野を変え始めたとき，あなたはこの問題に直面するでしょう。

解決方法の1つは，雇用者が，ある特定分野の専門家となったパラリーガルのために違った肩書きを与えることです。例えば，サンフランシスコの大手法律事務所では，ERISA法（Employee Retirement Income Security Act──従業員退職所得保障法）を専門とするパラリーガルには，従業員福利厚生スペシャリストという肩書きを与えました。しかし，これはあくまでも例外で，原則ではありません。パラリーガルの雇用者たちがこのアイディアに追いつくまでには，数年かかるかもしれません。

キャリア・トラック

あなたがパラリーガルとして3年近く働いたとしましょう。あなたは現在の仕事の限界に達した気がして，ちょっと退屈しており，新しいチャレンジを求めています。あなたは何ができるでしょうか。選択肢はいくつかありま

す。私はそれらのほとんどを経験してきたので，経験に基づいて簡単なものから最も難しいものまで次のようにリストアップしてみました。

① 現在の雇用者の所に残り，シニア・パラリーガル若しくはパラリーガル・スペシャリストに昇進する。
② パラリーガルとして続けるが，雇用者を変える。
③ パラリーガルとして続けるが，法律専門分野を変える。
④ パラリーガル・マネジメントに異動する。
⑤ 経営部門に異動する。
⑥ その他のキャリアにパラリーガルの技能と経験を生かす。
⑦ フリーランサーになり，自分のビジネスを始める。
⑧ さらに教育をうける。

シニア・パラリーガル（またはパラリーガル・スペシャリスト）への昇進

あなたが勤めている法律事務所が，このようなキャリア・トラックを設けていると仮定した場合，シニア・パラリーガルへ昇進することがこれらすべての選択肢の中で最も簡単な方法です。シニア・パラリーガルの役職は，大体中規模から大手の法律事務所，あるいは大規模の法務部が存在する企業に設けられています。パラリーガル職を長期のキャリアとして考えている経験あるパラリーガルの功労に報いるには素晴らしい方法だと思います。シニア・パラリーガルは通常のパラリーガル業務の他にしばしば経営管理上の責任も負うことになります。

通常シニア・パラリーガルに与えられる特権には，より高額な給与（パラリーガルより5,000ドルから1万ドル多い），より高額なボーナス並びにより長い休暇等があります。雇用者にとっての利点はより高いレートで（クライアントに）請求出来ることです（これは売上増加を可能にします）。また，これはパラリーガルの転職率を下げ，その結果，仕事に満足している従業員が増加します（この両方は，もちろん，より大きな生産性を意味します）。

サンフランシスコにある法律事務所 Cooley, Godward, Castro, Huddleson, & Tatum は最近，「スペシャリスト」と呼ばれるシニア・パラリーガルの職位を創りました。パラリーガルがこのスペシャリストのポジションを

得るには,ある専門知識の分野において12年の経験が必要になります。その報酬パッケージは,2,3年目のアソシエイトと同水準で,スポーツクラブ会員権や賞与基金の利用も含まれます。この法律事務所 Cooley, Godward には,パラリーガル80名の内,スペシャリストはわずか3名しかいません。スペシャリストは,通常の職務の他,所内研修及び所内指導教育の責任も負っています。スペシャリストになると,年間最低1,950時間の請求が要求されます。ベテランのパラリーガルを雇っておくことの真価に気づき,彼らの成果に対して報酬を出すことに意欲的な法律事務所は米国全土で増えつつあり,Cooley, Godward はその1つです。

雇用者の変更

大手の法律事務所で3年半以上働いた後,私は変化が必要だと判断しました。もっと一般的なビジネス環境で自分のパラリーガルとしての経験を生かし,企業が提供できる利点を活用したいと思ったのです。そこで,企業の法務部に仕事を見つけました。パラリーガルとして仕事をしたいけれども,環境の変化を必要とするパラリーガルにとって,この方法は最良です。よくあるのは大手法律事務所から小規模の法律事務所へ,または法律事務所から企業への移動です。

第2章でお話ししたように,企業で働くことは法律事務所で働くより多少の利点があります。その内の1つは,高額な給与です。法律事務所でパラリーガルとして3年,あるいはそれ以上の経験をもち,もっとのんびりした,さほどバタバタしていない所を希望するパラリーガルには,企業がその答えです。また,パートタイムで再び学校に戻ろうと考えているのであれば,大抵の企業は何等かの学費償還制度を設けています。しかし,企業で働くことにもそれなりに不利な点があります。それは,仕事の安定性が低いことで,昨今の人員削減及びリストラに伴い,ある朝起きたら自分の仕事がなくなっていたということもあるかもしれません。

法律専門分野の変更

この方法は雇用者を変えるよりもう少し努力が必要です。私自身の経験か

ら言うと，このような変化は努力してみる価値はあると思います。先に述べたように，素晴らしい弁護士たちと一緒に興味深い事件に携わっているにも拘らず，私は訴訟部でわずか1年にして満足できなくなりました。法律事務所のパラリーガル・マネージャーに訴訟部から出たい旨を伝えた3ヵ月後，私は企業及び証券部に移りました。私はすぐに自分が正しい行動を取ったとわかりました。私の新しい責任は，小規模の，スタートしたばかりのハイテク会社の証券についての届出等を含んでいました。この仕事は証券取引委員会（Securities and Exchange Commission-SEC），証券取引業者及びインベストメント・バンカー（投資銀行）との接触が必要だったので，証券業について学ぶには素晴らしい機会でした。

　同じ法律事務所内で他の仕事を探すことは，あくまでも法律専門分野を変える1つの方法です。その他のルートとしては，法律事務所を変える，または興味がある分野に関するコースあるいは継続教育セミナーを受講することがあります。

パラリーガル・マネジメントに異動する

　1979年，私の友人はコネチカット州ハートフォードの小さな法律事務所に初めてのパラリーガルとして採用されました。法律事務所が弁護士とパラリーガルを増員するにつれて，彼女は他の6人のパラリーガルのコーディネーション及び監督を含む責任も負いました。今日，彼女は法律事務所のパラリーガル・プログラム全般のコーディネートと，25人以上のパラリーガルを監督しています。彼女はさらに責任を負うことによって，経営側に入る道を自分で見つけたのです。

　パラリーガル・マネジメントは経験あるパラリーガルが歩む典型的なキャリアです。法律事務所の規模によって，パラリーガル・マネージャーの中には経営的業務とパラリーガル業務に時間を分けている人もいれば，マネージャーとしてのみ働いている人もいます。パラリーガル・マネージャーの責任はパラリーガルの面接や採用，パラリーガル間のプロジェクトや仕事のコーディネート，所内研修プログラムの計画，実施及び維持，給与の管理並びに業績評価等を含みます。また，パラリーガル・マネージャーはパラリーガル

第8章　ここからどうすればいいのか

とその他のマネージャーとの間の連絡係としても機能します。これは，特に通常のパラリーガル業務を続けるマネージャーにとっては，難しい役割です。また，パラリーガル・マネージャーの給与は，シニア・パラリーガルに比べはるかに高いです。

　ニューヨーク市の法律事務所でパラリーガル・コーディネーターを勤めるローリー・ロゼルはこの二重の役割を楽しんでいます。「私は，何をしているかが分からなければ，その人を監督することはできないと強く信じているので，意図的にこうなるようにしました。ここで仕事を始めたとき，（経営側は）単にパラリーガルの監督を探していました。私が自分のパラリーガルとしての経験を無駄にしたくないと話したとき，私たちはある合意に達しました。仕事の依頼があると，私はそれを扱う権利を留保していますが，同時に私には20人以上のパラリーガルの採用，解雇並びに研修に関する責任を引き受けています。」

　もしあなたがこの選択肢を考えているのであれば，潜在的な雇用者を入念に調べてください。すべての法律事務所，あるいは企業がパラリーガル・マネジメントへの昇進の道を設けているとは限らないことに注意して下さい。

経営部門に異動する

　キャリア昇進には，経営部門に異動することが他より優れた道だと考える人も中にはいます。一般的に，リーガル・アドミニストレーターと法律事務所のマーケティング・アドミニストレーターの2つの職があります。

　リーガル・アドミニストレーター　　リーガル・アドミニストレーションは，リーガル・アドミニストレーター協会（Association of Legal Administrators—ALA）の設立に伴い，1971年に法律業界において正式に認識されました。それまで，法律事務所の経営は，しばしば経営にあまり関心のない弁護士に委任されていましたが，クライアント獲得の競争が厳しくなり，同時に利益は法律事務所にとって真の関心事であるため，リーガル・アドミニストレーターの役割は法律事務所の経営面にとって重要な存在になってきました。「リーガル・アドミニストレーターは専門家ばかりが揃っている組織の経営ジェネラリストである。」とかつてのALA会長ベバリー・ジョンソンは述

べています。「私たちの役割——計画，統合，評価，動機づけ——は，組織の業務とその担い手を合体させる接着剤なのです。」

　リーガル・アドミニストレーターの90％以上は法律事務所に勤めており，5％は企業の法務部に，そして2％以下は政府機関に勤めています。リーガル・アドミニストレーターは法律事務所の計画，マーケティング，ビジネス機能並びに運営を行います。責任は，金融，人事，コンピュータシステム並びに施設計画等を含みます。また，リーガル・アドミニストレーターは，方針決定，ビジネス開発，弁護士の採用またはリーガルサービスのマーケティング等の法律事務所のその他の分野にも携わるかもしれません。リーガル・アドミニストレーターはキャリアアップして経営部門に入ることなので，平均給与はパラリーガルやパラリーガル・マネージャーの給与より比較的高いです。

　リーガル・アドミニストレーターは弁護士業よりも経営に興味がある弁護士たちかもしれませんし，追加的な経営的業務を任されているパラリーガルあるいはパラリーガル・マネージャー，あるいは法律分野の職歴はまったくなくても，その人の金融，人事，データ処理，マーケティング，あるいはその他のビジネス・サイド分野における専門知識のために採用されたプロフェッショナル・マネージャーかもしれません。パラリーガルは法律事務所の性質，弁護士及びクライアントのニーズをよく理解しているので，法律経験のないマネージャーよりもこの職を得るには有利です。また，法律事務所の利益を監視，調整することは，リーガル・アドミニストレーションの重要な部分なので，請求及び時間管理についてパラリーガルとして理解していることはとても貴重なものです。

法律事務所のマーケティング・アドミニストレーター　この職はここ数年で登場した，これまでの不足箇所を補う新しいキャリアです。10年前に裁判所によって規則が緩和されて以来，弁護士は自分たちのサービスをマーケティングかつ宣伝することの効果に気がつきはじめました。クライアント獲得競争が厳しいので，マーケティング・アドミニストレーターはクライアント開発及び法律事務所の利益に重要な役割を果たします。

　サンフランシスコの法律事務所でパラリーガル・コーディネーターを勤め

るスーザン・ローは，同時にマーケティング・アドミニストレーション分野の責任も引き受けることによって，この道に入ったパラリーガル・マネージャーです。「法律事務所に今まで存在したことがなかったパラリーガル・コーディネーターとして（仕事を）始めました。」と彼女は認めています。「1年後，パートナー弁護士は，私にニュースレターの作成や法律事務所恒例のパーティーの企画等を頼むようになりました。ある日突然そういうことになったのです。いったん土台が出来たとき，私はそれを拡張し始めました。私は所内パラリーガル・プログラムの監督の他に，法律事務所のマーケティング及び採用関連事項の責任も引き受けています。

マーケティングの側面では，法律事務所の毎月のニュースレター及びパンフレットの作成並びにすべてのクライアント開発活動や社交イベントのコーディネートを行っています。また，毎年9月に開始する大学キャンパスでのリクルーティングも担当しています。私は，自分たちのサービスを宣伝する色々な方法を常に考えなければならないのです。例えば，車の中で利用するゴミ箱に「ドラッグはNO！」と「ゴードン＆リース」（訳注：法律事務所の名前）のスローガンを付けるアイディアを思いつき，あちこちにそのゴミ箱を配ったところ，その反響はすごいものでした。

マーケティング・アドミニストレーション界に入る興味がある人にとって，一番早い道はパラリーガル，またはパラリーガル・マネージャーとしてスタートすることです。いったん確立された職を手に入れたら，そこからさらにマーケティング関係の責任を負うようになります。」とスーザンは述べました。

中には外部からマーケティング・アドミニストレーターを採用する所（特に大手の法律事務所）もありますが，小規模の法律事務所ではこのような職に関しては，（スーザンのように）パラリーガルの方が外部の人より有利な立場にあります。

このキャリアに関するより詳細な情報については，全国法律事務所マーケティング協会（National Law Firm Marketing Association）に連絡を取って下さい（住所：60 Revere Drive, Suite 500, Northbrook, Illinois 60062 U.S.A.，電話番号：847-480-9641）。

キャリア・アドバイス

　小規模な法律事務所では，上記に述べたような，いくつかの昇進のチャンスがしばしば一つの仕事にまとめられています。このわかりやすい例は，パラリーガル業務とリーガル・アドミニストレーションの責任を含んだ地位に昇進したパラリーガルです。これはロヤンヌ・ホリンズの例であり，彼女の話は第7章に書かれています。彼女はリーガル・セクレタリーからパラリーガルへ，そしてカリフォルニア州サクラメントで16人の弁護士をかかえる法律事務所のリーガルサービスのディレクターになっており，昇進のチャンスをうまくとらえたパラリーガルの良い見本です。

パラリーガルの技能を他のキャリアに適用する

　パラリーガルは，他の専門職員に比べて有利です。その技能が医療分野だけに使えるパラメディック（医療補助者）と違い，パラリーガルはその知識と技能を法律事務所や企業の法務部以外の，法律及び法律に関係しない多数の職業に使うことができます。下記のキャリアの道は，パラリーガルに開かれている昇進チャンスそのものの例です。最初の5つのキャリアであるリクルート，セールス，教育，ライティング及び公務員は，何を専門分野にしているかに拘らずすべてのパラリーガルにあてはまります。その他のキャリアは特別な分野での訓練による専門知識を要します。

　リクルート　　今日では，臨時雇用の紹介所は最も急速な成長をとげている産業の1つです。第7章で述べられたように，パラリーガルの派遣のみのための紹介所が最近の現象であり，これらの紹介所における職が，パラリーガルにとっての優良な選択肢となっています。これらの紹介所は従来の雇用紹介所と異なり，かつてパラリーガルであった人物で，パラリーガル分野を理解しているだけでなく，法律事務所における必要性と需要を分かっているような人物によって経営されていることがほとんどです。野心的なパラリーガルの中にはこれらの紹介所の中に雇用先をみつける人や，自分で紹介所を開いて独立の道を歩む人もいます。

　デニス・テンプルトンはリクルート分野に転職したパラリーガルです。

第8章　ここからどうすればいいのか

1983年，彼女は最初のパラリーガル派遣会社である Templeton & Associates をミネソタ州ミネアポリスに創設しました。「新人レベルではなく，経験を積んだパラリーガルを法律事務所に供給するパラリーガルの派遣会社を始めることはとてもいいアイディアだと思いました。」と彼女は述べています。「常勤と臨時の両方のパラリーガルを派遣していますが，いちばん大きな需要がある訴訟部門にほとんどの人を派遣しています。私たちの会社は年間20％の割合で成長しました。過去数年の間に，シカゴとサンフランシスコに新しいオフィスを開きました。さらに，私たちはリーガル・セクレタリー部門を加え，今ではコンピュータ化されたデポジションのサービスも提供しています。」

セールス　多くのパラリーガルにしばしば見落とされるキャリアの道はセールスです。コンピュータのハードウェア及びソフトウェア製品に加えて，法律業界において取引される商品は，例えば，法律出版物のセールス，コピーサービスなど，多数あります。マシュー・ベンダー（Matthew Bender），WESTLAW や労使関係情報所（BNA-Bureau of National Affairs）のような会社は，あらゆる法律関係の図書館にとって重要な書籍，報告書及び最新情報を出版しています。これらの会社ではほとんどいつも，法律業界をよく知っている有能な販売代理人を探しています。パラリーガルは明らかに，法律の経歴をもたない，あるいは法律の仕事を理解していないセールスマンに比べて有利な立場にあります（ほとんどの販売職は手数料ベースなので，いくら稼ぐかはどれだけ売るかで決まることを心に留めておくべきです）。

教　育　パラリーガル養成プログラムの経営者たちは常に，講師を務めてくれる質の高いパラリーガルを探しています。もしもあなたがある分野で何年か経験を積んでいて，教えることに興味があれば，その分野のプログラムのコーディネーターに連絡をとるべきです。学校ではしばしば弁護士を使ってパラリーガルのクラスを教えていますが，生徒たちはどこでも，弁護士が実用的な技能よりも理論の方に重点をおいていることに不満を述べています。パラリーガルである講師は，日々の仕事での実体験をもっています。

教えることは，職業的ステータスを上げ，収入を増やすための優れた手段です。たいがいの講師の職はパートタイムですが，教室での経験を積むと，

プログラムのコーディネーターあるいは管理職の地位でフルタイムの仕事に就くことも可能です。

サンディエゴの法律事務所におけるシニア・パラリーガルであるダイアン・レミックは，サンディエゴ大学のパラリーガル養成プログラムの講師です。「サンディエゴ・リーガルアシスタント協会の秘書を務めたことが教えることのきっかけでした。講師としては今年で2年目です。いったんクラスをまとめて概要を作り上げると，教えることはとても楽しくなり，教壇の上では違う人間になります。私は，1年に2期の法律制度入門コースを教えています。それは，民事訴訟手続，リーガル・リサーチ及びその他6つの法律分野全てについての入門コースです。フルタイムで働く一方，パートタイムで教えることによって，私は両方の世界のいちばん良いところを得ています」と彼女は説明しています。「また，教えていることが，パラリーガル教育のABA認可チームの職や，サンディエゴ大学の顧問委員会及びサンディエゴ・コミュニティカレッジ部の仕事につながっていきました。」

1974年にパラリーガルとしての仕事を始めたダイアン・ペトロプロスは，教育からもう一歩先に進みました。1983年，彼女はソノマ州立大学の弁護士アシスタント養成プログラムのディレクターの職につきました。これは非常にまれなことで，合衆国中の800ほどのパラリーガル養成プログラムのうちパラリーガルによって営まれているものはほとんどなく，ほとんどのプログラムが弁護士か教育者によって率いられています。元パラリーガルとして，ダイアンは彼女の持つ実践的な知識を提供しました。その知識は，弁護士だけによって営まれ，教えられているプログラムには不足しがちなものなのです。

ライティング　パラリーガルはそのほとんどの時間をライティングとリサーチの技能を磨くことに費やすので，私自身の経験が示すように，ノンフィクションを書くことはキャリアの選択肢の1つとして当然のことです。

ほとんどのノンフィクション・ライターは，1冊の本を書く前に短い記事を書いてそれが出版されることからそのキャリアを始めますが，私の場合はそうではありませんでした。この本の初版を書く前に出版された私の作品は，旅行記事ひとつと1988年の大統領キャンペーンについてベイエリア新聞の

編集者に宛てた手紙のふたつであり，あまり褒められるようなものではありません。しかし私は，自分には文章力があると思っていたし，パラリーガルについては，今，私にしか書けないことがあると思っていました。問題は，出版社をいかに説得するかでした。

しかしながら，私はライターとしてのキャリアを，本を書くことから始めることはお勧めしません。ライターのキャリアをめざすパラリーガルは，弁護士やパラリーガルの業界誌にこの分野についてある観点からの記事を書くことから始めるのがよいと思います。『リーガル・アシスタント・トゥデイ』や"Journal of Paralegal Education and Practice"のようなパラリーガル専門誌は，手始めとしてふさわしいところです。いったんいくつかの記事が出版されたら，それをきっかけに，ジャーナリズム，ビジネス・ライティングやテクニカル・ライティング等他分野でのライター業につくことも可能でしょう。

私は『ライターズ・ダイジェスト』を定期購読することを強くお勧めしますが，それはこのビジネスを始める方法についての情報が提供されるからです。もう1つの手段は，"Writer's Market"（『ライターズ・マーケット』）で，この本には出版するテーマ別に，アルファベット順で出版社の名前と住所のリストが載っています。この本の出版のために「ピーターソンズ」を見つけたのは『ライターズ・マーケット』を通じてでした。

『リーガル・アシスタント・トゥデイ』の編集責任者であるリアンナ・カザレスは，出版の世界に飛び出したかつてのパラリーガルです。リアンナは1982年にカリフォルニア大学サンタバーバラ校で社会学の学士号を取得した後，1984年にウェスト・ロサンゼルス大学でパラリーガル養成プログラム修了証書を取得し，その後2年間ロサンゼルス地区の司法長官局のパラリーガルとして働きました。サンディエゴのロースクールにしばらく通った後，リアンナはまたパラリーガルの職に戻りました。彼女はサンディエゴの法律事務所の訴訟と労働法の部門で働きました。

変化を求めて，彼女はパラリーガルの技能を他のキャリアに応用することを決め，『リーガル・アシスタント・トゥデイ』の編集者としての仕事を始めました。その翌年彼女は一連の弁護士名鑑の本を編集し，その後雑誌の編

キャリア・トラック

集者になったのです。

　公務員　　連邦政府は法律関係の部署に30万人以上を雇用しており，その数は1992年に本書第2版を執筆した際の就業者数の2倍以上です。米国政府の法律関係の職業は約140あると推定され，それらにパラリーガル証書は必須ではありませんが，貴重なものと見なされています。事実，米国人事局は，連邦政府で働くパラリーガルの数は，過去10年間で30％以上増加したと報告しています。以下のリストは政府の仕事のいくつかであり，あなたに法律の専門分野の経験があれば雇用される可能性がある仕事です。

地位	専門分野
調停専門家	労働
労働／経営関係審査官	〃
犯罪捜査官	訴訟（刑事）
法廷書記官	〃
不動産専門家	不動産
土地法審査官	〃
特許アドバイザー	知的財産
著作権審査官	〃
税法専門家	税務
内国歳入官	〃
相続税審査官	資産運用／遺言検認

　その他の政府の法律関係職には，機会均等専門家，雇用関係専門家，労働関係専門家，市民権アナリスト，契約管理者，移民検査官，審問上訴官，立法アナリスト，保険審査官，情報アナリスト，外務官，外国法専門家，国際取引専門家，技術情報専門家，社会保険管理者，公共施設専門家，公共サービス代理人などがあります。これらの多くは中級あるいは上級レベルの職です。

　1997年初めの時点で，中級職（GS-9からGS 12）の年収は，3万ドルから5万ドルの範囲であり，上級職（GS-13からGS-15）では，5万ルから9万ドルの範囲です。"The Paralegal's Guide to U.S. Government Jobs: How to Land a Job in 140 Law-Related Areas"（パラリーガルのためのアメ

リカ政府の就職ガイド‐140の法律関係の仕事を見つける方法）という参考になる本を出版している。ワシントン所在の Federal Reports, Inc.（電話番号：202-393-3311）に連絡してみることを強くお勧めします。値段は個人向けが1冊19.95ドル、組織向けは1冊26.95ドルです。

コンピュータ専門家　テクノロジーとコンピュータの世界は、コンピュータに通じているパラリーガル、特に基礎以上のプログラム言語を学んだパラリーガルにとっては、大きく開かれています。パラリーガルとコンピュータ技能の両方があれば、あなたに勝るものはありません。例えば、私がリーガル・アドミニストレーターであった時、私は法律事務所のマイクロコンピュータに使用できるストックオプションのソフトウェアを見つけて購入する責任者でした（私たちは、モデムを通じてデータにアクセスするごとに、多大な月額の手数料を払っていました）。私はストックオプションとコンピュータに4年以上の経験があったので、何が必要かはっきりと分かっていました。ベンダーのうちの1社が製品のデモンストレーションに来た時、私は改良点をいくつか提案しました。驚いたことに、翌日その会社の副社長が、西海岸の販売代表者の職を申し出る電話をかけてきました。私はその仕事は断ったのですが、この話は専門知識がいかにあなたのキャリアをアップさせるかを示していると思います。

　コンピュータ業界でのパラリーガルにとってのチャンスは、コンサルティング会社、ソフトウェア会社、コンピュータハードウェア会社及び訴訟サポートサービスを提供している会社にあります。

　エヴァ・デ・ネグリは、リーガル・テクノロジー分野にうまく転換した人の良い例です。エヴァは10年間、サンフランシスコにあるモリソン・フォースター（Morrison & Foerster）法律事務所で労働・雇用法パラリーガルとして働いていましたが、リーガル・ソフトウェアの新興企業である Lawgic 出版社から製品開発アソシエイトとしてスカウトされました。Lawgic は、弁護士が雇用法、商法、会社法及び家族法における文書をドラフトするのに手助けとなるエキスパートシステムのソフトウェアを開発している会社です。Lawgic はモリソンのクライアントであり、エヴァは Lawgic が雇用法のソフトウェア製品をアップデートするのを手伝ってきました。

Lawgicは彼女の仕事ぶりを知っていて，また，製品開発の統括責任者を補佐する人が必要だったので，エヴァはそのふさわしい人物でした。エヴァは開発アソシエイトとして，製品の設計及び更新に携わり製品開発を支援しています。彼女の主な責任の1つに，Lawgic独自のオーサリング・ツール（訳注：マルチメディア情報を組み合わせたアプリケーションを作成するためのソフトウェア）を使って，各製品のリーガル分析や典拠一覧を修正することがあります。

法律業コンサルティング，特にコンピュータとオートメーションの分野では，コンピュータに通じているパラリーガルにとってのチャンスが増加しています。多くの大規模な国内会計事務所は，コンサルティングサービスを提供する法律部門を設けています。私は最近『ニューヨークタイムズ』を拾い読みしていて，こういった法律事務所の広告に気づきました。

訴訟サポートコンサルタント

ニューヨーク・リーガルサービス・グループのスタッフに参加できるシニア・コンサルタントを募集中。訴訟サポート会社での3年の経験あるいは法律事務所での訴訟パラリーガルの経験を望む。口頭と文章力での優れたコミュニケーション能力とマイクロコンピュータソフトウェアの経験要。英語で取得した学士号が望ましい。

パラリーガルはまた，IBM，ヒューレット・パッカード，デジタルのようなハードウェア製品のコンピュータ会社のコンサルタントとしても働くことができます。この分野でのもう1つのキャリアの選択肢は，リーガルソフトウェアアプリケーションを専門にする会社へのセールスです。今日では，税務，遺言検認及び会社法等の専門業務の分野と同様に，訴訟サポート，文書管理，データベースサービス，会計及び請求，訴訟事件管理及びワープロのソフトウェアを製造しているコンピュータ会社は何百社もあります。これらの会社のそれぞれに，コンピュータに通じているパラリーガルにとっての潜在的なチャンスがあります。

第8章 ここからどうすればいいのか

　コンピュータ化された訴訟システムで何年かの経験を持つパラリーガルにとってのもう1つの選択肢は，訴訟サポート会社での職です。これらの会社はしばしば，所内に訴訟サポートを扱う人材のいない法律事務所に起用されています。

　もう1つの興味深い選択は，最新のコンピュータグラフィックスとアニメーションを製作する会社で働くことです。第6章で述べたように，コンピュータグラフィックスは，法廷での重要な手段になりつつあり，これらの会社では今まで以上にパラリーガルに頼っています。

　コーポレート・セクレタリー　　会社法の経験を持つパラリーガルにとって，キャリアアップの選択としてコーポレート・セクレタリーの職を追求することはごく自然な道です。コーポレート・セクレタリーは，弁護士や弁護士資格を持たない者が就くこともある，企業内の管理職レベルの職なのです。

　会社法と証券法のパラリーガルとして4年間働いた後，私はある企業のコーポレート・セクレタリーとして雇われました。取締役会及び株主総会の準備，株主関連プログラムの管理，配当金再投資とストックオプションの処理，委任状請求，証券登録の準備，インサイダー取引コンプライアンスのモニター等に関して責任を負っていました。

　コーポレート・セクレタリーの報酬は，組織の規模，スタッフの規模，地理的な場所，肩書及び本人の学歴と大いに関係があります。米国コーポレート・セクレタリー協会（American Society of Corporate Secretaries）による1995年の調査では，平均年収の範囲は6万ドルから12万ドルの間でした。この範囲は，全会社のコーポレート・セクレタリーの約60％が弁護士であることが反映されているかも知れません。弁護士資格を持たない者は，このキャリアへの道をアシスタント・コーポレート・セクレタリーから始めることが多いです。求人の市場は小さく，競争も激しいのですが，キャリアのゴールとしては素晴らしいと思います。

　この職業についてもっと情報が必要ならば，米国コーポレート・セクレタリー協会（the American Society of Corporate Secretaries, Inc.）に連絡するとよいでしょう（住所：521 Fifth Avenue, New York, New York10175 U.S.A., 電話番号：212-681-2000）。

株主/投資家関連業務とコミュニケーション　証券法分野での経験のあるパラリーガルにとっては，株主関連は当然のキャリアの選択肢です。前に述べたように，リーガル・アドミニストレーターとしての任務の一つは，会社の株主関連業務の管理でした。これには，会社の株主母体のモニター，すべてのストックオプションへの株式の割当，株式名義書換代理人の管理，委任状請求業務の管理，種々の証券報告書の提出及び株主へのあらゆる連絡業務等が含まれていました。

これらの業務のすべてあるいは一部は，コーポレート・コミュニケーション・マネージャーあるいは投資関連業務マネージャーによっても処理されます。これら2つのキャリアも，会社法と証券分野の経験のあるパラリーガルにとってのキャリアコースとして有り得るものです。会社の規模次第で，コーポレート・コミュニケーションと投資家関連業務は一つの部門であったり，2つの部署に分かれたりしていることもあります。この職にある人々は，年次報告書，プレスリリース，従業員ニュースレター，管理職のビデオプレゼンテーション及び証券アナリスト，ブローカー及びポートフォリオマネージャー等の投資業界の担当者とのコミュニケーションを含む会社内部及び外部のあらゆるコミュニケーションに責任があります。

投資家関連業務の分野に足を踏み入れる人の多くは，会計，財務あるいは市場売買の鍛えられたプロか証券業界での経験を持っているため，パラリーガルが入り込むのは難しい分野です。

投資家関連分野の情報がさらに必要なら，全米IR協会（National Investor Relations Institute）に連絡するとよいでしょう（住所：8045 Leesburg Pike, Suite 600, Vienna, Virginia 22182 U.S.A., 電話番号：703-506-3570）。協会のホームページはwww.niri.orgです。

裁判所業務　裁判所業務は，管理業務及びパラリーガル業務の混合であり，何年かの経験のある訴訟パラリーガルにとって優れたキャリアアップです。これらの職は，連邦，州及び地元政府機関に属するので，雇用手続は民間に雇われるよりも厳しいガイドラインが存在します。職務には，期日管理，事件手続，職員教育，施設計画及びオートメーション需要の評価等が含まれます。

第8章 ここからどうすればいいのか

調査 私立探偵は,興味深いけれどもちょっと型破りな分野であり,パラリーガルとして身につけたリサーチの技能を多く使う分野です。ジュリー・チャンピオンがパラリーガル養成プログラムを修了した時,パラリーガルの業務のうちリサーチが一番面白かったと感じたそうです。通常のパラリーガルとしての仕事を探す代わりに,彼女はカリフォルニア州サクラメントの私立探偵としての職を志望しました。「私はいつもパズルを解くのが好きでした。ミステリー小説を手にとって読み始めると,結末が数分で分かってしまいます。」と彼女は言います。「読んだりリサーチしたりするのが好きだから,パラリーガル分野の仕事が面白そうだと思っていました。でも,パラリーガルスクールに通った後は,文書作成の面では好きにはなれないことに気づきました。それで私は,パラリーガルの仕事のうち,リサーチと調査の部分を取り,私立探偵の職を志望しました。ほとんどの探偵は警察官としての経歴を持っていましたが,私はそうではありませんでした。私が持っていたのは,学びたいという強い欲求とリサーチの熟練した技能でした。私は一度不採用になりましたが,研修生として雇われました。」と彼女は語りました。

ジュリーの仕事内容は,50％が労働者の補償と人身傷害の事件,50％が殺人事件です。彼女の業務は,損害査定人とのミーティング,訴訟に関係するあらゆる当事者との連絡,経歴情報の収集及び証言報告,報告書の作成,写真撮影及び監視業務等から成っています。彼女はまた,調査員や秘書スタッフの管理も行い,オフィスの管理者でもありました。

ジュリーによると,彼女のクライアントのほとんどは保険会社,労働者の補償及び人身傷害事件を専門にしている法律事務所でした。「一般的に思われていることと反対に,夫や妻を調査してくれというクライアントはほとんどいませんでした。」と彼女は言います。

調査員は1件ごとの契約ベースで働き,事件とサービスの種類によって,1時間につき10ドルから25ドルの報酬を受け取っていました。法律事務所のために働くフルタイムの所内の調査員（たいがいは元警官）は,年に7万ドルから8万ドルを稼ぐことができるそうです。「私は絶対に調査の分野にとどまっていると思います。」とジュリーは言います。「私のパラリーガルの

資格と調査の経歴のおかげで，私にはたくさんの選択肢があると思います。」

仲裁と調停　第1章で述べたように，労働法と労働関連での経験を持つパラリーガルは，キャリアの選択肢として，仲裁の職を希望するかも知れません。仲裁は，最近急速に，紛争を和解させる手段の主流となりつつあり，特に，労働／経営，商行為及び最近では特に無保険者傷害保険及び無過失責任保険計画などの分野で主流となっています。

仲裁においては，それぞれの当事者が口頭で証言したり関係文書を提出したり，時には仲裁人が開く聴聞会に証人が呼ばれることもあります。仲裁人は，紛争に関係している当事者によって選ばれた公平な立場の人物で，当事者双方が従うべきである，紛争を解決する決定を下す権限を与えられています。

しかし，仲裁人の大部分は弁護士であることに注意するべきです。その結果，弁護士に比べパラリーガルにとっては，仲裁でのキャリアを追求することも，この分野で信用を得ることも，いっそう困難かもしれません。仲裁に代わるキャリアの選択肢は調停かも知れませんが，これは紛争の解決としては，より非公式で，拘束力のない方法です。

フリーランスで働くこと及び事業を始めること

「フリーランスのパラリーガルでいることは，自分の持つ法律の才能にとっては最高のことです。私の収入は，法律事務所で雇われていたときのどんな稼ぎよりも多いです。」と，サンフランシスコのリンダ・ハリントン・アソシエイツの社長であるリンダ・ハリントンは言っています。「この職でのフリーランスの需要は増大しています。私は多くの都市でパラリーガルが自分の会社を始めていると聞いています。弁護士が，彼らにとっての経済的な利点を知れば，フリーランス（のパラリーガル）は，彼らに受け入れられるどころか彼らからアレンジを提案されることになるでしょう。」

ハリントンさんはパラリーガル・サクセスストーリーを実現した1人です。彼女は，いくつかの法律事務所で，7年以上にわたって遺言検認，破産，民事訴訟，家族法及び人身傷害に関する法律の分野での経験を積んできました。1973年に彼女は独立することを決心し，自宅で留守電サービスとタイプラ

第8章 ここからどうすればいいのか

イターの助けを借りてフリーランスの遺言検認サービスの提供を始めることにしました。1970年代の初期には多くの弁護士がパラリーガルのことを聞いたこともないということを考慮すると，フリーランスのパラリーガルはまさに快挙です。彼女の会社が提供するサービスには，税務申告書の作成，会計，目録作成及びその他の法廷関係の文書が含まれており，彼女のスタッフのすべての仕事は弁護士がチェックしています。

彼女はフリーランスで仕事をすることについて，いくつかの有効なアドバイスをしています。「お金になる分野を1つ選ぶこと。例えば，ほとんどの弁護士は成功報酬で仕事をするので人身傷害はあまりふさわしい専門分野ではないでしょう（裁判に勝たないと報酬にならないからです）。一方，遺言検認の分野は勝ち負けがないので，報酬がほぼ保証されています。報酬は資産のパーセンテージで計算されています。私が一番心配なのはパラリーガル養成プログラムを卒業したけれども法律事務所で働いたことのない人たちです。彼らがパラリーガルになった主な理由は，自分でビジネスを始めるためなのです。彼らはいざその場になって，経験がないことに気づくのです。つまり，まったく準備ができていないのです。」

すべてのフリーランスのパラリーガルがリンダ・ハリントンのようなビジネスができるわけではありません。彼女たちの多くは自宅で働き，生計をたてられるだけのお金しか稼いでいません。

フリーランスのパラリーガルビジネスを始める方法　それぞれのパラリーガルにとって，フリーランスになる道のりは少しずつ違っています。リンダ・ハリントンは，フルタイムのパラリーガルとして働きながらフリーランスの仕事を始めました。私は勤めていた会社が，私の望む通勤距離よりも遠いところに移転することを告知された時，会社の仕事をフリーランスとして請負い始めました。フルタイムの被雇用者でなくなった後，会社が移転し終わるまでの数ヵ月の間，法務部との契約を結びました。その他のフリーランスの仕事は口コミで依頼されました。

私たちは，キャリアの途中で何度か自分でビジネスを始めることを夢見ます。1980年初頭には，誰もが起業家になりたいと思っていたようです。しかし，私たちもよく分かっているように，言うは易しです。あまり励みにな

らない統計ですが，中小企業行政本部（Small Business Administration）によると，すべてのビジネスの90％は最初の三年間で失敗するそうです。独立することを決意する前に，以下のことを考慮して下さい。

① 今の職をやめてはいけません。フルタイムの職をもつ一方で仕事をするのが，最も安全で慎重なアプローチの方法です。臨時の仕事がフルタイムの仕事の邪魔をするようになったら，その時があなたの力を新しいビジネスに注ぐときかも知れません。

② ネットワークを広げること。フリーランス・パラリーガルなら誰でも，ネットワークと口コミでの紹介がビジネスの成功のための活性剤であると教えてくれるでしょう。地元のパラリーガルと弁護士の協会はあなたのサービスを宣伝してくれる良い場所です。

③ 専門を売りものにすること。リンダ・ハリントンの成功の一部は，彼女が特定の実務分野の専門家であったことによります。フリーランスとして見込みがある分野には，遺言検認に加えて，訴訟，コンピュータ化された訴訟サポートサービス及び会社法があります。訴訟とコンピュータ化された訴訟のサポートは，フリーランスのパラリーガルによって提供されるサービスの中でたぶん最も一般的なものでしょう。典型的な仕事としては，デポジションの要約，公判の準備，訴状のドラフト，顧客とのミーティング，判例引用のチェック，証人を探すこと，事実のリサーチ及びコンピュータ化された訴訟サポートシステムの管理等があります。会社法の経験があるパラリーガルは会社設立のサービスを提供できるでしょう。

④ ビジネスをスタートする費用を最小限にすること。オフィススペースを借りるべきでしょうか，自宅でビジネスを始めるべきでしょうか。オフィスで仕事をすると決めたなら，高価なオフィス家具，コンピュータ，電話システムを買わないように。諸経費は最小限にするように。そうすれば利益も生まれやすくなるでしょう。

キャリア・アドバイス

フリーランスで仕事をすることについての警告です。私は，パラリーガルのキャリアに興味を持ち，パラリーガル養成プログラム修了証書を取得してからすぐ

第8章 ここからどうすればいいのか

にフリーランスで仕事を始めようとする多くの人と話をしてきました。その際私はフリーランスを薦めません。なぜなら，フリーランスの仕事は初心者のパラリーガルには向かないからです。ひとつには，新人はまず弁護士と一緒に法律事務所で働いて経験を積む必要があります。彼らには色々な奇癖があるからです。また，口コミによる依頼がクライアントを得るいちばん良い方法なのですが，信用照会先がなければその方法は難しいでしょう。

独立契約者か被雇用者か　フリーランスのパラリーガルとしての私自身の経験の中で，私は独立契約者なのかあるいは被雇用者なのかという疑問がありました。その答には，パラリーガルと雇用者という重要な分かれ目があります。独立契約者としては，ひとりの事業主として開業することが許可され，州と連邦の税金から事業控除が受けられます。被雇用者はこれらの控除を受けられません。

独立契約者と被雇用者の違いを決定する最も重要なガイドラインの1つは，遂行される仕事を誰がコントロールするかという問題です。独立の契約関係では，雇用者が出来上がった仕事の最終成果を受け取り，仕事が行われる方法については関係しないと考えられます。この点は，定義によればパラリーガルは弁護士の監督の下に仕事を行うことになっているため，この基準を満たすのは難しいです。しかし，経験のあるパラリーガルはこう言うでしょう。「弁護士の監督の下に」という言葉にはほどほどに従っています，なぜなら弁護士はいつでもパラリーガルの仕事をチェックできる時間があるとは限らないからです。

フリーランスのパラリーガル対インディペンデント・パラリーガル　フリーランスのパラリーガルとインディペンデント・パラリーガルとの違いを理解することは重要です。フリーランサーは，弁護士にサービスを提供しその監督下で仕事をする者を指しています。インディペンデント・パラリーガルは，ノロ・プレス社とセルフ・ヘルプ法運動の共同設立者であるラルフ・ワーナーによって考えられた肩書きで，「一般に対して直接サービスを提供する，弁護士資格を持たない者で，弁護士の監督下で働いていない者」です。前に述べたように，多くの州ではこれを，許可なく法律業を営むことに関する法

律（注：UPL（Unauthorized Practice of Law）法，次章で詳説）の違反であるとみなしています。次章で述べるように，法律業を営むこととはどういうことかについては意見が分かれています。

更に教育を受けること

　これは，キャリアを変更するに際しての従来からの方法で，パラリーガルが考慮すべき方法ですが，余分なエネルギーと時間，そしてお金がかかるので難しい方法です。

　ロースクール　　キャリア選択肢の中では，いわゆる高額所得者への道，つまりロースクールについて述べなければ完全なものではないでしょう。ロースクールにまつわる誤解はたくさんあります。私は経験上，以下のことに気がつきました。

- 一般的に思われていることとは反対に，ロースクールに通うことは，自動的に6桁の稼ぎを得ることにはつながりません。また，法律事務所で働くすべての弁護士が最終的にパートナーになれるわけではありません。
- 職歴や経験を考慮する他の学士号プログラムと違って，ロースクールは次の二点を重視しています。学部の成績平均点（GPA＝Grade Point Average）とLaw School Admission Test（LSAT）の点数です。GPAが平均でかつ／またはテストで成績が良くなければ，良いロースクールに入ることは難しいです。
- 規模の大小に拘らず，ほとんどの法律事務所は一番優秀な弁護士を求めています。従って，国のトップクラスのロースクールからトップの学生達がリクルートされています。
- トップクラスのロースクールの卒業生だけが年収7万ドルから8万5,000ドルの初任給を得られるでしょう。
- 多くの経験のあるパラリーガルは，あまり競争の激しくないロースクールを卒業した弁護士とちょうど同じくらいの収入を得ます。
- 多くの人々は，単に何をすればいいのかわからないためにロースクールに通っています。それは，弁護士になるには間違った理由です。

第8章　ここからどうすればいいのか

- 苦しいとき，法律の仕事は考えていたものとは違うということを認める弁護士もいます。
- パラリーガルは，ロースクールに通うことを決断することについては多分一番ふさわしい人々です。

私が見聞したことから，私は弁護士であるよりももっと簡単に生計をたてる方法があるはずだと心底思います。私がその下で働いていた弁護士がかつてこう言っていました。「もう一度やり直さなければならないとしたら，私は投資銀行員か歯科矯正医になるだろう——より少ない労働でより多くの稼ぎがあるから。」

もしあなたがロースクールを考慮中なら，ラルフ・ワーナー（Ralph Warner）の "29 Reasons Not to Go to Law School"（ロースクールに行かない29の理由）を読んだ方がいいかも知れません。彼が述べているように「この本はあなたの3年間と30,000ドルと正気を救うことができます。」

しかし，すべての事には2つの側面があります。メアリー・ヒットは弁護士になろうと決心する前，何年間もパラリーガルとして働き，NFPA（全国パラリーガル連盟協会）の会長でした。「私は長い間税務のパラリーガルで，その分野を熟知していました。」と彼女は言っています。「パラリーガルとして昇進するためにできる限りのことをしました。税務の修士号を取り，IRS（米国内国歳入庁）の登録代理人（enrolled agent—EA）になり，それによってクライアントを代理して行政聴聞会に出席することができました。しかし，これらすべてがあっても私は，私の望む責任ある地位にはありませんでした。そのかわり会社は，あきらかに私の知っていることの半分も知らないロースクールの新卒生に仕事を与えました。最終的に私はもっと責任のある仕事をしたければ，ロースクールに行って卒業証書を取得しなければならないことが分かりました。」

「パラリーガルであることと弁護士であることの一番大きな違いは，弁護士は非常に多くの責任があるということです。彼らは実際にクライアントのために決断を下し，法律を解釈しています。彼らには苦労もありますが，報いもあります。」とメアリーは言っています。

法律の学位取得を考えている時に自分自身に問いかけるべき疑問は，仕事

とキャリアでどれだけの責任を持ちたいのかということです。明らかに，メアリーは正しい理由からロースクールに通いました。彼女はパラリーガルとしての責任の限界にぶつかったのですが，さらに高いレベルの責任を持ちたいと思うほどにこの分野に興味を持っていたのです。

もちろん，もう1つの選択肢として，学位を取るためロースクールには通っても，弁護士としてのキャリアを追求しないこともあり得ます。カリフォルニアの司法試験に合格せず（実際に私は司法試験に合格していない人をたくさん知っています），現在商業用不動産を売っている人を知っています。他の志願者のうち彼が雇われたたった1つの理由は，法律学の修士号を持っていたからでした。

その他の教育の選択肢　私が初めて一緒に仕事をした弁護士の1人は，法律の学位よりもMBA（Master of Business Administration―経営学修士）を取るようにアドバイスしました。彼によれば「MBAがあればもっといろいろなことができる」からだそうです。1970年代における法律の学位が，1980年代におけるMBAでした。誰もがMBAを手にして，ウォール街へ向かっているようでした。その後，1987年10月に株式市場が暴落し，インサイダー取引のスキャンダルが起きました。仕事がなくなり，MBAはもっと現実的なものとして見られるようになりました。

マネジメント業務に移ることに興味のあるパラリーガルにとって，MBA取得はよい選択でしょう。よい仕事を得るために，国でトップのビジネススクールに行く必要はありません。フルタイムで働きながら，夜間にビジネススクールに通うこともできます。さらに夜間のロースクールにも同時に通うこともできますが，あまりにも負担の大きいその経験から未だに元を取っていない人を私は知っています。

MBAを取得することはさておき，他にも追求できる教育の選択肢はあります。例えば，税務のパラリーガルは，CPA（Certified Public Accountant―公認会計士）の資格を取るために会計のコースを学ぶこともできます。会社法と証券法のパラリーガルは，CFP（Certified Financial Planner―公認ファイナンシャルプランナー）の資格をとるためのコースを取ることができます。同様に，不動産のパラリーガルは不動産関連の資格取得も可能です。

第8章　ここからどうすればいいのか

　現在の職に留まることからさらに教育を受けることまで，あなたが何を選択するとしても，キャリアを磨くために積極的でなければなりません。チャンスはいろいろな形でやってきます。

　次章では，パラリーガルという職の未来にとって重要な資格化，認定，その他の問題について検討します。これらはあらゆるパラリーガルの仕事に影響し，非常に重要かつ論議を醸す問題なので無視できません。

第 9 章

あなたのパラリーガル・キャリアに影響する問題点

世界は変化を嫌っているが，それでもなお変化は進歩をもたらす唯一のものである。

チャールズ・K・ケタリング

　テネシー州ナッシュビルでは，パラリーガル・センター・オブ・アメリカが開設され，手ごろな費用で合意済みの離婚を扱う文書作成ビジネスが行われています。

　ニュージャージー州には，フルタイムで常駐のパラリーガルを雇うことのできない小規模の法律事務所に，フリーランスとしてのサービスを提供しているパラリーガルがいます。彼女の仕事のすべては弁護士の監督の下でなされています。

　ニューヨーク州には，普通住宅用の不動産売買のための所有権移転完了の文書を作成するパラリーガルがいます。

　これらの人々に共通していることは何でしょうか。何人かの法律専門家によれば，彼女たちは皆法律業を営んでおり，UPL (Unauthorized Practice of Law) 法として知られる許可なく法律業を営むことについて定める法律に違反しています。UPL法とは，1930年代にまで遡り，弁護士資格を持たない者が直接一般の人々に対してリーガルサービスを提供することを禁じる法律，裁判所規則及び弁護士会規則のことです。許可なく法律業を営むことは，今日のパラリーガルが直面している問題の中で最も論争の的になっているものの一つであり，あなたのパラリーガルとしてのキャリアの中で必ず遭遇するであろう問題です。

　もし，あなたがパラリーガルとしてのキャリアを考えているならば，職業に関わる他の問題と同様に，認定，教育基準，合衆国の労働法の下での被雇用者としてのパラリーガルの地位，パラリーガルが十分活用されていないこ

となどの問題を理解することは重要です。

　パラリーガルを取り巻く議論は，特に，誰もが利用できる質が高くコスト効率の良いリーガルサービスを提供するという目標の観点から，弁護士とパラリーガルの役割を再評価する時期にきていることの明らかな兆候です。役割を再評価することでパラリーガルの責任を広げることになれば，パラリーガルにとっても有益なことだと思います。こういった再評価はまた，パラリーガルの仕事の責任の幅を拡げるという目標を達成するためにも役立つでしょう。

問題——許可なく法律業を営むこと

　「法律業を営む」とは一体どういうことなのでしょうか。法律業を営むということを正確に表す統一の定義がないため，これを判断することは難しいのです。

　UPL法は，いくつかのホットな議論を呼ぶ疑問をもたらしています。なぜ弁護士がリーガルサービスの提供についてあらゆる点を——予め印刷された離婚届のブランクを埋める権利を含めて——独占するべきなのでしょうか。弁護士資格を持たない者が直接一般の人々に対して，日常的で基本的なリーガルサービスを提供することのどこがいけないのでしょうか。なぜ，競争で決められる値段で，レベルの違うリーガルサービスを提供できるいくつかの異なる法律職があってはいけないのでしょうか。

　ニューヨーク州では，弁護士だけが不動産所有権移転手続を扱うことができますが，カリフォルニア州では弁護士資格を持たない者も，法律に違反しないで，同様の業務を行うことができます。銀行員や会計士の職にある者は，質的には法的文書とみなされるような文書を作成し提出していますが，彼らは法律業を営んでいるのでしょうか。簡単な遺言，破産及びその他の法的文書を作成するセルフ・ヘルプ本やソフトウェアが最近増えているのはどういうことなのでしょうか。もし，あなたがこれらの本やソフトウェアを誰か他の人の遺言を作成するために使ったとしたら，あなたは法律業務を行ったことになるのでしょうか。

私は，パラリーガルを務めていた間何度も，1人で判断し，その判断に基づいて決定を下し，それから関連の文書を作成して，弁護士のチェックなしで提出しました。厳密な定義によれば，私はUPL法に違反したかも知れません。理論上は，すべてのパラリーガルは仕事の最終的責任を持つ弁護士によって監督されるべきですが，実際はこういう監督がなされないことはよくあります。

問題を定義する

許可なく法律業を営むことについて定めるUPL法には，2つの問題があります。(1)弁護士がすべての市民に対して質が高くコスト効率の良いリーガルサービスを提供できないこと，(2)法律に関するすべての市民のニーズに応じる為に，パラリーガルを含む弁護士資格を持たない者の役割と責任を定義し直して拡げるのが難しいことです。

リーガルサービスへのアクセス　1975年，アメリカ法曹協会の会長であったジェームズ・D・フェラーズは，法曹界の最も重要な使命は当初，「支払いのできる恵まれた人々や，無料法律相談を受ける資格のある貧しい人々のためでなく，法律相談をアメリカ中に広めること」であると述べていました。フェラーズは我々の社会の基本的な問題を指摘しました。即ち，離婚，会社設立，氏名変更，遺言，養子縁組あるいは破産等の基本的なリーガルサービスを必要とする中間所得者層は，金のかかる弁護士へ支払いができるほど金持ちではなく，といって無料法律相談を受けられるほど貧しくもない点です。

この問題提起に対して法律業界は，前払い法律保険プラン，団体法律サービス及び弁護士紹介サービスの導入，弁護士による宣伝の解禁，また，より多くのパラリーガルの雇用及び更なる活用によって，この問題解決に臨みました。しかし，多くのパラリーガルと消費者グループ及び何人かの弁護士は，もっとするべきことがあると考えています。基本的なリーガルサービスのコストを下げる方法を模索する中で，これらのグループは，適正な教育及びトレーニングを受けて弁護士資格を持たない者は，資格のある弁護士よりも低い価格で基本的なサービスを提供することができると考えています。

弁護士資格を持たない者がこのようなサービスを提供することを認めるのに反対する人々の中に，1人で開業している弁護士や小規模な法律事務所で働く弁護士がいます。この弁護士のグループは，独立開業している弁護士の半数以上を代弁しており，直接の競争の打撃を一番受けやすい立場にいます。大規模な法律事務所で働く弁護士はそれほど影響されませんが，その理由は，大規模な法律事務所は，簡単な遺言や会社設立，破産などによってではなく，複雑な法律業務を通じて利益をあげるからです。

たぶん，今あなたはジレンマを感じ始めているかも知れません。弁護士は倫理上すべての市民にリーガルサービスを提供する義務がありますが，サービスにかかる費用のせいで，すべての市民が必要なときに弁護士を雇うことができるわけではないのが現状です。

アメリカ法曹協会（ABA）は 1992 年，弁護士資格を持たない者の業務に関する委員会を設置し，米国における弁護士資格を持たない者の業務の増加について，そしてその業務が社会及び法曹界に及ぼす影響について検証を行いました。委員会は「弁護士資格を持たない者」を次のように定義しました。

- フォームや裁判所文書に記入するのみで，助言を述べたり代理を務めたりはしない文書作成者
- フォームに記入することもあるが，主として家族法，資産運用及び遺言検認並びに破産法の分野で，助言を述べたりクライアントの代理を務めたりするリーガル・テクニシャン
- 弁護士の監督下で働くパラリーガル

32 ヵ月の間，市民集会を開催し証人 400 名から証言を得た後，ABA は 1994 年に報告書概要を提出しました。それによると，自分たちの法律問題を解決しようとする低所得者及び中間所得者層のニーズの高まりを受けて，弁護士資格を持たない者による業務の全体像及び範囲は拡大傾向にあります。また，米国の州議会の半数近くが，パラリーガルを含めた弁護士資格を持たない者の業務を許可したり規定したりするための提案書を検討していることが分かりました。

報告書では 6 つの提言が行われ，そのうちの 1 つは，弁護士がパラリーガルの業務に責任を負うという点は変えないまま，従来のパラリーガルの業務

範囲を拡大するべきだと結論しました。これはパラリーガルにとって励みになるニュースですが，この報告書はABA理事会でまだ承認されていない上，6つの提言のいずれも実行には移されてはいません。しかし，ほとんどの州が，このABA報告書を，各州における弁護士資格を持たない者やパラリーガルの活動の将来的な役割を決定するための基礎として使用するであろうと予想されます。

　例えば，1996年7月ペンシルバニア州は，許可無く法律業を営むことの対象にパラリーガルを含めた場合，量刑を重くするよう，州のUPL法を改正しました。また一方で，ハワイ州の消費者保護委員会は1996年度報告を発表し，その中で「一般市民向けの料金を安くする手段として，弁護士の監督下で行われるリーガル・アシスタントのサービス利用の拡大に委員会は概ね賛成であり……」と述べています。現在34の州で，弁護士資格を持たない者の活動範囲を規定する法案が検討されています。

パラリーガルの役割を拡大すること　　UPL法に対する最近のチャレンジは，業界として自身を定義し直す努力をしているパラリーガルたちと，法律システムをもっと利用したいと望む市民グループによってもたらされています。UPL法はパラリーガルの責任範囲や，直接一般の人々に対してサービスを提供することを制限するような影響を与えています。UPL法の緩和は，パラリーガルがその役割を拡大したり新しい分野で雇用されたりする可能性があることを意味するでしょう。

　パラリーガルの業界が成熟するにつれ，パラリーガルは以前よりも複雑な業務，特にかつては弁護士が行っていた業務で現在はUPL法の境界にあると思われるような業務を行っています。さらに，かつてない数のパラリーガルが独立して法律文書のフォーム作成サービスを含むビジネスを始めています。

　キャリアプランニングの見地から言えば，こういった文書作成ビジネスをキャリアアップの機会と考えているパラリーガルもいますが，同時にそれをステップアップとみなすにはあまりにも制限されていると考えているパラリーガルもいます。多くの人はそれらを2つの別個のキャリアと見ています。つまり，弁護士の監督の下で仕事をするパラリーガルと，弁護士資格を持た

ない者に関する ABA の 1994 年度報告で定義されているインディペンデント・パラリーガルやリーガル・テクニシャンと呼ばれるような，直接一般の人々に対してサービスを提供するパラリーガルです。

　パラリーガルだけが職業を規制する法に挑んでいるわけではありません。同様の問題に直面している看護師，助産師，足病医，心理療法士は，医療のパラプロフェッショナル（専門職補佐員）として，検査，薬物処方，一部の手術等現在では医者だけに制限されている特定のケアを提供する権利を求めています。

　挑戦を受けている側に立つ医者は，パラプロフェッショナルの責任の拡大に反対の立場をとるのは，競争の増加よりも潜在的なサービスの質の低下を危惧するからだと主張しています。弁護士資格を持たない者からの攻撃に対して，同様の主張を展開する弁護士もいます。

　一方，ほとんどのパラプロフェッショナルは彼ら自身を，複雑なサービスと手続を行うための教育及びトレーニングを受けているその専門家たちと競争関係にあるとは考えていません。彼らは自分自身を低いコストでの基本的なサービスの提供者だと見ています。私は，複雑な法律事務に対して責任を持ちたいと思うパラリーガルを多くは知りませんが，簡単な会社設立の書類を，弁護士よりもずっと低いコストで正確に作成できるパラリーガルを何人も知っています。

　UPL 法の問題が難しいのは明らかで，時がたつにつれよりいっそう複雑になってきています。

問題——規制

　規制の問題は多くの疑問を招きます。パラリーガルは専門職なのでしょうか。もしそうなら，その他の専門職のようにある種の資格手続があるべきではないでしょうか。どのようなタイプの資格がふさわしいのでしょうか。規制にはどんな賛否両論があるのでしょうか。それはパラリーガルの職務を拡大するのでしょうか，制限するのでしょうか。パラリーガルを規制する権限は誰がもっているのでしょうか。

誰が規制されるべきか

この問題の最も紛らわしい要素のひとつは，規制されるべきなのは誰かを判断しようとすることです。弁護士の監督下で働くフルタイムのパラリーガルに資格が必要なのでしょうか。独立契約者として働くフリーランスのパラリーガルはどうなのでしょうか。そして，書式の作成サービスを直接一般の人々に対して提供する，インディペンデント・パラリーガルを含む弁護士資格を持たない者は規制されるべきなのでしょうか。

この議論では，パラリーガルという用語は弁護士の監督下で常駐してフルタイムで働く伝統的なパラリーガル，または独立契約者を意味します。リーガル・テクニシャンという用語は，1988年にカリフォルニア州法曹協会で最初に使用された言葉で，パラリーガルあるいはその他弁護士資格を持たない者で，直接一般の人々に対してリーガルサービスを提供し，弁護士に監督されない者を指します。

1992年3月，全米パラリーガル協会連盟（NFPA）によるパラリーガルを規制することに関するシンポジウムがテキサス州ヒューストンで開催されました。パラリーガルを規制することに焦点をあてたこのようなイベントは初めてでした。出席者の間では，パラリーガルが規制されるべきかどうかということに関して意見が一致しませんでしたが，ほとんど皆がリーガル・テクニシャンに関する規制があるべきだという点で合意しました。

どのようなタイプの規制がふさわしいか

残念なことに，資格の設置が必要だということに合意する人々は，その取るべき形に合意できません。それは任意であるべきでしょうか，強制であるべきでしょうか。継続教育の必要があるべきでしょうか。ガイドラインは公式であるべきでしょうか，非公式であるべきでしょうか。消費者と弁護士資格を持たない者の間で拘束力のある契約が存在するべきでしょうか。弁護士資格を持たない者は連邦及び州の様々なエージェンシーに登録することを要件とするべきでしょうか。法曹協会からの要件があるべきでしょうか。このリストにはきりがありません。

現在，弁護士，パラリーガル，育成者及び議会によって検討されている3種類の規制には，資格の設置，制限付きの資格及び登録が含まれています。

- 資格の設置は，ある機関が予め定めた資格を満たす人々に，ある種の仕事を行う許可あるいは肩書きを利用する許可を与える手続で，これは規制の中で一番厳しい形です。
- 制限付きの資格は，政府機関が弁護士資格を持たない者に，習慣上は弁護士によって行われるが独占的ではない業務を行うことの承認を与える手続です。この目的は，リーガルサービスを一般の人々に対して提供することを許可することによって，経験のあるパラリーガルの業務を広げることです。
- 登録は，職に就いている個人が特定の個人情報を協会あるいはある機関に届け出る手続で，通常では，教育あるいはトレーニングの要件はなく，登録は任意でも強制でも構いません。

パラリーガルを規制することに関する議論

パラリーガル分野が40年目に突入するにあたり，この職業に就くことへの障壁は，今はまだありません。この分野で働く個人の多様性は，かつてはキャリアのプラス面でしたが，そのこと自体が問題となり始めています。このような問題の1つに，教育，経歴，技能及びトレーニングについて標準化されていないことがあげられます。第5章で取り上げたように，パラリーガルになるための他の道と同様に，利用できる教育の選択肢も多種多様ですが，標準化されていないことが，パラリーガルを雇用する側にとっての問題を作り出しています。

さらに，パラリーガル分野は，厳密な意味で専門職かどうかはっきりしていません。教育あるいは試験のような最低限の基準がないため専門職ではないという意見に対して，パラリーガルは常に反論を続けなければなりません。従って，パラリーガルを法で規制することは，以下の実現に役立つでしょう。

- 雇用者が雇用を決める際に助けとなるよう，知識と技能を標準化する。
- 業界に対する信頼性を持たせ，パラリーガル職に対する認知を向上させる。

- 従来弁護士が担ってきた業務をパラリーガルが行うことを認可された場合，パラリーガルの役割を拡張する。
- 弁護士資格を持たない人々がリーガル・テクニシャンとして州議会から権限を与えられた場合，一般の人々に手ごろな価格で基本的なリーガルサービスを提供するための一助となる。

1986 年，アメリカ法曹協会のプロフェッショナリズム委員会は，基本的なリーガルサービスを一般の人々に対して提供するパラリーガルの制限付きの資格を勧める報告書を発表しました。委員会は次のように述べました。

弁護士だけが独占的に難解な必要知識を持ち，従って法律に関するいかなる問題についてもクライアントにアドバイスできる唯一の者であることを，もはや主張できない。弁護士の独占状態が侵略されてきたが，これからも侵略され続けるだろう。利己的な理由で弁護士がかかる侵略へ抵抗するならば業界に対しての不信をもたらすだけである。

言い替えれば，報告書は弁護士資格を持たない者が弁護士と直接競合することを勧めたのです。ABA が初めてリーガルサービス市場を弁護士以外の者に開いたのであり，これは前例のない動きでした。

規制を支持するパラリーガルのグループの 1 つに，全米パラリーガル協会連盟（NFPA）があります。NFPA は 1988 年に予備調査のための特別委員会を形成し，その時初めて NFPA でパラリーガルの規制問題が討議されました。それ以降，規制をめぐる見解を改善し明確にする努力が続けられています。NFPA は今日，規制に対し二重のアプローチを認めています。専門家試験は規制プログラムの開発のために必要な措置であると考え，最近パラリーガル上級能力検定試験（PACE）を開発しました。

NFPA は，パラリーガルの規制は弁護士によって行われるべきだとは考えていません。NFPA によれば規制は，トレーニングの基準を高め，消費者がリーガルサービスを利用しようとする需要を喚起し，パラリーガルに対してキャリアの方向を示し，UPL 法の例外を作り出すので，パラリーガル業界に恩恵をもたらすだろうと考えられています。

パラリーガルを規制することに反対する議論

すべてのパラリーガルが，自分たちの職業を規制することを上記のように解釈することに合意しているわけではありません。まだ新しいキャリアなので，パラリーガルの責任を広げることを禁止するような限界を設けるには早すぎるという人もいます。こういう人々は，解決策は規制を作ることではなく，教育基準を明らかにすることだと考えています。

さらに，全米リーガル・アシスタント協会（NALA）のようなグループは，パラリーガルが作成した文書については弁護士が最終的に責任を持つので，消費者は保護されていると考えており，従って，パラリーガルを規制する必要はないと考えています。規制に反対するその他の議論には次のようなものがあります。

- 規制はパラリーガルができること，できないことを特定するため，パラリーガルの職務を制限してしまう。
- パラリーガルは公共に仕えるのではないため，資格の設置は不要である。
- 資格のあるパラリーガルは，規制によって，かつて弁護士が行っていた基本サービスを担えるようになるので，弁護士業務に割り込むことになる。

結論としては，恐らくパラリーガルの規制については州ベースで決められ，消費者に手ごろな価格でリーガルサービスを提供する方法という，すでに入り組んでいる問題にとって一助となるでしょう。

リーガル・テクニシャンを規制すること

すべての市民にリーガルサービスを手ごろな価格で提供するための解決策の1つとして，弁護士資格を持たない者が基本業務を行えるようにするための資格化及び規制が挙げられます。弁護士資格を持たない者という発想は25年以上存在しています。

第1章で述べたように，1971年にラルフ・ワーナーと，ノロ・プレス社共同設立者チャールズ・シャーマンが，弁護士資格を持たない者がアメリカで離婚文書作成を提供する最初のサービスの1つであるウェーブ・プロジェクトを始めました。そのプロジェクトはセルフ・ヘルプ法運動を生み，その

根元的な原理は，いくつかの手引きと実務的な補助があれば，消費者が自分自身で法律問題を処理することができるということにあります。他の多くの基本的なリーガルサービスの中でも，遺言，離婚届，破産及び会社設立の文書作成は，セルフ・ヘルプ法の本とソフトウェアに大きく頼っており，消費者が法律文書を完成するのを助けるインディペンデント・パラリーガルのコンセプトにも頼っています。過去20年間ウェーブ・プロジェクトは，消費者が何千ドルもの弁護士費用を倹約するのに役立ってきました。

ノロ・コンセプトの最も一般的な業務の見本は，たぶん所得税申告書の作成でしょう。市民は，税務の弁護士か公認会計士か税金の専門家かあるいは自分自身で行うか選択することができます。ノロの考えによれば，このシステムは離婚のような特定のリーガルサービスに適用できます。離婚には合意済みの（簡単な）事件や争いのある（複雑な）事件があります。その複雑さに応じて，消費者は様々なタイプのサービスを選ぶことができるでしょう（現在の我々のシステムでは，どんな簡単な離婚にも弁護士を必要としています）。

弁護士資格を持たない者に関するABAの1994年度報告が示すように，文書作成ビジネスを始める人たち等，弁護士資格を持たない者による業務が米国中で急激に増加しつつあります。

近年，弁護士資格を持たない者を規制するという課題は，主に各州議会や州法曹協会で取り上げられるようになりました。カリフォルニア州は，一般の人々に対してリーガルサービスを提供することのできる，弁護士資格を持たない個人を区別する必要性を認識した最初の州です。1987年，カリフォルニア州法曹協会は，この件を検討するための特別委員会を創設しましたが，1991年に州法曹協会の理事会によってこの案は却下されました。カリフォルニア州議会はそれ以降もこの問題に取り組んではいますが，リーガル・テクニシャンを資格化するこの議案は現在保留にされています。ニューヨーク，テキサス，ミネソタ等の他の州議会では，どこでも抵抗勢力に遭っており，何も実行されていません。

結論としては，パラリーガル及びリーガル・テクニシャンの両方の規制については，州ベースで決定されると思われ，消費者に手ごろな価格でリーガルサービスを提供する方法という，すでに入り組んでいる問題にとって一助

となるでしょう。

問題——認定

　UPL法の問題よりも論争は少ないけれど、1970年代の始めから議論されてきたのは、パラリーガルの認定の問題です。認定を受けることは任意なので争いは少なく、また弁護士にはあまり関係ないので、認定問題は弁護士たちの生計にとって脅威ではありません。

　定義によれば、認定とはある人物が既定の資格を満たしていることを民間のエージェンシーや協会が承認するための任意の規定をいいます。この資格には、認可されたプログラムの修了、資格試験での合格点の取得及び規定年数の業務経験が含まれています。

認定に賛成する議論

　支持者は、認定はパラリーガルの特定レベルの実力に対する基準を作り、採用時に雇用者の助けとなり、業界の地位を向上すると考えています。彼らはまた、最小限の必修教育の修了を証明し、消費者に対してパラリーガルの能力を再保証することを助けると考えています。

　主な認定の提唱者として、全米リーガル・アシスタント協会（NALA）が挙げられます。1975年に設立された時、優先事項のひとつは、この分野の基準を発展させることでした。調査を行った後NALAは、米国内最初で唯一の、任意の公認のリーガル・アシスタント（CLA）プログラムを開発しました。CLAの目的は、第6章で述べたように、能力と業績の国家的な基準を設けること、この基準を満たす個人を特定する方法を開発すること及びパラリーガルが専門的な職業であることを強調して業界にプロとしての認識をもたらすことです。また、CLAの肩書は、適正なトレーニングと仕事の経験を持たない人々が、自分自身をリーガル・アシスタントと呼ぶことを抑制する狙いもあります。

　このプログラムではCLAの肩書を、ある要件を満たし、資格試験に合格したパラリーガルだけに与えています。1996年8月の段階では、8,000人以

上のパラリーガルがこの肩書を取得しました。NALA はこの肩書を識別の目安とみなしており，一定の基準を満たし一定のレベルの業績を達成したパラリーガルを見分ける方法として，何年にもわたって確立されてきたと考えています。

認定に反対する議論

驚くことに，すべてのパラリーガルと弁護士が認定の利点に同意しているわけではありません。認定は任意の肩書なのでパラリーガルの責任を広げることに何の役にも立たないと考えている人もいます。NFPA は，認定は UPL 法の問題を解決しないと考えています。加えて，認定試験に合格したからといって，パラリーガルがリーガルサービスを直接一般の人々に対して提供できるわけでもありません。しかも，公認のパラリーガルの方が認定を受けていない者よりも，必ずしも高い収入を得たり，より良い仕事に就けるといった根拠もどこにもありません。

いくつかのフォーラムを通じて，弁護士たちも議論に参加してきました。1985 年に，リーガル・アシスタントに関する ABA 常設委員会は，パラリーガルとして最小限必要な能力を認定することによる利点は，この問題を解決するために必要な時間，労力及び経験ほど重要ではないという結論に達しました。委員会は，法律の専門分野におけるシニア・パラリーガルの技能の認定は，弁護士，パラリーガル，育成者及び一般社会人を含む会議の監督下に置かれるべきだと考えています。

認定は，任意のものである限りは，その職業に就くのに必要な基準に達するための手段としてではなく，専門家としての認知や地位を得るための手段としてしか見なされないでしょう。

問題——パラリーガルの教育

すべてのパラリーガルに最低限の必修教育があるべきでしょうか。すべてのパラリーガル養成プログラムに，すべてのロースクールにあるような標準化された必修コースがあるべきでしょうか。すべてのパラリーガル養成プロ

グラムは ABA に承認されるべきでしょうか。すべてのパラリーガルが学士号，またはパラリーガル養成プログラム修了証明あるいはその両方を持つことを必要とするべきでしょうか。パラリーガルの教育あるいはトレーニングに何の基準もなければ，雇用者は標準的な仕事ができる人を雇用するにあたって，どのような基準を利用すればよいのでしょうか。パラリーガルの教育とトレーニングの将来を決定する権限を持つべきなのは誰でしょうか。パラリーガルか，弁護士か，パラリーガルの育成者か，三者すべてでしょうか。以上は，今日のパラリーガル教育に関して問われている問題のいくつかです。

　法律分野以外の業界からは，ほとんどの職業におけるプロ意識への鍵は，（資格あるいは認定といった形式での）規制ではなく教育であるという指摘がなされてきました。しかし，パラリーガル職に関しては，言うは易く行うは難しです。

　パラリーガル教育の質は，パラリーガル，育成者，弁護士及び雇用者にとって現時点における関心事です。第5章で述べたように，厳しい教育基準に基づく職業とは異なり，パラリーガル分野は今でも，様々な経歴を持つ個人に対して大きく開かれています。加えて，パラリーガル教育は3ヵ月の養成プログラムから4年間の学士号プログラムに及び，その範囲内にあらゆるものがあります。今の時点で，パラリーガル教育の唯一の基準はプログラムにABA の承認があるかどうかということです。

　リーガル・アシスタントに関する ABA 常設委員会は，パラリーガルの技能と質を高めるいちばん良い方法は，ABA 承認の養成プログラムと継続教育プログラムの数を増やすことだと考えています。

　NFPA と NALA は，パラリーガル教育の問題に関しては合意があるようです。両協会とも ABA 承認委員会と直接仕事をしています。しかし，関係者全員がパラリーガルの教育基準には発展が必要だということに合意しているようですが，ガイドラインはまだ業界全体で採択されていません。

　表面的には，この問題に関しては少しずつ進歩しています。1988年3月に初めて開かれたザ・コンクレーブ（The Conclave）と呼ばれるイベントで，様々なパラリーガル，弁護士及び育成協会の代表者が一同に会して，特にパラリーガル教育について議論しました。そのイベントの報告書では，すべて

のグループが以下のことに合意しました。
- 現在提供されているパラリーガル・トレーニングのタイプと生徒の学歴には相当な多様性がある。
- 標準的なテキストと指導方法がないために，教えることが難しい。
- 雇用の決定に必要な，パラリーガル養成プログラムの質に関する雇用者向けの情報が不十分である。
- 学士号を持つ新人レベルのパラリーガルを雇用する傾向がある。
- パラリーガル養成プログラムの一般的な教育要件は，生徒間の学歴格差を解消することに役立つ。
- 現在ABAガイドラインで要求されている最低15時間の法律専門コースは，あまりにも少なすぎる。
- 高い質のパラリーガル教育について弁護士の認識を深めるキャンペーンを，ABA，州と地元の法曹協会及びパラリーガル協会によって始めるべきである。

　この報告書では，カリキュラムの変更に焦点をあてたその他の重要な勧告がなされていました。報告書では，最低30単位の一般教育が必要で，コンピュータ，数学あるいは会計，歴史，行政及びコミュニケーションのコースを含むべきであり，さらにそれらのコースは分析力や処理能力に焦点をあてるべきであると述べています。加えて，報告書は事実及びリーガル・リサーチ，法律倫理，合衆国の法律制度及び専門的な法律事情が法律専門コースの必修として含まれるべきであると勧めています。この報告書はまた，研修制度をすべてのパラリーガル養成プログラムの一部とするべきであると強調しました。

　ザ・コンクレーブによる勧告は，パラリーガル教育基準の発展のワンステップを表していますが，恐らくいちばん重要なのは，様々なグループ間でのミーティングによって培われたコミュニケーションでしょう。

　この10年大きな変化は無く，この職に就くための標準的な方法は未だありません。第5章で見てきたとおり，パラリーガルになるために得られるパラリーガル養成プログラムや学位は豊富にあります。それらの多くは，米国の各地域における需要供給の法則によります。

NFPAの現在の立場は，パラリーガルコース専攻の2年制の学位で十分な市場もあるものの，これからパラリーガルになろうと考えている人たちは4年制の学位を持っているべきだというものです。

現在はパラリーガルの教育とトレーニングの基準がないため，これをきっかけとして州の議会は，パラリーガルの規制とリーガル・テクニシャンの場合と同じように，この問題をもっと深く検討し始めるでしょう。将来，パラリーガル教育は州の議会によって決定されるかも知れません。パラリーガル教育の問題は解決からはほど遠いですが，教育上の必要条件が厳しくなっていくことは間違いないでしょう。

問題――労働基準法上免除の対象になるかならないか

パラリーガルは時間外手当を受けるべきでしょうか。現在の米国労働省の法令によると，パラリーガルは1938年の米国公正労働基準法（Fair Labor Standards Act of 1938―FLSA）の給与及び時間の規定で保護されており，一週間40時間以上働くと時間外手当を受け取るべきである，（FLSAの）対象から免除されない被雇用者とみなされています。このことはちょっとした論争を起こしています。

何が問題なのでしょうか。FLSAの下では，正当なエグゼクティブ，経営者，あるいは専門能力によって雇用された被雇用者が，（FLSAの）対象から免除される被雇用者にあたります。つまり，それぞれの仕事において大部分を自分の判断で行い，比較的他人から監督されない人たちです。米国労働省は，UPL法に関連する問題のため，パラリーガルは自分の判断で仕事を行うという免除の被雇用者の条件に合わないと考えています。この解釈は，雇用法の見地からは，パラリーガル分野は専門職とはみなさないということになるかも知れません。

パラリーガルの中でもこの問題では意見が分かれています。免除に分類されることは，パラリーガルたちの職業の地位を高めると考える人もいますが，免除の対象として分類されることによって，雇用者が合法的に時間外手当を払わずに長時間働かせることができると考える人もいます。また，免除対象

外の地位は品格を下げるとか専門職らしくなるというものではないと考える人もいます。

パラリーガル職は急速に変化しているので，米国労働省による将来の職業調査によって，免除対象の地位が与えられるよう勧告されるかもしれません。しかし，（特定のパラリーガルは労働基準法上の免除対象者か否かの判断を求めたある雇用者によって発表を促された）米国労働省の1995年4月15日付意見書では，パラリーガルは免除対象外の被雇用者であり，従って時間外手当を受け取る権利があると述べられました。

この意見書は，雇用者と共にその専門家としての地位を定義し発展を促進しようと試みている専門的職業にとっては良い兆候ではありませんが，『リーガル・アシスタント・トゥデイ』誌の1996年給与調査に回答したパラリーガルの内ほんの41％の人だけが，雇用者によって免除対象外の被雇用者と見なされていました。

問題——弁護士がパラリーガルを十分活用しないこと

数十年前にパラリーガル職が始まって以来，パラリーガルの任務及び責任の質，複雑さ，レベルにおいて長足の進歩が遂げられました。パラリーガルは十分長い間存在しているので，今や見識ある雇用者のほとんどが，パラリーガルとは何をする人なのかを良く理解しています。しかしながら，まだ例外は残っており，不満を抱えたまま十分に活用されていないパラリーガルもいます。

パラリーガルに委任される仕事のタイプは，その弁護士，法律事務所の大きさ，業務の種類，パラリーガルの能力によります。1994年に『リーガル・アシスタント・トゥデイ』は，弁護士がパラリーガルに困難だがやりがいのある仕事を任せるかどうかを決定する際，影響を及ぼす要因に関する興味深い調査を実施しました。その調査票はミシガン州の2万5,000人以上の弁護士に送付されました。回答者の46％がパラリーガルを利用し，54％が利用していませんでした。利用していない54％の弁護士のうち41％の人が，その仕事は秘書によって行われていると回答しました。これらの結果は，パ

ラリーガルの仕事に対する理解が欠如していること，また経済的な選択としてパラリーガルより秘書を好んで利用することを表しています。

面白いことにその調査は，自分たちの仕事のレベルに満足できない場合，自ら進んでより質の高い仕事を得ようとしないのはパラリーガルだと結論付けています。パラリーガルを利用する弁護士の89％が，パラリーガルの職務を拡大したと主張した一方，パラリーガルのほうから職務拡大の要求があったと答えたのは8.3％だけでした。

この調査は，パラリーガル，特にこれからパラリーガル職に就こうとしている人は，自分自身のキャリアの主導権を握るために，積極的により良い仕事を追求していかなければならないという現実を認識しておく必要があることを指摘しています。この調査が何かを示唆しているとすれば，それは，もっと多くの任務をこなす能力があることをパラリーガルが証明すれば，ほとんどの弁護士はパラリーガルの職務拡大に好意的に反応するだろうということです。

様々な兆候

パラリーガル職は，その発展において重大な段階にさしかかっています。法曹協会や議会の中には，リーガル・テクニシャンを資格化することによってパラリーガルの役割を拡大しようとしている人もいますが，制限する方法を考えている人もいます。

後退のステップ

ニューヨーク州シラキュースに住むあるシングルマザーは，財政的苦境に陥り自己破産申立をすることに決め，米連邦破産法第7章（チャプター7）に基づく破産申告書を提出するためにインディペンデント・パラリーガルを雇いました。彼女が代価として支払ったのは，通常弁護士が請求する750ドルに対し，269ドルのみでした。しかし残念なことに，ニューヨーク州アルバニーの米国管財局による一連のクレームを受けて，連邦破産裁判官は，インディペンデント・パラリーガルが破産申立業務に対し請求できるのは100

ドル以下とする裁決を下しました。

別のインディペンデント・パラリーガルは，ジョージア州の破産裁判官から，破産申立書作成のために特別に設計されたリーガル・ソフトウェアを顧客のために使ってはならない旨言い渡されました。

これらは，法制度がいかにパラリーガルの役割拡大を妨げているかを示すほんの2つの例に過ぎません。

パラリーガル職に対する態度の硬化がいちばん分かりやすい一例は，1990年11月にニュージャージー州最高裁判所のUPL委員会が第24勧告意見書において，独立契約者として働くフリーランスのパラリーガルは，弁護士によって適切に監督されておらず，またこれらのパラリーガルは弁護士の監督下以外で機能しており，従ってUPL法に違反すると結論したことです。裁判所は，フリーランスのパラリーガルは弁護士とのつながりが薄いので，直接監督される機会がほとんどないと考えました。判決では，雇用者はパラリーガルを独立契約者としてではなく，被雇用者として雇うことが要請されました。

その判決はニュージャージー州の多くのフリーランス・パラリーガルの生計を脅かしただけではなく，フリーランス・パラリーガルを使う多くの法律事務所にも影響を与えました。多くの人々は，フリーランス・パラリーガルを使うこととフリーランスや臨時雇いの秘書を使うことのどこが違うのか疑問に思いました。

その判決に対応して，ニュージャージー州のフリーランス・パラリーガルを代理する弁護士たちは最高裁判所がUPL委員会の意見書を破棄するよう要請しました。1992年5月，何ヵ月間かのヒアリングと議論の後に，最高裁判所は決定しました。証拠はフリーランス・パラリーガルの禁止令を裏付けていないと述べて，第24意見書を破棄したのです。

かつてフリーランス・パラリーガルだった私自身にとっては，裁判所がフリーランスについてのこのような関心を示すとは驚きでした。最高裁判所の結論の一部を読んで，私は，法律業を営むことの要素は何なのかということについて，納得のいく包括的な定義がないということを裁判所が認めていることに着目し，興味深いと思いました。裁判所が，法律業を営むことの要素

第9章 あなたのパラリーガル・キャリアに影響する問題点

について納得のいく基準を見つけだすことすらできなければ，UPL法問題に関してはパラリーガルにとって長い道のりになるでしょう。

いくつかの有望な兆候

この後退にもかかわらず，パラリーガル職は認識を広め，役割を拡大する点においては進歩しています。

インディペンデント・パラリーガルとリーガル・テクニシャン　以前述べたように，パラリーガルを含む弁護士資格を持たない者が，直接一般の人々に対して制限付きのリーガルサービスを提供することを許可するような案は，まだいくつかの州で検討されています。ABAが本件について調査することに決め，弁護士資格を持たない者の業務に対する需要があるとの結論を下した事実はきっと，パラリーガル業界が前進しているということをいちばんよく表していると思います。

行政委員会への出席　法律事務所で働くパラリーガルは，行政裁判所に出席して法律事務所のクライアントを代理することができるのでしょうか。

この疑問はしばらくの間カリフォルニア州において取り上げられ，UPL問題と密接な関係があります。1987年2月，カリフォルニア州法曹協会は，法律事務所で働くパラリーガルが行政裁判所でクライアントを代理することを認める意見書を出しました。州法曹協会の倫理責任及び指導に関する常設委員会は，クライアントがパラリーガルを使うことに同意する限り，適切に監督されているパラリーガルが請願書と申立書を提出するために労災補償上訴委員会に出席することができると考えました。

ABAによる弁護士資格を持たない者の業務に関する1994年度調査では，弁護士資格を持たない者が，例えば失業手当，社会保障，移民，労災補償，公衆衛生，雇用差別といった分野で代理を務めることを許可している行政機関は，連邦レベルで34，州レベルでは多数に上ることが分かりました。

弁護士資格を持たない者，特にパラリーガルが，代理手続において代理人を務めることができるのは，パラリーガルの役割を拡げる上で重要な一歩です。それは規制撤廃の嘆願にはほど遠いのですが，UPL法を緩和し，パラリーガルの責任を拡げる兆候です。あなたにもお分かりのように，UPL法

問題の影響は，単にパラリーガルだけにとどまりません。

ABA準会員　1987年，ABAはその付則を改訂し，パラリーガルのために準会員の地位を作る決議を採択し，それによって彼らが多くのABA活動に参加することを認めました。ABAは，これによって一般大衆が効果的で手ごろな価格のリーガルサービスを受けられるよう実現に向けての努力が促進されるだろうと考えています。ABAはすべてのパラリーガルが，仕事上の弁護士との関係を強めるために準会員の地位を利用することを勧めています。

これは決して極めて大きな発展ではありませんが，パラリーガルと弁護士間のコミュニケーションをより良いものにしようとする努力の表れといえます。

弁護過誤保険　「リーガル・アシスタントに対する弁護過誤の訴訟は避けることができません」と，全米パラリーガル協会（the National Paralegal Association—NPA）のエグゼクティブ・ディレクター，H・ジェフリー・バレンタインは1988年12月2日のニューヨーク・タイムズで述べました。「パラリーガル業界全体にショックの波が起きるだろうが，中でもインディペンデント・パラリーガルがいちばん恐れを抱くでしょう。」

将来弁護過誤の訴訟が起きると見越して，NPAはパラリーガルに弁護過誤保険を提示する計画です。全国パラリーガル協会連盟（NFPA）は，既にこのようなパラリーガル／リーガル・アシスタント専門職責任保険プログラムと呼ばれるプログラムを設けています。これはNFPA Risk Purchasing Groupを通じて入手できます（住所：P.O. Box 6104, Chicago, Illinois 60680, U.S.A., 電話番号：800-989-NFPA（= 6372））。

この保険の効用は，成長し続けているこの業界の地位を表していると思います。

マーティンデイル‐ハベルのリスト　1992年，その歴史上初めて，『マーティンデイル‐ハベル・ロー・ディレクトリー』は，法律事務所が，パラリーガルを含む弁護士資格を持たない補助員のプロフィール情報を載せることを認めました。情報の量と型は雇用者の裁量に任されています。パラリーガル協会は，パラリーガルを含めることは，リストにあげられたパラリーガル

個人同様に業界全体に重大な認識をもたらすと考えています。
　本章で述べたすべての問題――特に弁護士資格を持たない者とパラリーガルに資格を設ける問題――は今後しばらく議論され続けるに違いありません。しかし，この業界にとっての未来は明るいと思います。私たちが最も重要な2つのゴールを実現する日が来ることを私は信じています。それは，より多くの人々に手ごろな価格でリーガルサービスを提供できるようにすることと，それらのサービスにおけるパラリーガルの役割と責任を拡げることです。

あとがき
──パラリーガルの将来──

人の心はパラシュートのようなものだ。開かなければ使えない。

トーマス・デュアー

　1990年代前半の景気後退による二次的影響は過ぎ去りました。経済は成長しつつあり，インフレは抑制され，株価は最高値を記録しています。1990年代後半にパラリーガル職に就いた人たちにとって，見通しは最高です。消費者は手ごろな価格のリーガルサービスを要求し続けているので，パラリーガルは高額な費用の負担の緩和に重要な役割を果たすでしょう。しかしそれが具体的にどのような役割かということは，パラリーガル，法曹協会及び州議会によってまだ討議されている最中です。

　パラリーガルは今後も弁護士のために働くのでしょうか。それとも，一般の人々に対して直接に，基礎的なリーガルサービスを提供する専門家たちへと発展していくのでしょうか。後者の場合，パラリーガルが仕事をするにあたっての許可は，資格または認定を伴うのでしょうか。それとも，正式なパラリーガル教育及び研修で充分なのでしょうか。また，私たちの法律制度には2つのレベルの専門家たちを受け入れる余地があるのでしょうか。さもなければ，これからも弁護士たちが独占し続けるのでしょうか。

　明白なことが1つあります。それは，パラリーガルは変化しており，変化はほとんどの場合，特に現状で利益を得ている者からの抵抗に合うということです。そして，まだ発展途中であり，抵抗に打ち勝つ努力をしながら，自らを定義づけようとしている段階にある専門職の一部であるというこの変化の感覚こそが，パラリーガル職の最も興味深い点の1つだと思います。

将来のトレンド

　1990年代にパラリーガルになる人たちにとって，そのキャリアはエキサ

あとがき

イティングかつチャレンジングなものになるでしょう。そのチャレンジは，より複雑な法律環境，すなわち，弁護士が自分たちの職業を新たな方向で見直すことを迫られた結果から生じたものです。激化するクライアントの獲得競争，専門性，テクノロジー及びコンピュータ利用の増加，宣伝及びマーケティングの出現並びに裁判以外の紛争解決方法の出現が法律界を変え，またパラリーガルの責任に影響を及ぼしました。変化は次の10年間も続くでしょう。将来を予測することには危険が伴いますが，多くの業界ウォッチャーが予知しているように，私は次のトレンドが出現しつつあると思います。

・**教育**：より大きな重点が教育に置かれるようになります。より多くの雇用者が，学士号あるいはパラリーガル養成プログラム修了証書，またはその両方を要求しています。パラリーガル養成プログラム修了者人口が増えるにつれて，正式なパラリーガル教育を受けないでこの分野に入り込むことは益々困難になるでしょう。

・**競争**：益々多くの人々がこの分野を志望するにつれて，パラリーガル職の競争は劇的に活発化するでしょう。米国労働省は，2005年にはパラリーガルとしての就職先が7万件以上生み出されると予測していますが，競争力をつけるためには，この分野に入る人たちは先輩に比べてより多くの知識，技能及びトレーニングが要求されるでしょう。

・**職場環境**：1990年代前半の大手法律事務所の人員削減を受け，より多くのパラリーガルが中小規模の法律事務所で採用される傾向となるでしょう。また，企業の法務部は，費用のかかる外部の弁護士を起用するより，社内でより多くの仕事をこなしていくため，企業におけるパラリーガル職の需要が増えるでしょう。

・**テクノロジー**：テクノロジーは，弁護士が法律業務をこなしていく方法を劇的に変え続け，またコンピュータ通のパラリーガルに新しいチャンスをもたらすでしょう。雇用者の要求するコンピュータ知識のレベルは上がるでしょう。

・**職務**：パラリーガルは，今まで以上により高度で本質的な法律業務をこなしています。このことは，仕事により高い満足度をもたらし，またパラリーガル職を単なる一時しのぎの手段や他の仕事への足掛かりとしてよりも，

あとがき

長期的なキャリアとして選択する傾向につながりました。
- ・専門性：法律業務がより専門化するにつれて，パラリーガルが特定の法律分野の専門家になる機会は益々増えるでしょう。これは，より高い仕事の満足度及び高収入につながるでしょう。
- ・契約労働：ほとんどのビジネス分野において，臨時の独立契約者を雇う傾向が高まっており，法律事務所も何ら変わるところはありません。法律事務所は人手不足の解消として，臨時雇いのパラリーガル及び弁護士を利用し続けることでしょう。
- ・出世の機会：法律業界以外のより多くの雇用者たちが，パラリーガルの技能や知識は各ビジネス分野において有用であることを認識するでしょう。パラリーガルが自分の経験を法律分野かそうでないかを問わず生かすならば，選択肢は増えるでしょう。
- ・パラリーガル事業：フリーランサー，またはインディペンデント・パラリーガルとして自分のビジネスを始めるパラリーガルが増えるでしょう。これは，企業の人員削減及びパラリーガルがより柔軟な職場環境を希望した結果として起こると考えられます。
- ・認知度：一般大衆によるパラリーガル職の認知度は引き続き高まるでしょう。より多くのクライアント及びリーガルサービスの消費者たちが，弁護士費用の削減のため，パラリーガルを起用することのメリットに気がつくことでしょう。その結果，このキャリアは引き続き人気を呼ぶと思われます。
- ・年輩の労働力：求人市場は常に変化を続けており，パラリーガル職は多くの40代，50代の人たちの第二のキャリア選択になるでしょう。その結果，年輩のパラリーガルがこの分野に入ってくる傾向が出てくるでしょう。
- ・課題：パラリーガルに対する規制及び教育は引き続きホットな話題でしょう。パラリーガル自身がこの問題の解決策に合意できていないので，近い将来これらの問題が解決される見込みはないでしょう。パラリーガルやその他の弁護士資格を持たない者が一般の人々に対して基本的なサービスを提供するための認可は，恐らく各法曹協会ではなく各州議会で決定されることになるでしょう。この案は非常に物議を醸しているので，パラリーガルがこれをキャリアの選択肢の1つと考えられるようになるにはまだ時間がかかるで

あとがき

しょう。

結　語

　パラリーガル職が成熟するにつれて，弁護士とパラリーガルとの間の境は益々曖昧になり，必然的に古参者と新参者との間の紛争が続きます。かかる紛争は違った文脈で20年以上前にアルビン・トフラー（Alvin Toffler）の『第三の波』（"The Third Wave"）で予測されていました。

　このベストセラー本で，未来学者であるトフラーは，世界の社会的，経済的及び文化的な制度に影響を及ぼす変化の主要な波を検討しました。第一の波は農業革命でした。農業革命は第二の波──産業革命──に呑み込まれました。トフラーは私たちが現在その中にいる第三の波──ポスト産業革命──は第二の波の中で生まれた多くの変化を押し流すだろうと予測しています。「オフィス内における第三の波の産物は，昔の第二の波と衝突するにつれて不安や紛争を生み出し，組織再編，リストラクチャリング，そして新しいキャリア及びチャンスへの生まれ変わっていくことは，避けられない事実です」とトフラーは書いています。

　パラリーガル職は，トフラーの予測によく当てはまると思います。変化はチャンスです。そして，たくさんのチャンスがパラリーガルを待ち受けています。

補章

日本のパラリーガル事情

淵邊善彦

1．はじめに

　日本におけるパラリーガルの現状は，本書において述べられている約10年前のアメリカのパラリーガル事情よりもさらに組織化や専門化が遅れています。今後司法改革によって弁護士の数が増え，企業からのニーズも益々高度になっていく中で，いかに効率的に適正な価格でサービスを提供できるかが，法律事務所にとって大きな課題となっています。そのような状況において，パラリーガルに期待される役割は大変大きなものがあります。日本の大規模法律事務所は，取引のグローバル化，複雑化に伴い英米のローファームと同様の発展の道筋をたどっており，パラリーガルも本書にあるような組織化・専門化が進み，社会的な認知度も増していくことが予想されます。

　本稿では，日本の大規模法律事務所におけるパラリーガルの業務内容[1]を，企業法務を扱うパラリーガルと特許・商標実務を扱うパラリーガルとに分けて紹介します。

2．企業法務パラリーガルの業務

　企業法務パラリーガルが携わる法律分野は多岐に亘りますが，その主な分野は以下のとおりです。

　① 　商業登記・不動産登記
　② 　官公庁手続（証券取引法，独占禁止法，外為法など）

---

[1] パラリーガルの業務内容の説明では，当事務所の弁理士である佐藤睦さん，パラリーガルである林佐江子さん，町田准子さんおよび伊藤由紀子さんに協力してもらいました。

③　会社法関連手続（設立，増資，M&A，解散など）
　④　裁判手続（支払督促，民事保全・執行，倒産など），供託手続
　⑤　ビザ，外国人登録
　⑥　家族・相続法関係の手続（離婚，遺産相続など）
　⑦　知的財産権侵害への対応（警告書・告訴状の作成など）
　上記以外にも，弁護士が扱うあらゆる法分野において，弁護士の指揮・監督のもとで各種法令・判例のリサーチや文書作成を行なっています。高度な法律知識と登記等の実務経験が要求されるため，パラリーガルの中には，司法書士，行政書士，社会保険労務士などの資格を有する者も含まれています。また，事務所内のノウハウの蓄積や共有のためにも大きな役割を果たしており，定型フォームの作成，新法令・判例の情報収集・分析，ノウハウの整理等を常時行っています。

3．特許・商標パラリーガル

　特許・商標パラリーガルは，弁護士・弁理士の指揮・監督のもと，特許・商標権の取得や行使等といった特許・商標に関する法律業務を行う専門職です。特許・商標パラリーガルの業務は，主に，発明者が生み出した発明について世界各国で特許権・商標権を取得するまでの一連の手続や特許権・商標権取得後の権利行使について，弁護士・弁理士の業務をサポートすることにあります。

　近年，知的財産権への関心が高まるにつれて，多くの企業が知的財産権の保護や活用に力を入れています。特許・商標侵害訴訟やライセンス等の対象となる発明は，極めて高度な技術に関するものも少なくありません。わが国が知財立国を目指していく中で，法律と技術の両面から弁護士・弁理士をサポートできる特許・商標パラリーガルの活躍が益々期待されています。特許商標パラリーガルの主な分野は以下のとおりです。

　①　国内における特許取得業務
　　・出願手続
　　・出願後の手続，期限管理
　②　海外における特許取得業務

・出願手続
　　　・出願後の手続，期限管理
　　③　特許侵害訴訟のサポート

4．M&A 案件における業務

　企業法務に関する法律業務の中で，特に短期間に多くの作業と手続が要求されるいわゆる M&A 案件は，パラリーガルがプロジェクト全体を通じて大きな役割を担うものの一つです。案件の規模にもよりますが，一般的なケースでは，弁護士が 5〜10 名程度，パラリーガルが数名でプロジェクトチームを組織し，一連の業務を分担して対応します。以下では，A 社が，X 社の全株式を Y 社から取得して，X 社を 100％子会社化するという株式買収案件の依頼を例にして説明します。

　　(1)　スキームの検討

　M&A のスキームは，経営戦略上の観点，法律的な観点および会計・税務上の観点からの総合的な検討が必要とされます。弁護士は主に法律的な観点からのアドバイスを行いますが，パラリーガルはその判断材料となる各法令の調査を担当します。スキームを検討する際には，商法，商業登記法，証券取引法，独占禁止法，労働法，外為法，各種業法などの法令，上場会社のケースでは証券取引所規則に基づく様々な手続についてのリサーチが要求されます。

　　(2)　スケジュール案の策定

　M&A 案件においては，いつまでに誰がどのような手続を行うのか，どのような情報・書類を準備すればよいのかを，関係者間においてできるだけ早い段階で確認することにより，円滑に漏れなく手続を進めなければなりません。さらに近時は，商法上の複数の手続を組み合わせて行う案件が増加しており，特に登記が必要な M&A 手法を用いる場合は，実体法上の議論に加えて，登記実務との関係について管轄法務局との間で十分なすり合わせを行っておく必要があります。

　パラリーガルは，商法，証券取引法，独占禁止法，外為法などに定められた各手続の要否，必要書類・情報とそのタイミング等について入念に調

査した上で，各案件の状況に応じたスケジュールの素案を作成します。実際に届出・報告等が必要なケースでは，諸官庁との事前相談，届出書・報告書の添付書類や記載内容に関する情報の収集，窓口への提出業務などの作業を進めることになります。

(3) デュー・ディリジェンス

デュー・ディリジェンス（以下「法務DD」という）は，M&Aの当事会社の経営判断の材料として，また，取引を実施する場合の契約条件の交渉材料として，法務，会計，ビジネスなど各分野の専門家が対象会社を監査し，取引に伴うリスクを洗い出す作業です。

法務DDにおいて，パラリーガルは，定款，登記簿謄本，株主総会議事録，取締役会議事録，各種規程類などの会社関係書類を精査し，主に会社組織や株式関連事項における適法性をチェックし，特許・商標等知的財産権の権利保護の状況や侵害の有無を調査し，法律監査報告書の該当部分の素案を作成します。また，法務DDに先立って，予定しているM&A取引の十分な理解と，対象会社の概要や業務・業態に関する基本的知識を得ておく必要があり，関係法令を含めた予備調査を行うことも多くあります。

(4) 必要書類（議事録類）の作成

M&Aの各手続に必要な書類の準備は，パラリーガルが中心となって行う業務といえます。具体的には，取締役会議事録，株主総会議事録並びに招集通知や添付書類などの会社関係書類，諸官庁への届出書や報告書の作成・検討，登記の必要な案件では登記申請書や添付書類の作成・手配等などが挙げられます。事前開示書類，事後備置書類，契約書等のファーストドラフトを行うこともあります。

(5) クロージング

株式譲渡契約締結後，各当事者はクロージング日を目指して，前提条件を履行するための準備手続に入りますが，この段階におけるパラリーガルの業務としては，株式譲渡契約の条項の確認，必要に応じた関係書類の作成・検討や官公庁との対応が挙げられます。案件によっては，クロージング日に関係者が一堂に会して，セレモニーを行うケースもあり，その場合には，式次第の作成，引渡・受領書類リストの作成・確認などの作業が加

わります。

(6) 登記

M&Aと登記は、ほとんどのケースにおいて不可分の関係にあります。合併や会社分割のように効力発生要件として商業登記が義務付けられている場合もあれば、株式買収や営業譲渡のように取引の結果として商業登記事項に変更を生じたり、不動産や知的財産権について登記・登録変更が必要になる場合もあります。近時は関係法令の改正ラッシュや取引の多様化・複雑化を受けて、登記・登録実務にも様々な影響が出ており、管轄法務局等との事前相談を含め、個別事例ごとの精緻な検討が欠かせない状況です。

株式買収のケースでは、取引そのものには登記を要しないが、株主の異動に伴い、A社に買収されたX社が商号変更、本店移転、役員変更等を行うことが多く、いずれも登記事項の変更ということで手続が必要となります。必要に応じ、類似商号の調査や商号仮登記による新商号の保全など、予定通りの期日・内容で登記申請が受理されるよう事前の対応を講じる必要があります。

5．日本のパラリーガルの将来像

クライアントが案件を依頼し、法的アドバイスを直接受けるのは弁護士・弁理士ですが、その業務の過程においては、上記のとおりパラリーガルが大きく関与しています。その役割の重要性にもかかわらず、日本においてパラリーガルという職種は未だ確立しておらず、社会的認知度が高くないのが実情です。現在日本弁護士連合会においてパラリーガル認定制度を検討中ですが、一口にパラリーガルと言っても、その扱う業務の範囲は様々であり、秘書業務との分業が進んでいない中小の法律事務所も多いのが現状です。認定試験の実施は、早ければ平成18年中に計画されていますが、その時期は未定です。

このようにパラリーガルの地位は発展途上にありますが、現在多くの法律事務所が即戦力となるパラリーガルを求めています。その募集要領は、各法

律事務所や弁護士会のホームページに掲載されています。また大手法律事務所では，大学の法学部の新卒採用を定期的に行っています。パラリーガルを対象とした人材紹介を行っている会社もあり，今後人材の需要が増え，ある程度流動化していくことも予想されます。

　企業法務や知的財産分野を扱う大規模法律事務所においては，案件が複雑化し，高度な専門知識が求められるにつれ，弁護士・弁理士とパラリーガルがチームを作り，最適な役割分担をすることが不可欠になってきています。そうすることが，クライアントから求められる案件処理の正確さやスピードの要請に応えることになり，また適正な対価でリーガルサービスを提供することにもつながります。今後，熟練したパラリーガルは，若手弁護士と同等かそれ以上の経済的待遇を受けられる可能性もあります。パラリーガルは，法律事務所の業務の専門化，効率化を担う鍵となることが期待されています。

2005年12月

TMI総合法律事務所
弁護士　淵邊善彦

《付　録》

付録A：パラリーガル協会

National Association of Legal Assistants, Inc. （NALA）（全米リーガル・アシスタント協会）
住所：1516 S. Boston, #200
Tulsa, Oklahoma 74119 U.S.A.
電話：918-587-6828 / ファックス：918-582-6772
ウェブサイト：www.nala.org
　NALAのメンバーシップは個人のパラリーガルとパラリーガル協会向けです。NALAは一か月おきに"Facts and Findings"というニュースレターを発行し，アメリカの中で唯一リーガル・アシスタントの認定を与えています。あなたの地元のパラリーガル協会メンバーのリストを入手するためにはNALAと連絡を取って下さい。

National Black American Paralegal Association（全米アフリカ系アメリカ人パラリーガル協会）
住所：P.O. Box 28024
Washington, D.C. 20038-8024 U.S.A.
電話：202-452-7485 / ファックス：202-371-0416
　1994年に結成されたこの組織は，黒人のパラリーガル・プロフェッショナルたちの育成，成長促進，並びに認識向上を目指します。このNBAPAは，セミナーの開催，ニュースレターの発行，及び就職斡旋所の設立を予定しています。

National Federation of Paralegal Association, Inc. (NFPA)（全米パラリーガル協会連盟）
住所：P.O. Box 33108
Kansas City, Missouri 64114-0108 U.S.A.
電話：816-941-4000 / ファックス：816-941-2725
　NFPAは50以上の州及び地方のインディペンデント・パラリーガル協会から構

《付　録》

成されています。四半期ごとに "National Paralegal Reporter" というニュースレターを出版しています。もし，あなたの地元のパラリーガル協会がNFPAのメンバーであるならば，その地元の協会に加入した際に，自動的に "National Paralegal Reporter" がもらえます。あなたの地元のパラリーガル協会メンバーのリストを入手するためにはNFPAと連絡を取って下さい。

付録B：その他の参考になる協会

American Association for Paralegal Education (AAfPE) (米米パラリーガル教育協会)
住所：P.O. Box 40244
Overland Park, Kansas 66204 U.S.A.
電話：913-381-4458 / ファックス：913-381-9308

　AAfPEはパラリーガル養成プログラムを提供する団体のパラリーガル養成者や経営者向けにサービスを提供しています。AAfPEは年に一回 "Journal of Paralegal Education" を出版しています。

American Bar Association (ABA) (アメリカ法曹協会)
Standing Committee on Legal Assistants
住所：750 North Lake Shore Drive
Chicago, Illinois 60611 U.S.A.
電話：312-988-5000 / ファックス：312-988-6281
ウェブサイト：www.abanet.org

　パラリーガルは準会員としてABAに加入することが出来ます。ABAは毎年 "Legal Assistants Update" を出版し，これにはパラリーガルや弁護士が書いたパラリーガル職に関する記事が載っています。また，ABAはパラリーガル職に関連するその他の出版物も提供しています。

Association of Legal Administrators (ALA) (リーガル・アドミニストレーター協会)
住所：175 East Hawthorne Parkway, Suite 325
Vernon Hills, Illinois 60061 U.S.A.
電話：847-816-1212 / ファックス：847-816-1213

ALAの目的はリーガル・アドミニストレーターとリーガル・マネジメント・チームの能力及び専門性の向上です。ALAは"Legal Administrator"という機関誌を出版しています。

Legal Assistant Management Association (LAMA)（リーガル・アシスタント経営管理協会）
住所：638 Prospect Avenue
Hartford, Connecticut 06105-4250 U.S.A.
電話：860-586-7507／ファックス：860-586-7550
ウェブサイト：www.lamanet.org
　この協会はリーガル・アシスタント・マネジメントに関する情報を広め，またリーガル・アシスタント・マネージャーたちの専門家としての地位向上の促進に力を入れています。

付録C：お薦めする文献

"Facts & Findings"
住所：1516 S. Boston, #200
Tulsa, Oklahoma 74119 U.S.A.
電話：918-587-6828／ファックス：918-582-6772
　これは全米リーガル・アシスタント協会（NALA）の公式刊行物です。四半期に一度の出版で，第一四半期には2号発行されます。非会員の購読料は，4号分で＄25です。

"Legal Assistant Today"
住所：P.O. Box 25202
Santa Ana, California 92799-9900 U.S.A.
電話：714-755-5450／ファックス：714-751-2709
　これは学生，新人レベル，そして経験あるパラリーガルにとって，パラリーガル職のバイブルです。これはJames Publishing Inc.が出版しており，年間＄52.98で購読できます。

"National Paralegal Reporter"

《付　録》

住所：P.O. Box 33108
Kansas City, Missouri 64114-0108 U.S.A.
電話：816-941-4000／ファックス：816-941-2725

　これは四半期毎に National Federation of Paralegal Association, Inc.（全米パラリーガル協会連盟）によって出版されています。年間＄25 で購読できます。

付録 D：パラリーガルのリクルーター

　以下は，米国におけるパラリーガルの常勤及び臨時雇用を専門とする全米就職紹介所のリストです。このリストは決して完全なものではありません。住所や電話番号はいつでも変わる可能性があるので，あなたの地元のリクルーターの最新情報については，あなたの地元のパラリーガル協会に問い合わせて下さい。

Federal Reports Inc.
住所：1010 Vermont Ave., NW, Suite 408
Washington, D.C. 20005 U.S.A.
電話：202-393-3311／ファックス：202-393-1553
ウェブサイト：www.attorneyjobs.com

　"The Paralegal's Guide to U.S. Government Jobs: How to Land a Job in 140 Law-Related Careers"（パラリーガルのためのアメリカ政府の就職ガイド―140 の法律関係の仕事に就く方法）という本を出版しています。

Interim Legal Personnel
住所：2000 West Commercial Blvd., Suite 132
Fort Lauderdale, Florida 33309 U.S.A.
電話：800-249-9474／ファックス：305-938-7770

Landmark Legal Professionals
住所：2055 Gateway Place, Suite 400
San Jose, California 95110 U.S.A.
電話：408-451-3911／ファックス：408-451-3921

Lawstaf Inc.
住所：One Atlantic Center
1201 W. Peachtree St., Suite 4830

《付　録》

Atlanta, Georgia 30309 U.S.A.
電話：404-872-6672／ファックス：404-892-3180
Olsten Stafffing Services
住所：175 Broad Hollow Rd.
Melville, New York 11747 U.S.A.
電話：800-WORK NOW（967-5669）
ウェブサイト：www.olsten.com
Pathways Personnel, Inc.
住所：120 Montgomery Street, Suite 320
San Francisco, California 94104 U.S.A.
電話：415-391-2060／ファックス：415-391-6118
Special Counsel, Inc.
電話：800-737-3436
ウェブサイト：www.specialcounsel.com
　アトランタ，ボルティモア，ボストン，クリーブランド，ジャクソンビル，ロサンゼルス，ニューヨーク，サンフランシスコ，ワシントンD.C.に事務所があります。

Templeton & Associates
住所：15 South 5th Street, Suite 1000
Minneapolis, Minnesota 55402 U.S.A.
電話：612-332-8079／ファックス：612-332-6690
The Wallace Registry
住所：Gothic Park
43 Woodland Street
Hartford, Connecticut 06105 U.S.A.
電話：800-248-4 LAW（-4529）（全米本部）

付録E：パラリーガルの給与

　パラリーガルの給与に影響する要因は，雇用者のタイプ，経験年数，専門分野，地理上の地域等いくつかあります。下記の数字は1996年に『リーガル・アシスタント・トゥディ』が行った全米での調査から取ったもので，上述の要因に応じた

《付　録》

基本給与を表すものですが，あくまでもガイドラインに過ぎません。数字はボーナス，残業，またはその他の形の報酬を含みません。また，数字は1996年の給与を反映しているので，それ以降の給与レベルの概算を計算するには，1年ごとに約6％（過去2年間のパラリーガルの年間平均昇給率）を上乗せして調節する必要があります。

給与調査結果

	平　均
アメリカ全土	$32,415
雇用者別	
法律事務所	31,933
企　業	36,158
政府機関	28,289
経験年数別	
1－5年	28,570
5－10	32,659
10－15	38,198
15－20	41,131
20年以上	39,379
地域別＊	
東部	31,426
中央部	30,166
中西部	32,960
西部	38,543

＊東部＝コネチカット，デラウェア，フロリダ，ジョージア，メイン，メリーランド，マサチューセッツ，ニューハンプシャー，ニュージャージー，ニューヨーク，ノースカロライナ，ペンシルバニア，ロードアイランド，サウスカロライナ，バーモント，バージニア，ワシントンD.C.，ウェストバージニア
中央部＝アラバマ，アーカンソー，イリノイ，インディアナ，アイオワ，ケンタッキー，ルイジアナ，ミシガン，ミネソタ，ミシシッピー，ミズーリ，オハイオ，テネシー，ウィスコンシン
中西部＝アリゾナ，コロラド，アイダホ，カンザス，モンタナ，ネブラスカ，ニ

《付　録》

ューメキシコ、ノースダコタ、オクラホマ、サウスダコタ、テキサス、ユタ、ワイオミング

西部＝アラスカ、カリフォルニア、ハワイ、ネバダ、オレゴン、ワシントン

出典：Copyright © 1997 James Publishing, Inc.『リーガル・アシスタント・トゥデイ』誌の厚意により転載。購読の申し込みは，800-394-2626に電話して下さい。

　第7章で述べたように，もう1つの便利なパラリーガル給与情報資料が，全米パラリーガル協会連盟（NFPA）から発行されています。NFPAは隔年に包括的なパラリーガル給与調査を行っています。最新版は1997年末発行予定です（訳注：2004年現在，2001年度版が最新です）。

付録F：パラリーガル・トレーニング・プログラム

　あなたの地元のパラリーガル養成プログラムを探し出すための情報源は沢山あります。最も正確なものの1つが地元のパラリーガル協会です。常にアップデートされているもう1つの情報資源は，全米パラリーガル協会連盟（NFPA）のウェブサイトです（www.paralegals.org）。このサイトには，800を超えるプログラムの名称，住所及び電話番号が，州毎に次の3カテゴリー別にリストアップされています。

- ABAに認可されていないプログラム
- ABAに認可されているプログラム
- AAfPEのメンバーであるプログラム

　アメリカ法曹協会（ABA）に認可されているプログラムには「A」マークが付けられ，米米パラリーガル教育協会（AAfPE）のメンバーであるプログラムには「E」マークが付けられ，両方の場合は「AE」と記されます。

　第5章で述べたとおり，ABAに認可されていないプログラムが必ずしもレベルが低いとか評判が悪いという意味ではないということに留意して下さい。

　アメリカ法曹協会もABA認可のパラリーガル養成プログラムのリストを発行しています。アメリカ法曹協会のサービスセンター（Service Center／電話番号：312-988-5522）に連絡を取れば，"Guide for Legal Assistant Education Programs"（リーガル・アシスタント養成プログラムの手引き）を1冊7.50ドルで入

《付　録》

手できます。

　読者への注釈：1993 年以前は，ABA はこのリストを無料で一般公開していました（従ってこのリストは本書第 2 版では転載されていました）。1994 年以降，ABA はリスト代を請求するようになり，転載を許可しなくなった為，本第 3 版ではリストを転載していません。また NFPA も，パラリーガル養成プログラムのリストを NFPA のウェブサイトから一部でも転載することを許可していません。

《文　献》

Adams, Susan. "The Guild Fights Back." *Forbes*, November 18, 1996.

American Bar Association. "Guidelines for the Approval of Legal Assistant Programs." Chicago: American Bar Association, 1973.

American Bar Association Commission on Nonlawyer Practice. "Nonlawyer Practice in the United States: Summary of the Factual Record Before the Commission." Chicago: American Bar Association, 1994.

American Bar Association Commission on Professionalism. "...In the Spirit of Public Service: A Blueprint for the Rekindling of Lawyer Professionalism." Chicago: American Bar Association, 1986.

American Bar Association Section of Economics of Law Practice and the Standing Committee on Legal Assistants. *Working with Legal Assistants: A Team Approach for Lawyers and Legal Assistants,* vols. 1 and 2. Edited by Paul G. Ulrich and Robert S. Mucklestone. Chicago: American Bar Association, 1980-81.

American Bar Association Special Committee on Legal Assistants. "The Paraprofessional in Medicine, Dentistry and Architecture." Chicago: American Bar Association, 1971.

American Bar Association Special Committee on Legal Assistants. "The Training and Use of Legal Assistants: A Status Report." Chicago: American Bar Association, 1974.

American Bar Foundation. "Supplement to the Lawyer Statistical Report: The U.S. Legal Profession in 1985." Chicago: American Bar Foundation, 1986.

Baber, Brad. "The Other Side of the Mountain." *Legal Assistant Today,* November/December 1996.

Blackman, Josh and Andrew Z. Adkins II. "Lawyers Embrace The Internet." *Law Products,* January/February 1997.

Bogen, Deborah. "New Specialist Trend Brings Big Rewards." *Legal Assistant Today,* January/February 1996.

Bowdren, Brian L. "'Storyselling': Laser Disc in the Courtroom." *At Issue,* July 1991 and August 1991.

Brookes, Diane, Cheryl Evans, Richard Leiter, and Brent Roper. "The Best Legal Software for Paralegals." *Legal Assistant Today,* May/June 1996.

"California State Bar Crushes Attempt to Legalize Some Legal Technician Services." *Legal Assistant Today,* January/February 1992.

Caudron, Shari. "Overtime Pay: Overrated or Making Ends Meet?" *Legal Assistant Today,* January/February 1996.

Cazares, Leanne C. "First PACE Exams Given." *Legal Assistant Today,* September/October 1996.

Cohen, Alan. "The AmLaw Tech Survey." *AmLaw Tech,* Fall 1986.

Cohn, Steve. "New Hampshire Bar Governors Take Strides for Paralegal Education." *Legal Assistant Today,* March/April 1992.

Colorado Bar Association. "CBA Legal Assistants Committee Proposed Guidelines for the Utilization of Legal Assistants." *Colorado Lawyer,* 15 (February 1986).

Covington, Betsy. "Managing Legal Costs, Services." *American City & County,* January 1995.

《文　献》

Crank, Kim and Kim Marshall, "Superfund and the Legal Assistant." *Michigan Bar Journal,* November 1991.

Cuneo, Alice, Michele Galen, and David Greising. "Guilty: Too Many Lawyers and Too Much Litigation." *Business Week,* April 13, 1992.

Curriden, Mark. "Law Firms in the 21st Century." *Legal Assistant Today,* September/October 1995.

Dunn, Karen L. "In Search of Plain English." *Facts & Findings* 14, no. 4, January 1989.

Edwards, Ivana. "Simple and Inexpensive Litigation Support on Your PC." *Legal Assistant Today,* March/April 1992.

Estrin, Chere. "The Manager's Perspective." *Legal Assistant Today,* July/August 1996.

Fellers, James D. "State of the Legal Profession." *American Bar Association Journal* 61, September 1975.

Granat, Richard S., and Deborah M. Knight. "A Computer Training Program for Paralegals." *Legal Economics* 14, March 1988.

Hall, Michael J. "Bar Rejects Legal Technician Issue." *Sonoma County Daily Herald-Recorder,* September 5, 1991.

Handbook on Paralegal Utilization. California Alliance of Paralegal Associations, Copyright 1992, 1993, 1995.

Harrington, Linda. "Freelancing for Fun and Profit." *National Paralegal Reporter,* Fall 1983.

《文　献》

Helmich, Nancy L., and Roger A. Larson. "Legal Assistants in Public Law: Their Role in Attorney General Offices." *Legal Assistants Update,* vol. 5. Chicago: American Bar Association, 1986.

Hines, Lyla O. "The National Federation of Paralegal Associations: An Association of Associations." *National Paralegal Reporter,* Fall 1988.

Honigsburg, Peter J. *Cluing into Legal Research: A Simple Guide to Finding the Law.* Berkeley: Golden Rain Press, 1979.

"How to Choose a Paralegal Education Program." Web site www.paralegals.org: National Federation of Paralegal Associations, Inc.

Hunt, Stacey, CLA. "Trading Places: Is The Grass Really Greener In The Small/Large Firm?" *Legal Assistant Today,* March/April 1996.

Hunt, Stacey. CLA. "Paralegals Deemed Production Workers." *Legal Assistant Today,* July/August 1996.

Jacobs, Gordon L. "Legal Technology: Present and Future Trends." *Legal Economics,* November/December 1987.

Jacobstein, J. Myron, and Roy M. Mersky. *Legal Research Illustrated.* Mineola, N.Y.: The Foundation Press, Inc., 1977.

Johnson, Beverlee. "Legal Administrator Grows Up." *Legal Administrator,* Summer 1986.

Jones, James W. "The Challenge of Change: Practice of Law in the Year 2000." *Vanderbilt Law Review* 41, no. 4, May 1988.

Kaiser, Susan "A. Regulation: A New Forecast on a Timeworn Question." *National Paralegal Reporter,* Winter 1990.

Kamicar, Sheryl. "The Paralegal's Role in Foreclosures." *National Paralegal Reporter,* Fall 1991.

Keefe, Kathleen. "State Bar OKs Appearance by Paralegals." *At Issue,* March 1989.

Klein, Janet (producer), and John Stossel (correspondent). "Are They Worth the Price You Pay?" Transcript from *20/20,* July 28, 1989.

Kording, Nicole, and Leanne Cazares. "For Love or Money." *Legal Assistant Today,* January/February 1997.

Larson, Roger A. "Certification of Legal Assistants: A Report on an American Bar Association Survey." *Legal Assistants Update,* vol. 5 Chicago: American Bar Association, 1986.

"Lawyers Make a Case for It." *Information Week,* August 24, 1992.

"Lawyers on Lawyers in America." 1994 Research Report, Global Research, a division of Euromoney Publications, PLC. *Wall Street Journal,* May 13, 1994.

"Lean Times Hit Legal Profession." *San Francisco Chronicle,* March 9, 1992.

"Legal Assistant Information Sheet." American Bar Association, 1991.

"Licensure and Its Effects on Paralegal Practice." *National Paralegal Reporter,* Winter 1991.

Littleton, Arthur D. "ABA Position Paper on Licensure or Certification, and Definition of Legal Assistants." *Legal Assistants Update,* vol. 5. Chicago: American Bar Association, 1986.

Mattson, Eric. "Legal Scholars Urged to Keep Writing Simple." *Facts & Findings,* 15, no. 4, January 1989.

《文　献》

Miller, Jolene. "Regulation: Responding to the Crisis in the Delivery of Legal Services." *National Paralegal Reporter,* Winter 1991.

Miró, Angela B. "Ten Thousand Documents and Counting." *Legal Assistant Today,* March/April 1996.

Morrow, Rebecca. "Paralegals – Nine; Attorneys – One." *Legal Assistant Today,* March/April 1996.

Muir, David W. "Technology in the Courtroom: Computer Animation." *At Issue,* May 1991.

Myers, Michelle, and Kumar Raman. "Sweet-Talking Clients and Intransigent Bureaucrats: Immigration Paralegals Know Them All." *National Paralegal Reporter,* Winter 1991.

Neher, Kathleen, Howard D. Schwager, and Michelle T. Fecik. "Why Aren't More Attorneys Using Paralegals?" *Legal Assistant Today,* January/February 1996.

"Net Know-How a Career Booster?" Paralegals Online column, *Legal Assistant Today,* September/October 1996.

"*1995 Paralegal Compensation and Benefits Report.*" National Federation of Paralegal Association, Inc, 1995.

"Non-Lawyer Personnel in 1992 *Martindale-Hubbell Law Directory.*" *At Issue,* July 1991.

Paralegal Responsibilities. Deerfield, Ill.: National Federation of Paralegal Associations, 1996.

The Paralegal's Guide to U.S. Government Jobs: How to Land a Job in 140 Law

-*Related Careers.* 7thed. Washington, D.C.: Federal Reports, Inc., 1996.

"Paralegal Status Sign: Malpractice Insurance." *New York Times,* December 2, 1988.

Petropulos, Diane. "AAfPE Conference Highlights." *Legal Assistant Today,* January/February 1992.

Petropulos, Diane. "Certification Exams in Your Future?" *Legal Assistant Today,* January/February 1996.

Petropulos, Diane. "Computer Training Resources." *Legal Assistant Today,* May/June 1996.

Polsinelli, Joanne. "Future Paralegal Roles." *National Paralegal Reporter,* Fall 1988.

"President Nixon Approves Legislation Creating a National Legal Services Corporation." *American Bar Association Journal* 60, September 1974.

"Report of the Conclave." *National Paralegal Reporter,* Spring 1988.

Roper, Brent D. "11 Ways Computers Can Make You More Efficient." *Legal Assistant Today,* May/June 1992.

Ruse, Peggy, and Joe Whelan. "Results of the NFPA Survey of Non-Traditional Paralegal Responsibilities." *At Issue,* January 1990.

Safran, Verna. "The Boom in Going Bust: Opportunities for Paralegals in Bankruptcy Law." *Legal Assistant Today,* May/June 1992.

Schaberg, Robert E. When, Why and How You Should Use a Litigation Support Data Base. 1988.Unpublished paper.

《文　献》

Shimko-Herman, Deanna. "Regulation Proposals Find National Audience." *National Paralegal Reporter,* Winter 1991.

Silas, Faye A. "Is Paralegal Certification Worthwhile?" *Bar Leader,* July/August 1986.

Simonsen, Craig. "Litigation Skills Spill Over into Environmental Law." *National Paralegal Reporter,* Spring 1991.

Stern, Gary. "Mandatory Licensing: A Step Forward or Backward?" *Legal Assistant Today,* March/April 1997.

Syllabus prepared for the convenience of the reader by the Office of the Clerk of the New Jersey Supreme Court In Re Opinion No. 24 of the Committee on the Unauthorized Practice of Law.

"Texas to Offer Legal Assistant Specialty Exams." *Legal Assistant Today,* September/October 1992.

"The Future of Law Office Computing... ." *Law Office Computing,* February/March 1997.

U.S. Bureau of Census. "Current Business Reports." 1988 Service Annual Survey. Washington, D.C.: 1989.

U.S. Bureau of Census. 1987 Census of Service Industries. Washington, D.C.: 1989.

U.S. Bureau of Census. *Statistical Abstract of the United States 1985*. 105th ed. Washington D.C.: 1985.

U.S. Bureau of Census. *Statistical Abstract of the United States 1987*. 107th ed. Washington D.C.: 1987.

U.S. Bureau of Census. *Statistical Abstract of the United States 1989*. 109th ed. Washington D.C.: 1989.

U.S. Bureau of Census. *Statistical Abstract of the United States 1991*. 111th ed. Washington D.C.: 1991.

U.S. Bureau of Census. *Statistical Abstract of the United States 1996*. 116th ed. Washington D.C.: 1996.

Webb, Wendi. "1st Annual 'Best Firms to Work For' Awards," *Legal Assistant Today,* March/April 1996.

Webb, Wendi. "Riding the Technology Wave." *Legal Assistant Today,* September/October 1996.

Webb, Wendi. "The New Age of Electronic Discovery." *Legal Assistant Today,* May/June 1996.

Webb, Wendi. "The Paralegal Job Market: Going Strong!" *Legal Assistant Today,* July/August 1996.

Wertheim, Lynda F. "Career Paths for Legal Assistants." *Legal Assistants Update,* vol. 4. Chicago: American Bar Association, 1984.

"What's Hot." *Information Week,* May 12, 1997.

Whiteside, Frances. "Paralegal's Reach A Consensus." *Legal Assistant Today,* July/August 1992.

Work, Clemens P. "A New Challenge to Doctors and Lawyers." *U.S. News & World Report,* August 23, 1984.

"Wrangles with the Feds May Get Easier to Resolve." *Wall Street Journal,* April 8, 1991.

《文　献》

Zimmermann, Kim Ann. "Lawyers Break Ties to Paper." *Imaging Magazine*, August 1992.

〈監訳者紹介〉

TMI総合法律事務所

弁護士　淵邊善彦（ふちべ・よしひこ）

　1987年東京大学法学部卒業。1989年弁護士登録。1995年ロンドン大学ユニバーシティ・カレッジ・ロンドン卒業（L L. M.）。ロンドン，シンガポールのノートン・ローズ法律事務所勤務。1998年日商岩井株式会社（現双日株式会社）法務部勤務。2000年TMI総合法律事務所にパートナーとして参画。取扱分野：M&A，国際取引，企業取引全般。

　主な著書・論文：『個人情報管理ハンドブック』（共著）商事法務（2005年），「M&Aの成否を決めるポストマージャーの重要性」旬刊経理情報2005年10月1日号，「M&Aと環境リスク」M&A専門誌/マール124号（2005年），「合弁会社の設立・運営・解消(出)(下)」（共著）旬刊商事法務1668号，1700号，「新しいパラリーガルの役割と実務」（共著）ビジネス法務2004年8月号，「M&Aによる知的財産取得の実務」（共著）ビジネス法務2003年11月号

〈共同翻訳者紹介〉

パラリーガル	斉藤美菜子	永田　啓
	由井愛恵	油木桃子
	髙村亜希子	
翻　訳	勝部　朝	

パラリーガル〔新版〕

2006年（平成18年）2月15日　初版第1刷発行

著　者　バーバラ・ベルナルド
訳　者　**TMI総合法律事務所**
　　　　（代表弁護士　田中克郎）
発行者　今　井　　　貴
　　　　渡　辺　左　近
発行所　**信山社出版株式会社**
〔〒113-0033〕東京都文京区本郷6-2-9-102
電　話　03（3818）1019
FAX　03（3818）0344

Printed in Japan.

Ⓒ TMI総合法律事務所，2006.　　印刷・製本／暁印刷・和田製本

ISBN4-7972-2441-X　C3332

―――― 信山社 ――――

リーガルコーディネーター＜仕事と理念＞
　　　　麻田恭子・加地修・仁木恒夫 著　　本体2,500円

和解技術論〔第2版〕
　　　　　　　　　　草野芳郎 著　　本体2,000円

法的対話論－「法と対話の専門家」をめざして
　　　　　　　　　　大澤恒夫 著　　本体3,500円

ＡＤＲの基本的視座
　　　　早川吉尚・山田文・濱野亮 編著　　本体3,600円

紛争解決学〔新版増補〕
　　　　　　　　　　廣田尚久 著　　本体3,800円

紛争解決の最先端
　　　　　　　　　　廣田尚久 著　　本体2,000円

民事調停制度改革論
　　　　　　　　　　廣田尚久 著　　本体2,000円

調停者ハンドブック－調停の理念と技法－
　　　　　　　　　レビン小林久子 著　　本体2,000円

調停ガイドブック－アメリカのＡＤＲ事情－
　　　　　　　　　レビン小林久子 著　　本体2,000円

家事調停論
　　　　　　　　　　高野耕一 著　　本体7,000円

民事訴訟と弁護士
　　　　　　　　　　那須弘平 著　　本体6,800円

民事訴訟法〔新版〕
　　　　　　　　　　梅本吉彦 著　　本体5,800円